초등학생을 위한 개념 경제 150

돈과 시장을 이해하는 똑똑한 사회 탐구활동 교과서

박효연 지음 | 구연산 그림

바이킹

이 책을 읽는 여러분께

우리는 마음이 부자인
행복한 경제인이에요

'경제'라고 하면 왠지 낯설고 어렵게 느껴져요. 특히 어린이 친구들은 경제를 '나와 상관없는 분야'라고 느낄 수도 있어요. 하지만 우리 친구들의 일상을 한번 살펴볼까요? 모두 경제와 관련되어 있어요. 방과 후 친구들과 맛있는 떡볶이를 사 먹거나 문구점에서 학용품을 사는 것이 경제 활동이에요.

경제는 우리 생활에 필요한 물건을 만들고 상품을 사고파는 모든 활동을 말하니까요. 이뿐만 아니라 책을 사거나 버스를 타는 것, 또 학원에서 공부하는 것 모두가 경제 활동이에요. 주말에 무엇을 할지, 이번 달 받은 용돈으로는 어떤 것을 살지 고민하는 우리 모두는 이미 경제 활동을 하고 있는 거예요. 이렇듯 경제는 우리의 삶과 자연스럽게 연관되어 있는 모든 것이라고 할 수 있어요.

경제를 왜 알아야 할까요? 우리는 모든 순간순간 '선택'을 해야 해요. 부모님께 받은 용돈으로 무엇을 해야 할지, 학교 끝나고 친구들과 어떤 놀이를 할지, 친구의 생일 선물은 무엇으로 사야 할지, 선택을 해야 하는 상황은 매일 반복돼요. 그렇다면 가장 만족할 만한 선택을 하기 위해서는 어떻게 해야 할까요? 여기서 바로 어린이 친구들이 경제를 알아야 할 이유가 나옵니다. 경제는 가장 합리적 선택을 할 수 있게 해 주기 때문이에요. 경제는 많은 선택지 중 만족하거나 완전히 만족하지는 못하더라도 후회를 덜 하는 선택을 하도록 도와줍니다.

경제를 공부해야 할 이유는 또 있습니다. 예전에는 직장에서 성실하게 일해 돈을 벌고 은행에 저축하며 알뜰살뜰하게 살면 그만인 시대가 있었어요. 하지만 세계가 급격하게 변하고 또 코로나19를 겪고 있는 오늘날과 같은 시대에 경제를 모른다면 뜻하지 않

는 어려움을 겪을 수도 있어요. 경제를 몰라 그릇된 판단을 내려 어려움을 겪지 않기 위해서는 경제 교육이 필요해요. 어릴 적부터 배운 경제 지식과 좋은 경제 습관은 아주 훌륭한 자산이 될 수 있어요.

《초등학생을 위한 개념 경제 150》에는 경제에 관한 다양한 개념을 소개했어요. 이 책에는 '생활에서 느끼는 경제' '똑똑해지는 경제 상식' '역사를 바꾼 경제' '세계가 보이는 경제'라는 네 개의 장으로 나누어 경제 개념을 담았어요.

단순한 개념 외우기가 아닌 꼭 알아야 할 경제 개념을 이해하기 쉽게 풀어내 외우려고 애쓰지 않아도 자연스럽게 익힐 수 있을 거예요. 또 이 책에는 초등학교 사회 교과서에 나오는 경제 개념 외에도 일상에서 사용하는 경제 개념도 폭넓게 소개했어요.

책을 읽어 보면 알게 될 거예요. 경제란 단순히 외워야 할 개념과 돈벌이를 위한 지식이 아니며, 모두를 행복하게 하고 이웃과 자연을 생각하는 학문이라는 사실을요. 그래서 경제를 알면 세상도 바꾸고 더 나은 미래를 향해 나아갈 수 있어요.

이 책에 나오는 150가지 경제 개념을 통해 올바른 경제 습관을 기르고 나라와 나라 밖 세계의 경제 흐름도 읽을 수 있을 거예요. 이 지식이 밑바탕이 되어 어려운 상황이나 위기가 닥쳐도 현명하게 대처할 수 있길 바랍니다. 또 나를 위한 경제가 아니라 이웃과 지구를 위한 경제, 모두를 위한 경제를 알았으면 해요. 그러면서 마음이 부자가 되고 행복해지는 경제인으로 거듭나길 바랍니다.

박효연

차례

이 책을 읽는 여러분께 2
이 책을 활용하는 법 8

1장
생활에서 느끼는 경제

매 순간 선택을 해야 하는 이유는? 12
경제란 무엇인가요? 13
눈으로 보고 만질 수 있는 것을 뭐라 하나요? 14
현명한 선택을 해야 해요 15
가격이 높을수록 잘 팔리는 게 있다고요? 16
경제를 공부해야 하는 이유는 무엇인가요? 17
선택 후엔 기회비용이 발생해요 18
마트가 더 생기면 물건 가격이 저렴해진다고요? 19
상품의 가격을 낮출 수 있는 방법은? 20
합리적 소비를 해야 하는 이유는? 21
세금은 어디에 쓰이나요? 22
시장이 있는 곳에 왜 사람이 많지요? 23
사회 보장 제도가 왜 필요해요? 24
진짜 돈과 가짜 돈을 구별하는 방법은? 25
물가는 왜 달라지나요? 26
물가가 내려가면 좋은 건가요? 27
소비자의 불만을 당당히 표현해요 28
놀이공원 아이스크림이 비싼 이유는? 29

아침에 보는 영화 티켓이 싼 이유는? 30
전자 상거래로 물건을 쉽게 살 수 있어요 31
세금을 똑같이 내는 게 아니라고요? 32
은행은 어떤 일을 하나요? 33
근로 시간이 긴 우리나라 34
기업에서 무슨 일을 하나요? 35
백화점 물건은 왜 가격이 비쌀까요? 36
신용을 잘 지켜야 하는 이유는? 37
왜 저축을 해야 할까요? 38
11월에 막대 과자를 사는 이유는? 39
미래에는 어떤 직업이 생길까요? 40
사람들이 금을 좋아하는 이유는? 41
햄버거로 경제 상황을 알 수 있다고요? 42
세금의 종류는 다양해요 43
경제 성장으로 생기는 문제도 있다고요? 44
실업자가 많으면 어떤 문제가 생길까요? 45
일할 사람이 점점 줄어들고 있어요 46
공공재는 정부가 맡아야 한다고요? 47
이름이 같은 가게, 프랜차이즈 48
운동화 하면 떠오르는 회사는? 49
협동조합이 경제 위기를 막는다고요? 50

2장
똑똑해지는 경제 상식

세계에서 가장 부자는 누구인가요? 52
물건을 만들기 위해 필요한 것은 뭐예요? 53
용돈 기입장을 쓰는 이유는? 54
TV 드라마를 보기 전에 광고가 나오는 이유는? 55
돈은 왜 만들어졌을까요? 56
가격은 어떻게 결정되나요? 57
엄마가 소고기 대신 돼지고기를 산 이유는? 58
제품을 혼자만 팔면 안 되나요? 59
하나를 얻으면 하나를 잃는다고요? 60
가난한 사람을 도와야 해요 61
향신료가 비쌌다고요? 62
우리에게 꼭 필요한 사회 간접 자본 63
주식 투자에 나이 제한이 없어요? 64
무조건 아끼는 게 좋을까요? 65
우리나라 경제 성적을 알 수 있다고요? 66
돈을 많이 찍어내면 왜 안 될까요? 67
소비자에게 권리와 책임이 있다고요? 68
은행의 은행이 있다고요? 69
분업으로 직업이 다양해졌어요 70
손해인데 비용이 아까워 계속 투자한다면? 71
기업이 생산성을 높이는 방법은? 72
많을수록 싫증이 나는 이유는? 73
지식 재산권도 보호해야 해요! 74
자원을 이용해 필요한 것을 만들어요 75
자원을 아껴야 하는 이유 76
클립 하나로 집을 얻은 사람이 있다고요? 77
노인은 늘고 아이는 줄었다고요? 78
예금의 종류는 어떤 게 있나요? 79
산업의 종류는 다양해요 80
물건을 사는 방법이 점점 다양해져요 81
돈을 버는 다양한 방법은? 82
자본주의가 뭔가요? 83
사회주의는 뭔가요? 84
경제 성장으로 환경이 오염되고 있어요 85
기업가에게 사회적 책임이 있다고요? 86
공정거래위원회는 어떤 일을 하나요? 87
세금은 누가 정하나요? 88
대가 없이 생산 활동을 한다고요? 89
지금은 4차 산업 혁명의 시대! 90

3장
역사를 바꾼 경제

필요한 것을 서로 바꾸었다고요?　92
우리나라 최초의 주화는?　93
주식회사는 어떻게 만들어졌을까요?　94
최저 임금 제도가 왜 중요한가요?　95
돈이 아닌 다른 지급 수단이 있어요　96
통일 신라의 바다를 지킨 장보고　97
튤립으로 벼락부자를 꿈꿨다고요?　98
시대별로 발달한 우리나라의 산업은?　99
우리나라의 경제는 어떻게 성장했나요?　100
1997년 경제 위기는 왜 일어났나요?　101
보험을 꼭 들어야 하나요?　102
중상주의 경제 정책을 쓴 이유는?　103
석유 값이 많이 올라서 생긴 일　104
창문 개수로 세금을 매겼다고요?　105
보이지 않는 손이 경제를 이끈다고요?　106
사람을 사고팔았다고요?　107
백성을 위한 세금 제도 개혁이 있었다고요?　108
지역마다 발달한 산업이 다른 이유는?　109
산업 혁명이 일어난 이유는?　110
기계를 부수는 운동이 일어났다고요?　111
제주 백성을 살린 거상 김만덕　112
조선 시대에는 아무나 장사할 수 없었다고요?　113

세금이 많아서 독립을 했다고요?　114
세금을 많이 걷으면 어떻게 될까요?　115
조선 시대에 널리 쓰인 화폐는?　116
불매 운동으로 독립을 이루었다고요?　117
비단길로 무역을 했어요　118
고대 무역을 주름잡던 이슬람 상인　119
세계 경제가 흔들렸던 이유는?　120
고려 시대에 무역이 활발했다고요?　121
경제 성장을 위해 누가 노력했나요?　122
원시 시대에도 경제생활을 했다고요?　123
일한 만큼 가지자고 주장한 경제학자는?　124
부강했던 고조선 경제　125
소비를 강조한 조선 시대 실학자는?　126

4장
세상이 보이는 경제

식량이 남는데 굶는 사람이 있다고요?　128
빚을 제때 갚지 못하면 어떻게 되나요?　129
무역은 누가 먼저 했을까요?　130
공정 무역으로 함께 살아요　131
자유 무역이 불공평하다고요?　132
보호 무역으로 자국의 산업을 지켜요　133

가난한 사람에게만 돈을 빌려 준다고요? 134
세계화 시대에 살고 있어요 135
세계화는 좋은 것 아닌가요? 136
우리나라에 중국 물건이 많은 이유는? 137
무역 전쟁을 벌인 이유는? 138
유럽이 하나로, EU 139
영국이 유럽연합을 탈퇴한 이유는? 140
우리나라는 지하자원이 많은가요? 141
우리나라는 어떤 물건을 수출하고 수입할까요? 142
경제 성장이 환경에 미치는 영향 143
아무것도 사지 않는 날이 있다고요? 144
미래에는 어떤 산업이 발달할까요? 145
세계은행은 어떤 일을 하나요? 146
금 자판기가 있는 시장이 있대요! 147
새로 산 제품에 문제가 생겼다면? 148
우리나라 기업들이 해외로 진출해요 149
환율이 뭔가요? 150
다국적 기업이 뭔가요? 151
오리가 농사를 짓는다고요? 152
패스트푸드점에 비밀이 있다고요? 153
함께 잘사는 게 중요해요 154
탄소가 발자국을 남긴다고요? 155
착한 에너지를 쓰는 세계의 마을은? 156
빈부 격차는 왜 점점 더 심해지나요? 157
착한 기업들이 있다고요? 158
주인 없다고 마구잡이로 쓰면 어떻게 될까요? 159

공유 경제로 가치를 높여요 160
세계은행이 모두 모여 있는 곳은? 161
세계경제를 위해 뭉친 국제 조직들 162
코로나19로 달라지는 것은? 163
지구촌 문제를 해결하는 사람들 164

찾아보기 165
도움받은 자료 170

이 책을 활용하는 법

분야별 아이콘
초등학교 사회 교육 과정 중 경제에 해당하는 영역인 '경제와 사회' '국가와 정책' '소비와 저축' '시장과 가격' '자원과 산업' '화폐와 금융'을 골고루 다루었습니다.

핵심 개념 정리
교육 과정과 연계했을 때 알아 두면 좋을 개념을 정리했습니다. 본문을 읽고 나서 한 번 더 정리하면 개념을 확실히 익혔는지 확인할 수 있어요.

왜 저축을 해야 할까요?

· **저축** 돈이나 물건 등을 함부로 쓰지 않고 절약하여 모아 두는 것을 말한다. 소득에서 소비로 지출되지 않는 부분이다.

교과서 3학년 2학기 1단원 환경에 따라 다른 삶의 모습   핵심 용어 저축

저축이 필요해요

돈을 쓰지 않고 모으는 것을 저축이라고 해요. 부모님에게 받은 용돈으로 필요한 물건을 사고 간식을 사 먹은 뒤에도 돈이 남았어요. 이 돈은 어떻게 하는 게 좋을까요? 저축을 하면 좋아요. 저축을 해 놓으면 나중에 정말 돈이 필요할 때에 쓸 수 있어요. 갖고 싶은 전자제품을 비싸서 사지 못한다면, 돈을 저축해 놓았다가 모은 돈으로 살 수 있지요. 저축을 해 두어야 자동차를 사거나 사고 같은 예상하지 못한 일이 생겼을 때 모아 두었던 돈으로 처리할 수 있습니다.

저축으로 경제를 튼튼하게 해요

저축은 쓰고 남은 돈을 모을 수도 있고 매달 얼마만큼의 돈을 정해서 저축하는 경우도 있어요. 따라서 저축을 하면 소비가 자연스레 줄어듭니다. 대신 나중에 필요한 물건을 살 수 있지요. 이렇듯 저축은 자신의 미래를 위해 꼭 필요한 일이에요. 저축은 개인에게도 중요하지만 사회를 위해서도 필요합니다. 개인이 은행에 저축을 하면 은행은 그 돈으로 여러 기업에 빌려 줍니다. 각 기업은 은행에서 빌린 돈으로 공장을 짓고 물건도 만들어요. 사람을 고용해 월급도 주지요. 이렇게 저축은 우리가 살고 있는 사회의 경제를 튼튼하게 만드는 역할도 합니다.

똑똑한 경제

저축이란?
다음은 저축에 대한 설명이에요. 이 중 틀린 것을 골라 보세요.
① 저축을 하면 소비가 줄어들어요.
② 저축하면 나중에 필요한 물건을 살 수 있어요.
③ 은행은 저축한 돈을 기업에 빌려 줘요.
④ 저축을 하면 소비가 많아져 경제 발전에 도움이 돼요.

많은 사람들이 소비를 줄이고 저축을 너무 많이 한다면 물건이 팔리지 않을 거예요. 장사가 안 되는 기업은 물건을 적게 만들고, 그만큼 일자리도 줄어들어요. 실업률이 증가하면 경제가 어려워집니다.

교과 연계
주제마다 초등 사회 교육 과정의 단원명을 연계하여 추가 학습을 할 수 있도록 도왔어요.

핵심 용어
본문에서 다루는 핵심 용어를 강조했습니다. '찾아보기'에서도 쉽게 찾아볼 수 있어요.

똑똑한 경제
다양한 경제 상식과 개념을 알아보며, 사회 문제를 조사해 볼 수 있어요. 본문 내용을 깊이 있게 다루어, 탐구하고 체험할 거리도 제공합니다. 문제를 풀며 개념을 확실히 이해했는지 확인할 수 있어요.

경제 돋보기
주제와 관련한 경제 상식을 소개했습니다. 친구와 선생님에게 지식을 뽐낼 수 있어요.

재미있는 경제 이야기
초등학교 사회 교육 과정 중 경제에 해당하는 영역에서 중요하게 다루는 개념을 쉽게 이해할 수 있어요. 우리 주변에서 일어나는 흥미로운 이야기도 담았습니다.

분야별 아이콘

경제와 사회
경제는 사회에 어떤 영향을 끼칠까요? 경제와 사회의 관계를 살펴봐요. 우리 생활 속 경제까지 찾아 배울 수 있습니다.

국가와 정책
국가는 경제를 위해 어떤 정책을 펼칠까요? 세금의 종류나 쓰임부터 사회 보장 제도나 최저 임금 제도 같은 경제와 관련한 국가의 정책을 알아봅시다.

소비와 저축
어떻게 해야 후회 없는 소비를 할 수 있을까요? 저축은 꼭 좋기만 한 걸까요? 똑똑한 소비 방법과 저축에 관해 알아보세요.

시장과 가격
물건의 가격은 어떻게 결정할까요? 시장은 어떻게 만들어졌는지, 시장에서 우리가 사는 물건의 가격에는 어떤 비밀이 숨어 있는지 알려 줍니다.

자원과 산업
나라마다 어떤 자원을 가지고 있을까요? 산업의 종류는 무엇이고 어떻게 구별할까요? 각 나라의 자원과 산업을 찾아보세요.

화폐와 금융
화폐는 어떻게 탄생했을까요? 은행이 하는 일은 무엇인지, 다른 화폐를 서로 바꿀 때 무엇을 따져야 하는지 등을 배웁니다.

일러두기
- 주제마다 연계한 단원명은 2015년에 개정된 교육 과정을 반영했습니다.
- 책에 적은 국가의 경제 상황 또는 법, 정책, 캠페인 정보 등은 2021년을 기준으로 합니다. 기준 연도가 다른 경우, 따로 밝혀 두었습니다.

1장

생활에서 느끼는 경제

경제는 우리의 생활 이곳저곳에 숨어 있어요! 분식집에서 떡볶이를 사 먹고, 버스나 지하철을 타고, 학교와 학원에서 공부하는 것까지 모두 경제 활동이라니 놀랍지 않나요? 시장과 물가, 선택과 기회비용, 은행과 저축 등을 잘 이해할수록 더 슬기로운 경제 활동을 할 수 있겠지요? 생활 속에서 느끼는 경제를 차근차근 배워 보세요!

매 순간 선택을 해야 하는 이유는?

> • **희소성** 인간의 욕구에 비해 충족 수단이 부족한 상태. 사고 싶은 것은 많은데 돈이나 자원이 부족할 때 희소성 때문에 선택의 문제가 일어난다.

교과서 4학년 2학기 2단원 필요한 것의 생산과 교환 **핵심 용어** 희소성

선택은 어려워요

오래간만에 친구들과 분식집에 갔어요. 떡볶이와 순대, 튀김을 다 먹고 싶지만 3천 원밖에 없어요. 어쩔 수 없이 뭘 먹을지 하나만 선택해야겠네요. 이렇게 여러 선택지 중에서 하나를 선택해야 하는 상황이 자주 발생합니다. 열심히 모은 용돈으로 게임기나 장난감을 살지 동생 생일 선물을 살지 고민하게 됩니다. 편의점에서도 어떤 과자를 살지 고민했던 적이 많을 거예요. 이런 문제는 왜 생길까요? 바로 사람의 욕구에 비해 돈이나 자원은 한정되어 있기 때문이에요.

희소성이 만든 선택의 문제

우리는 매 순간 크고 작은 선택을 해요. 집에서 학원에 갈 때도 어느 쪽 길로 갈지, 용돈으로 무엇을 사 먹을지 선택하지요. 선택은 모든 사람이 하지만 무엇을 선택하는지는 사람마다 달라요. 왜 우리는 매 순간 선택을 해야 할까요? 우리는 경제 활동을 하는 사람이고 우리가 가지고 있는 돈이나 자원이 한정되어 있어서 갖고 싶은 것들을 모두 가질 수 없기 때문이지요. 이것을 희소성이라고 해요. 희소성은 우리가 물건 등을 가지고 싶어 하는 욕구에 비해 그것을 충족시켜 주는 돈과 자원이 상대적으로 부족한 상태를 말해요. 결국 선택의 문제는 희소성 때문에 일어난답니다.

똑똑한 경제

선택하고 결정해야 해요

친구와 함께 빵을 만들어 판다고 생각해 보세요. 여러 가지 선택을 해야 해요. 이 선택은 경제 문제와 연결된답니다. 선택에 알맞은 경제 문제를 화살표로 연결해 보세요.

선택

ㄱ. 어떤 빵을 만들까요?

ㄴ. 누구에게 팔까요?

ㄷ. 어디서 어떻게 만들까요?

경제 문제

① 어떻게 생산할까요?

② 누구를 위해 생산할까요?

③ 무엇을 얼마나 생산할까요?

답 ①-ㄷ, ②-ㄱ, ③-ㄴ

 자원은 사람이 사는 데 필요하고 경제 생산에 이용되는 원료인 광물이나 수산물 또는 기술, 노동력 등을 말해요.

경제란 무엇인가요?

• **경제** 생활에 필요한 물건과 서비스를 만들고 나누어 쓰는 것을 말한다.

교과서 4학년 2학기 2단원 필요한 것의 생산과 교환 핵심 용어 경제

경제는 우리 주위를 둘러싼 모든 거예요

경제는 왠지 나와 상관없는 것 같나요? 하지만 우리는 매일 경제 활동을 하고 있어요. 학용품을 사고 친구와 떡볶이를 사 먹거나 버스나 지하철을 타는 일도 모두 경제 활동입니다. 학교와 학원에서 공부하는 것도 소비 활동으로 경제 활동이에요.

경제는 우리가 살아가면서 필요한 물건과 서비스를 만들고 나누어 쓰는 것을 말해요. 이것은 살아가기 위해 꼭 필요한 거예요. 더 넓게는 사람들의 활동을 둘러싼 모든 제도와 질서를 말합니다. 돈을 쓰는 일도 포함되기 때문에 우리 삶은 그 자체로 경제 활동이라고 할 수 있어요.

경제 활동을 이루는 세 가지는?

경제 활동은 크게 생산, 분배, 소비로 이루어져요. 쓸모 있는 물건을 만드는 것이 생산이에요. 사람들이 살아가면서 필요한 것을 만들어 내는 일을 말해요. 의사가 환자를 진료하는 것, 교사가 학생들을 가르치는 것, 물건을 파는 행위도 포함됩니다.

누군가 생산한 것에 비용을 내고 사용하는 것이 소비예요. 공부하는 것, 물건을 사는 것, 의사 선생님의 진찰을 받는 것이 소비지요.

분배는 생산 과정에 참여한 사람들이 사회 법칙에 따라 자기 몫대로 나누는 일을 말해요. 물건을 팔아서 얻는 수입, 근로자의 월급, 은행에 저금하고 받는 이자 등이 분배이지요.

똑똑한 경제

내가 하는 경제 활동으로 무엇이 있을까요?

경제 활동이란 사람들에게 필요한 것을 생산하고 소비하는 과정에서 일어나는 모든 활동을 말해요. 버스를 타고 학교에 가는 것도 경제 활동이고, 문제집을 사는 것도 경제 활동이랍니다. 부모님이 시킨 심부름을 해서 받은 용돈으로 떡볶이를 사 먹는 것도 경제 활동이에요. 문구점에서 물건을 사는 것 말고도 우리가 하는 경제 활동으로 어떤 것이 있는지 조사해 보세요.

공부도 경제 활동이야!

 우리가 필요한 것을 충족시켜 주는 모든 물건을 재화라고 해요. 신발, 음식, 책 등 돈으로 살 수 있는 것들을 경제재라고 하고, 공기나 햇빛, 바람 등 언제나 얼마든지 사용할 수 있는 것들은 자유재라고 해요.

눈으로 보고 만질 수 있는 것을 뭐라 하나요?

• **재화** 쌀이나 책, 옷, 공기처럼 사람들의 생활에 필요한 것을 말한다. 재화는 경제재와 자유재로 나뉜다.

교과서 4학년 2학기 2단원 필요한 것의 생산과 교환 **핵심 용어** 재화

사람들에게 만족감을 주어요

여러분의 방에는 어떤 것들이 있나요? 책상이나 의자, 침대, 컴퓨터, 책 등 다양한 물건들이 있을 거예요. 모두 보고 만질 수 있어요. 여러분의 생활을 편리하게 만들지요. 한편 전기나 공기, 햇볕은 어떤가요? 만질 수 없지만 이것들 역시도 편리함과 만족감을 줍니다. 이처럼 만질 수 있는 것뿐 아니라 눈에 보이지 않는 전기나 공기, 햇볕 등도 재화라고 해요. 그렇다면 선생님의 가르침이나 미용사의 머리 손질, 판매원의 판매도 재화일까요? 사람들에게 편리함을 주지만 재화가 아니에요. 이것은 용역 또는 서비스라고 합니다.

자유재와 경제재 모두 재화예요

재화는 자유재와 경제재 두 가지로 나뉘어요. 자유재는 누구나 자유롭게 쓸 수 있는 것들을 말하지요. 공기나 물, 햇볕 등 없어서는 안 되지만 양이 무한으로 존재해 대가 없이 사용할 수 있어요.

양이 한정되어 있어서 가질 수 있거나 다른 사람에게 팔 수 있는 것들을 경제재라고 합니다. 경제재는 사람들의 욕망을 만족시켜 주지만 그 양이 한정되어 있어 대가를 지불해야만 얻을 수 있어요. 보통 재화라고 하면 경제재를 의미해요. 광물, 석유 또는 자동차, 옷 등의 제품이 여기에 속하지요.

똑똑한 경제

자유재와 경제재를 구분해요

다음에 나열한 단어에는 자유재와 경제재가 섞여 있어요. 자유재에는 세모 표시를, 경제재에는 동그라미 표시를 해 보세요.

공기   컴퓨터
책상   바람   칫솔
에어컨   신발   햇볕

공기는 누구나 쓸 수 있으니까 자유재겠지?

 시간이 흐르면서 예전에는 자유재였던 것들이 경제재로 바뀌는 경우도 있어요. 대표적으로 물을 들 수 있는데, 예전에는 어디서나 쉽게 구할 수 있는 깨끗한 물을 이제는 마트에서 사서 먹어야 해요.

현명한 선택을 해야 해요

• **현명한 선택** 여러 가지 상황을 고려해 신중하게 선택하면 자신에게 알맞은 물건을 골라 큰 만족감을 얻을 뿐 아니라 돈과 자원을 절약할 수 있다.

교과서 4학년 2학기 2단원 필요한 것의 생산과 교환 **핵심 용어** 현명한 선택

선택은 중요해요

물건을 사고 후회한 적이 있나요? 생각한 만큼 사용할 일이 없거나 금세 망가져 '다른 걸 살걸.' 하고 괜히 샀다며 후회한 적이 있을 거예요. 그래서 선택은 아주 중요해요. 어떤 것을 선택하느냐에 따라 결과가 달라지기 때문이에요. 하지만 선택은 쉬운 일이 아닙니다. 누구나 자신이 선택한 것이 최고의 효과가 나길 바라지요. 그런 만큼 선택하기 전에 많은 고민과 갈등을 해야 합니다. 잘못된 선택을 한다면 돈과 자원을 낭비하게 될 거예요.

현명한 선택을 해요

선택한 것이 꼭 필요한 것인지, 나에게 어떤 이득이 있는지 따져야 해요. 이렇게 따져 보고 꼭 필요한 물건을 사는 선택을 현명한 선택이라고 합니다. 현명한 선택은 돈과 자원을 절약하며 만족감을 주어요. 일주일 용돈이 3천 원인데 게임이 너무 하고 싶어 하루 만에 다 써 버렸다면 현명한 선택을 한 것일까요? 정작 필요한 것들을 사지 못해서 현명한 선택이라 할 수 없어요.

현명한 선택을 하려면 우선 무엇이 필요한지 적어요. 그리고 어떤 물건이 가장 필요한지 따져 보아요. 그다음에 같은 물건을 만드는 여러 회사의 제품들을 비교해 보아요. 더 저렴한 가격에 기능이 우수하고 튼튼한 제품을 살 수 있다면 기분이 좋을 거예요.

내가 산 스티커는 두 장에 천 원이야.

나는 시장에 천 원짜리 샀는데?

똑똑한 경제

현명한 선택을 하려면?

축구공이 찢어졌어요. 좋은 축구공을 새로 사려면 어떤 단계를 거쳐야 하는지 알아보세요.

1단계 : 문제 인식하기
축구공이 찢어졌어요. 새 축구공이 필요해요.

▼

2단계 : 대안 나열하기(축구공 A, B, C)
살 수 있는 축구공을 골라요.

▼

3단계 : 평가 기준 정하기(내구성, 디자인, 가격)
새 축구공은 튼튼해야 해요.

▼

4단계 : 대안 평가하기
축구공의 가격과 디자인을 비교해요.

▼

5단계 : 선택하기
축구공을 선택해요.

 경제 활동에서 현명한 선택으로 후회하지 않는 물건을 사는 게 중요해요. 그러려면 물건을 사기 위한 알맞은 선택 기준을 세워야 해요.

가격이 높을수록 잘 팔리는 게 있다고요?

• **위풍재(威風財)** 한자로 위엄 위, 모습 풍, 재물 재 자를 쓴다. 소비자의 과시욕에 따라 가격이 높을수록 수요가 늘어나는 재화를 말한다.

교과서 6학년 1학기 3단원 우리나라의 경제 발전 핵심 용어 위풍재

가방 값의 비밀

A와 B라는 가방 가게가 있었어요. 두 가게는 같은 공장에서 똑같은 가방을 사서 소비자에게 팔았습니다. A가게는 가방 하나를 5만 원에 팔았고 B가게는 50만 원에 팔았어요. 더 저렴한 가격인 5만 원에 가방을 파는 A가게는 장사가 잘되지 않았어요. 사람들이 가방을 잘 볼 수 있도록 멋지게 진열해도 인기가 없었어요. 그런데 가방을 50만 원에 파는 B가게가 A가게보다 장사가 훨씬 잘되는 거예요. 사람들은 같은 가방인데 훨씬 많은 돈을 주고 B가게에서 산 것이지요.

가격이 높을수록 잘 팔리는 위풍재

왜 비싼 가격의 가방이 더 잘 팔렸을까요? 위풍재이기 때문이에요. 보통 물건의 가격은 수요와 공급 때문에 결정돼요. 그런데 예외로 수요와 공급의 영향을 받지 않고 가격이 결정되는 경우가 있어요. 바로 위풍재예요. 수백만 원짜리 가방, 지갑, 신발처럼 다른 사람에게 자랑하기 좋은 제품들을 위풍재라고 해요.

위풍재는 가격이 비쌀수록 잘 팔려요. 이상하지요? 사람들은 가격이 비싼 만큼 품질이 좋다고 생각하거나, 남이 쉽게 가지지 못하는 값비싼 가방이나 신발 같은 제품을 가지고 있는 걸 좋아하기 때문이에요. 그래서 명품 가방의 가격이 비쌀수록 잘 팔리는 현상이 나타난답니다.

똑똑한 경제

사람들이 명품을 사는 이유는?

사람들은 필요할 때 물건을 사요. 그런데 때로는 다른 사람에게 보여 주기 위해 물건을 사기도 해요. 이것을 과시 소비라고 해요. 아주 값비싼 상품이 자신의 사회적 지위를 나타내 준다고 생각하며 소비를 하는 것이지요. 하지만 이런 소비는 자신의 실제 경제 능력보다 더 많은 소비를 부추기므로 주의해야 해요.

 허영심이나 남들에게 뽐내고 싶은 과시욕으로 수요가 증가하는 현상을 '베블런 효과'라고 해요. 미국의 사회학자 베블런이 쓴 책 《유한계급론》에 나온 개념이에요. 즉 위풍재는 베블런 효과의 영향을 받은 물건들이지요.

경제를 공부해야 하는 이유는 무엇인가요?

> • **경제** 인간의 생활에 필요한 재화나 용역을 만들고 나누어 쓰는 모든 활동. 경제를 알아야 시간과 돈, 자원 같은 부족한 것을 잘 사용할 수 있다.

교과서 4학년 2학기 2단원 필요한 것의 생산과 교환   핵심 용어 경제

왜 고민할까?

용돈으로 무엇을 해야 할지 고민한 적이 있나요? 맛있는 것을 사 먹을지, 새로 나온 장난감을 살지 여러 번 생각한 적이 있을 거예요. 이런 고민을 하는 이유는 하고 싶은 건 많은데 돈이 부족하기 때문이지요.

뿐만 아니라 시간을 어떻게 써야 할지 고민한 적도 있을 거예요. 친구들과 게임을 할지 숙제를 마저 끝낼지 말이에요. 이런 고민을 하는 이유 역시 시간이 한정되어 있기 때문에 생기는 일이지요.

가장 효율적인 방법을 알려 주는 경제

일상생활에서 생기는 고민을 해결해 주는 것이 바로 경제입니다. 경제를 알면 돈이 적거나 시간이 부족할 때 돈을 어떻게 쓰고 시간을 어떻게 보내면 좋을지에 대한 가장 효율적인 방법을 찾을 수 있습니다. 돈을 적게 사용하면서도 큰 만족을 얻고 시간을 알차게 보낼 수 있도록 도와주는 것이지요.

경제는 용돈을 어떻게 써야 가장 큰 만족을 얻을 수 있을지, 가지고 있는 돈으로 무엇을 하면 좋을지, 돈과 자원을 아낄 수 있는 방법은 무엇인지와 같은 우리 삶의 다양한 문제를 해결해 줄 수 있습니다.

로봇 장난감
햄버거와 콜라

저축해서 간 원짜리 장난감을 살까? 아니면 지금 간식을 사 먹을까?

똑똑한 경제

경제는 이런 고민을 해결해 줄 수 있어요!

신발을 만드는 공장에서 신발을 더 빨리 만들기 위해 어떤 방법을 사용할까요? 신발 밑창부터 신발 끈, 천을 한꺼번에 모두 만드는 것이 아니라 다른 공장에서 만든 신발 끈, 밑창 등을 사와서 한 켤레의 신발을 완성합니다. 그렇게 하면 신발 끈이나 밑창을 만드는 시간을 절약해 더 많은 신발을 만들 수 있답니다.

- 물건을 더 빨리, 더 많이 만드는 방법을 알 수 있어요.
- 돈과 자원을 아껴 쓰는 방법을 배워요.
- 시간을 효율적으로 쓰는 방법을 알려 주어요.

 경제를 알면 더 큰 만족감을 얻는 선택을 할 수 있고 다양한 고민과 문제도 쉽게 해결할 수 있어요. 더불어 편리하고 더 나은 미래를 사는 데 도움을 주지요.

선택 후엔 기회비용이 발생해요

• **기회비용** 여러 가지 중에서 한 가지를 선택할 때 나머지 포기한 것에 대한 대가를 말한다.

교과서 4학년 2학기 2단원 필요한 것의 생산과 교환 **핵심 용어** 기회비용

기회비용이 생기는 이유는?

지금 당장 나에게 필요한 것들을 종이에 적어 보아요. 노트북, 게임기, 스마트폰 등이 목록에 있나요? 혹시 모든 것을 다 사야 할까요? 그런데 모든 것을 사려면 너무 많은 돈이 들 거예요. 노트북을 산다고 하면 나머지 게임기와 스마트폰을 포기해야 하지요. 이렇게 하나를 선택하면 포기한 것에 치르는 대가가 기회비용이라고 해요. 기회비용은 선택한 것을 뺀 대안들 중에서 가장 가치가 큰 것이에요. 가진 돈이나 자원이 한정되어 있어 원하는 것을 다 가질 수 없을 때 기회비용이 발생합니다.

기회비용을 따져 합리적인 선택을 해요

기회비용은 돈만이 아니에요. 한정되어 있는 모든 것에는 기회비용이 생겨요. 시간도 마찬가지예요. 일요일 오후에 축구나 게임, 학교 숙제 중 무엇을 할지 고민하다가 학교 숙제를 선택했다면 기회비용은 어떻게 될까요? 학교 숙제를 선택한 것에 대한 기회비용은 축구와 게임입니다.

우리는 기회비용을 따져 합리적인 선택을 해야 해요. 학교 숙제를 선택했을 때 얻는 만족도가 축구나 게임을 했을 때 얻는 만족도보다 커야 합리적인 선택을 한 것이에요. 숙제를 끝낸 뿌듯함이 축구나 게임을 할 때 느끼는 즐거움보다 크면 올바른 선택을 한 것입니다.

놀지 말고 청소할걸….

그러게, 청소하지 그랬어.

똑똑한 경제

가장 경제적인 선택은?

시윤이는 방 청소를 해서 엄마한테 용돈 2천 원을 받았어요. 시윤이는 2천 원으로 무엇을 할지 목록을 적었어요.

1. 저금하기
2. 친구들과 떡볶이 사 먹기
3. 어려운 이웃을 위해 기부하기
4. 필요한 물건 사기

여러분이 시윤이라면 어떤 선택을 했을 때 가장 만족스러운가요? 각자 생각을 말해 보세요.

뭘 해야 좋을까? 떡볶이 사 먹을까?

사람마다 가치관과 생각이 달라서 같은 선택을 했다고 해도 기회비용은 다를 수 있어요. 밖에서 노는 걸 좋아하는 친구도 있고, 집에서 만화책을 보는 걸 좋아하는 친구도 있어요. 어떤 걸 선택해서 만족하느냐에 따라 기회비용은 달라집니다.

마트가 더 생기면 물건 가격이 저렴해진다고요?

> • **경쟁** 서로 앞서려고 다투는 것을 말한다. 결과적으로 사회 발전에 도움이 되지만 지나친 경쟁은 모두에게 피해를 줄 수도 있다.

교과서 6학년 1학기 3단원 우리나라의 경제 발전 **핵심 용어** 경쟁

같은 제품이 많아지면?

동네에는 마트, 카페, 문구점, 세탁소 등 여러 상점이 있어요. 이미 마트가 있는데 가까운 거리에 새 마트가 생기는 경우도 있기 마련이에요. 새로 생긴 마트는 더 신선하고 가격이 싸다며 홍보할 거예요. 그럼 원래 있던 마트 또한 자기네 물건이 동네에서 제일 신선하고 싸다며 홍보할 거예요. 그래야 손님을 모을 수 있으니까요. 이 두 마트는 서로 경쟁을 하고 있는 거랍니다.

가족과 함께 놀러 간 관광지에서는 어떨까요? 맛집 거리 입구만 가도 서로 자기 식당이 맛있다며 손님을 끌어 모으려고 해요. 이때 우리는 제품의 가격이 더 저렴하고 질이 더 좋은 곳을 선택하지요.

경쟁은 국가 발전에 도움이 돼요

동네 마트뿐 아니라 물건을 소비자에게 판매하는 생산자나 기업들도 경쟁을 해요. 기업들은 경쟁을 하면서 더 좋은 제품을 만들고 가격도 낮춰요. 또 소비자에게 더욱 친절하게 물건을 판매합니다. 기업들이 경쟁을 하면 소비자들은 이득을 보아요. 더 좋은 제품을 저렴한 가격에 살 수 있기 때문이지요. 또 다양한 물건을 고를 수 있어 선택의 폭이 넓어져요. 더 좋은 제품을 파는 기업은 더 많은 이익을 남기고 계속해서 좋은 제품을 만들기 위해 투자할 거예요. 이렇게 경쟁은 경제를 발전시킬 뿐만 아니라 국가의 발전에도 도움을 줍니다.

똑똑한 경제

경쟁의 종류는 다양해요

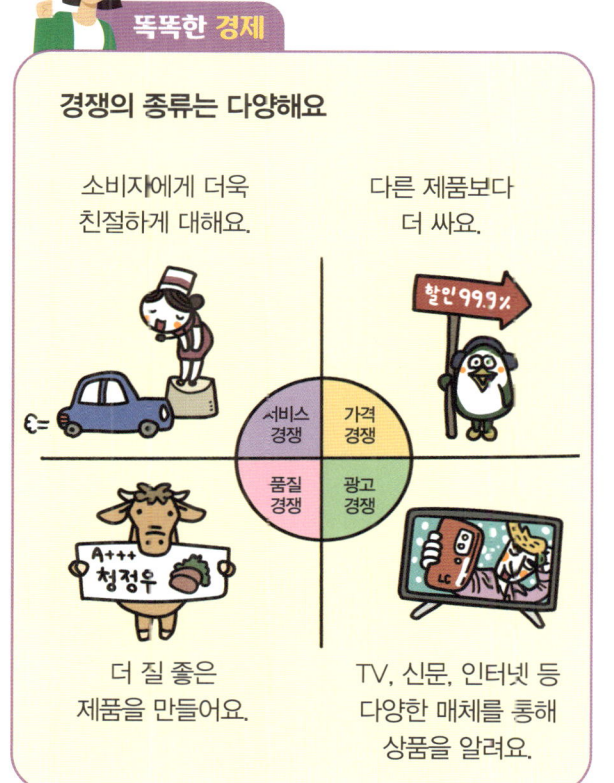

- 소비자에게 더욱 친절하게 대해요. (서비스 경쟁)
- 다른 제품보다 더 싸요. (가격 경쟁)
- 더 질 좋은 제품을 만들어요. (품질 경쟁)
- TV, 신문, 인터넷 등 다양한 매체를 통해 상품을 알려요. (광고 경쟁)

지나친 경쟁은 간혹 모두에게 피해가 갈 수 있어요. 또 허위 또는 과장 광고로 자기네 제품이 더 좋다고 선전하는 경우도 생기는데 이런 피해는 고스란히 소비자에게 가요.

상품의 가격을 낮출 수 있는 방법은?

> **유통** 상품, 화폐 등이 생산자로부터 소비자에게 전달되는 과정을 말한다. 인터넷 쇼핑 등의 온라인 시장은 유통을 획기적으로 바꾸고 있다.

교과서 4학년 2학기 2단원 필요한 것의 생산과 교환 핵심 용어 유통

원하는 물건을 쉽게 구해요

지역마다 자연환경과 노동력과 기술이 달라요. 따라서 생산하는 물건도 다르지요. 하지만 우리는 제주도에서 난 감귤, 영천에서 난 사과 등 농산물은 물론 벌교에서 잡은 꼬막, 고등어 같은 수산물을 가까운 시장에서 살 수 있습니다. 각종 공산품도 살 수 있지요. 이처럼 내가 사는 지역에서 나는 생산물이 아니더라도 시장에 가면 원하는 것을 쉽게 구할 수 있지요. 바로 유통 덕분이랍니다. 생산자들이 만든 물건이 유통되어 소비자인 우리가 쉽게 받을 수 있는 거예요. 유통 덕분에 생산자가 소비자를, 소비자가 생산자를 일일이 찾아다닐 필요가 없어졌어요.

생산지보다 물건 값이 비싸지는 이유는?

우리는 같은 물건을 마트나 시장 또는 인터넷에서 구입할 수 있어요. 하지만 같은 물건이라도 동네 마트나 시장에서 파는 가격과 생산지에서 파는 가격은 큰 차이가 있어요. 동네에서 파는 가격이 조금 더 비쌉니다. 왜 그럴까요? 바로 생산지에서 물건을 전국 각지로 운반하고 보관하는 데 들어가는 비용 때문이에요. 도매상과 소매상 같은 유통 과정을 거치면 물건의 가격이 비싸져요. 그래서 요즘은 유통 단계를 줄여 소비자와 생산자가 직접 만나는 직거래 장터 또는 온라인 상점을 통해 물건을 조금 더 저렴하게 판매하기도 합니다.

똑똑한 경제

유통 단계가 줄어들면 물건 값이 내려가요

직거래는 생산자와 소비자가 직접 만나는 방식이에요. 직거래를 하면 유통 과정에서 발생하는 가지가지 비용을 아낄 수 있어요. 꼭 필요한 유통 과정을 제외한 불필요한 유통 단계가 많아지면 생산자는 비용을 더 지불하고, 소비자 또한 더 비싼 가격에 사는 손해를 볼 수 있어요. 물건을 살 때 유통 과정을 꼼꼼히 따져 보는 자세가 필요해요.

유통은 소비자가 생산자를 직접 찾아야 하는 불편을 줄여 주는 장점이 있는 반면에 중간 단계가 많아지면서 비용이 높아지는 단점이 있습니다.

합리적 소비를 해야 하는 이유는?

> **합리적 소비** 품질, 가격 등을 생각해 가장 적은 비용으로 큰 만족감을 얻을 수 있도록 선택하는 것을 말한다.

교과서 6학년 1학기 3단원 우리나라의 경제 발전 **핵심 용어** 합리적 소비

우리는 모두 소비를 하고 있어요

미술 준비물로 문구점에서 스케치북을 샀어요. 또 학교가 끝나고 친구들과 분식집에서 떡볶이를 사 먹기도 해요. 이런 활동은 소비예요. 소비는 돈을 써서 무언가를 얻는 활동입니다. 스케치북과 떡볶이는 누군가가 생산한 것이며, 생산한 것을 돈을 내고 산 다음에 사용하고 먹는 활동은 소비에 해당하지요. 소비는 우리가 살아가면서 꼭 필요한 활동이에요. 소비에는 음식을 먹거나 옷을 사는 소비 활동이 있고, 병원에서 의사의 진료를 받거나 학교 선생님의 가르침을 받는 소비 활동이 있습니다.

합리적 소비가 필요해요

소비를 잘하려면 어떻게 해야 할까요? 우리가 쓰는 돈은 한정되어 있기 때문에 현명하게 사용하지 않는다면 돈은 금방 떨어지고 말 거예요. 흥청망청 쓰다가 결국에 꼭 필요한 물건을 사지 못하는 경우가 생길 수도 있지요. 따라서 합리적인 소비가 필요해요. 합리적인 소비를 하면 돈을 계획적으로 사용할 수 있습니다. 얼마를 저축하고 얼마를 어디에 쓸 것인지 확인할 수 있지요. 또 필요한 물건을 필요한 만큼 사서 낭비를 줄일 수 있습니다. 합리적인 소비를 통해 우리는 한정된 돈을 쓰면서도 가장 큰 만족감을 느낄 수 있답니다.

똑똑한 경제

합리적 소비를 골라 보아요

다음 중 어떤 소비가 합리적 소비일지 생각해 보세요.

① 길을 가다가 예쁜 머리핀을 샀어요.
② 다리가 아픈 할머니의 생신 선물로 지팡이를 사 드렸어요.
③ 학원 가는 길에 배고파서 떡볶이를 사 먹었어요.

여러분은 어떤 소비를 했을 때 만족스러운가요?

 남이 산 물건을 그대로 따라 사는 모방 소비도 있답니다. 연예인이 들고 다니는 가방을 사거나 친구들이 모두 샀다고 따라서 물건을 사는 행동을 말해요. 모방 소비도 비합리적인 소비 중 하나예요.

세금은 어디에 쓰이나요?

• **공공시설** 국가나 지방 자치 단체가 국민들의 편의를 위해 만든 시설로 공원, 철도, 수도, 공항, 도로, 의료 시설, 복지 센터 등이 있다.

교과서 4학년 1학기 3단원 지역의 공공 기관과 주민 참여 핵심 용어 공공시설

공공시설은 우리 모두의 것이에요

집 근처에 있는 공원은 나무도 잘 가꾸어져 있고 운동 시설도 잘되어 있어요. 쓰레기가 쌓여도 다음 날이면 깨끗이 치워져 있지요. 공원의 쓰레기는 누가 치웠을까요? 또 공원은 누구의 것일까요?

공원은 마을 주민, 나아가 국민 모두의 것이에요. 개인이 독점할 수 없지요. 도서관, 도로, 소방서, 행정 복지 센터, 체육관, 마을 복지관은 우리가 함께 이용하는 우리 모두의 것이에요. 이런 시설들을 공공시설이라고 합니다. 그렇다면 공공시설을 만들고 관리하는 데 들어가는 돈은 누가 낼까요?

세금은 모든 국민이 내야 해요

공공시설을 만들고 관리하기 위해서는 세금이 필요해요. 세금은 나라 살림을 위해 정부가 국민에게서 걷는 돈입니다. 국민 모두는 정부에 세금을 내지요. 정부는 세금으로 국가 운영에 관련된 일을 합니다. 정부는 세금을 공공시설을 만들거나 복지를 위한 일에 써서 국민들이 안전하고 편안한 삶을 살 수 있도록 해요.

우리나라 국민이라면 세금을 내야 하는 의무가 있습니다. 소득이 많은 사람은 세금 부담 비율이 높고 소득이 적은 사람은 세금 부담 비율이 낮지요. 버는 만큼 세금을 내는 것을 공평한 납세라고 보기 때문이에요.

똑똑한 경제

세금으로 공공시설을 지어요

건우는 학교를 마치고 시립 도서관에 들러 빌렸던 책을 반납했어요. 그리고 태권도 학원을 다녀온 뒤 마을 복지관에 있는 수영장에 가서 수영을 했어요. 집으로 가는 길에 엄마 심부름으로 마트에 가서 콩나물을 샀지요. 건우가 들른 공공시설은 어디일까요?

답: 시립 도서관, 복지관

어린이가 사용하는 학용품뿐만 아니라 아이스크림 같은 간식, 장난감의 가격에는 세금이 포함되어 있어요. 이 세금을 부가 가치세라고 해요.

시장이 있는 곳에 왜 사람이 많지요?

• **시장** 여러 가지 상품을 사고파는 장소로 재화와 서비스의 거래가 이루어진다.

교과서 4학년 2학기 2단원 필요한 것의 생산과 교환   핵심 용어 시장

시장의 탄생

급하게 필요한 물건도 시장에 가면 바로 구할 수 있어요. 시장에는 다양한 물건들이 판매되고 있어서 어떤 것이든 구하기 쉬워요. 시장은 언제, 어떻게 생겨났을까요?

옛날 사람들은 필요한 물건을 직접 만들어 사용했어요. 그리고 가지고 있는 물건을 이웃과 서로 교환했지요. 물건을 들고 다니거나 필요한 물건을 가지고 있는 사람을 찾기가 번거롭고 힘들었어요. 그래서 사람들은 날짜를 정해 약속한 장소에서 만나기로 했어요. 사람들은 정한 날짜가 되면 그 장소로 가서 가져온 물건들을 펼쳐 놓고 사고팔았답니다. 이렇게 시장이 생겨났지요.

시장이 생기기 좋은 곳은?

물건을 만든 생산자와 물건을 사려는 소비자가 만나는 곳이 시장이에요. 시장은 동네 주민뿐만 아니라 멀리서 온 사람들로도 북적거리지요. 생산자와 소비자는 정해진 가격에 물건을 사고팔아요. 때로는 흥정을 해서 원하는 가격에 물건을 사고파는 경우도 있습니다. 시장은 사람이 많이 모이는 곳이기 때문에 교통이 편리한 곳에 생겨요. 기차역, 버스 터미널 인근에 시장이 많이 생기지요. 시장은 종류도 다양합니다. 매일 열리는 상설 시장, 5일에 한 번 열리는 오일장이 있어요. 아파트 단지 안이나 공원에서 열리는 시장도 있습니다.

장시

똑똑한 경제

다양한 시장이 있어요

시장에는 전국 각지에서 생산한 상품이 모여요. 동해에서 잡히는 오징어 같은 수산물부터 향기로운 꽃, 건강에 좋은 약재, 싱싱한 과일과 채소들이 시장으로 모이지요. 전국에 어떤 시장이 있는지 살펴볼까요?

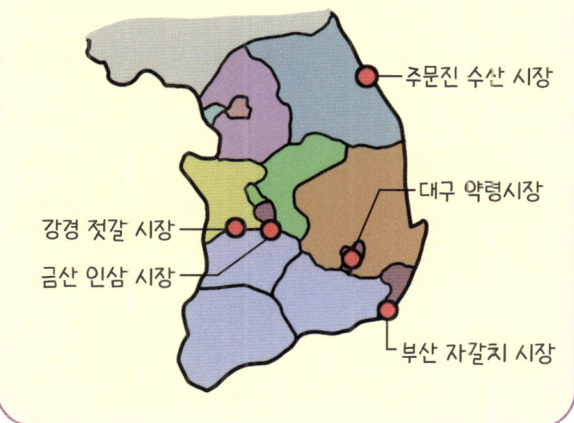

 시장은 물건을 누가 사느냐에 따라 종류가 달라지기도 해요. 소비자에게 직접 파는 소매 시장, 중간 상인에게 파는 도매 시장이 있어요.

사회 보장 제도가 왜 필요해요?

• **사회 보장 제도** 질병, 재해, 저소득의 이유로 생활이 어려운 사람들이 최소한의 인간다운 생활을 하도록 국가가 지원하는 제도.

교과서 6학년 2학기 3단원 인권 존중과 정의로운 사회 핵심 용어 사회 보장 제도

서로 돕고 살아요

옛날에는 어려운 사람이 있으면 이웃들이 나서서 도와주었어요. 먹을거리가 부족하면 먹을 것을 가져와 나누어 먹기도 하고 산사태나 불 같은 재해로 집을 잃은 사람에겐 자기들의 집을 기꺼이 내주며 집을 새로 지을 때까지 지내도록 해 주었지요. 도움을 받은 이웃은 또다시 누군가를 도와주며 서로 돕고 살았어요. 하지만 현대 사회는 어려운 사람을 도와주는 방법이 예전과 많이 달라졌어요. 그 이유는 소득의 격차도 많이 커졌고 이웃을 직접 도와주는 것에 한계가 있기 때문이에요. 무엇보다 근본적인 해결책이 되지 않아요.

인간답게 살 권리가 있어요

사람은 인간답게 살 권리가 있어요. 질병으로 경제 활동에 제약을 받거나 직업이 없어 어려움에 처한 사람들도 인간다운 삶을 살아야 해요. 그래서 정부가 나서서 도와주고 있어요. 이것을 사회 보장 제도라고 합니다. 정부는 국민들의 삶의 질을 높이기 위해 여러 가지 사회 보장 제도를 실시하고 있어요. 사회 보장 제도는 크게 두 가지로 나뉘는데 하나는 소득이 낮은 사람들을 도와주는 제도예요. 이것을 공공 부조 제도라고 합니다. 다른 하나는 국민이 질병에 걸리거나 재해로 어려움에 처했을 때 보험금을 지급하는 제도인 사회 보험이 있어요.

똑똑한 경제

사회 보험으로 인간답게 살 권리를 보장해요

사회 보장 제도는 어려운 여건 속에 있는 사람들이 최소한의 인간다운 삶을 살기 위해서 정부가 나서서 도와주는 거예요. 사회 보장 제도 중 사회 보험은 국가가 운영하는 보험 제도로 법에 따라 강제성을 띠고 있어요. 강제성이란 국민 누구나 다 가입해야 한다는 뜻이에요. 다양한 사회 보험으로 어려운 상황에 처한 국민을 돕습니다.

업무상 재해	산업재해보상보험
실업	고용보험
질병과 부상	국민건강보험
노령, 장애, 사망	국민연금

 독일은 19세기 후반 재상 비스마르크가 사회보험법을 제정한 일을 시작으로 근대적 사회 보장 제도를 구축하는 데 선구적 역할을 했답니다.

진짜 돈과 가짜 돈을 구별하는 방법은?

• **위조지폐** 진짜처럼 보이게 만든 가짜 지폐를 말한다. 화폐를 위조하는 행위는 범죄로 처벌받는다.

교과서 6학년 1학기 3단원 우리나라의 경제 발전　핵심 용어 위조지폐

위조지폐를 만드는 것은 불법이에요

돈을 누구나 만들 수 있다면 어떻게 될까요? 너도 나도 돈을 만들어 사고 싶은 물건을 모두 살 테고, 경제가 혼란스러워질 거예요. 그래서 돈은 정부에서 필요한 만큼만 찍어 냅니다. 정부가 돈을 만들기 때문에 사람들이 화폐를 교환 수단으로 믿고 사용하는 거예요. 영화에서 종종 위조지폐를 만들어 쓰는 장면이 나오기도 하고 실제로 위조지폐를 만들었다는 뉴스가 나오기도 했지요. 위조지폐는 진짜처럼 보이게 만든 가짜 지폐로, 위조지폐를 만드는 행위는 큰 범죄랍니다.

지폐에 담긴 다양한 위조 방지 장치

지폐는 누구나 쉽게 만들 수 있으면 안 되기 때문에 모든 지폐에는 위조를 막기 위한 여러 가지 장치가 들어 있지요. 지폐는 종이가 아닌 면섬유로 만들어졌어요. 여러 사람이 쓰기 때문에 쉽게 상하고 찢어지지 않는 면섬유를 사용해요. 위조지폐를 만져 보면 진짜 지폐와 질감이 달라요. 또 진짜 지폐는 보는 각도에 따라 색상과 무늬가 변합니다. 특수 필름으로 만든 홀로그램 때문이에요. 지폐의 한쪽에는 그림이 숨어 있어 빛에 비추어 보아야 잘 보이지요. 뿐만 아니라 확대경으로 볼 수 있는 미세한 문자, 손으로 만지면 오돌토돌한 느낌이 나는 숫자 등 위조 방지 장치들이 곳곳에 있어요.

똑똑한 경제

위조지폐를 구별할 수 있어요

위조지폐를 구별하는 방법이에요. 가지고 있는 지폐를 꺼내서 확인해 보세요.

① 많은 지폐를 셀 때는 '홀로그램'이 있는 방향으로 넘긴다.
② 지폐는 항상 밝은 곳에서 주고받는다.
③ 구겨지거나 손상된 지폐는 꼼꼼히 살펴본다.
④ 위조지폐로 의심이 되면 다양한 위조 방지 장치들이 있는지 살펴본다.

숨은 그림

 위조지폐를 발견했을 때는 112나 한국은행 대표전화 02-759-4114로 신고해요.

물가는 왜 달라지나요?

- **물가** 여러 종류의 재화나 용역 등의 평균 가격을 말한다.
- **유통** 화폐나 물품 등이 세상에 널리 쓰이는 것이다.

교과서 6학년 1학기 3단원 우리나라의 경제 발전 **핵심 용어** 물가, 유통

물가에 따라 변화하는 짜장면 가격

짜장면이 15원이던 때가 있었어요. 바로 1960년대이지요. 1970년대는 140원, 1980년대는 350원이었습니다. 2021년에는 전국 평균 가격이 5,376원이에요. 60년 동안 짜장면 가격이 15원에서 5,376원으로 무려 358배가 오른 것이지요. 이렇게 가격이 오른 건 짜장면뿐만이 아닙니다. 아이스크림, 라면, 아파트, 자동차도 가격이 예전에 비해 많이 올랐어요. 이렇게 가격이 오른 이유는 무엇일까요? 바로 물가가 변했기 때문이에요.

물가는 왜 변화할까요?

물가는 통화량과 관련이 있어요. 통화량은 한 나라에서 유통되고 있는 화폐를 말합니다. 통화량이 늘면 짜장면을 사기 위한 돈이 늘어나는 것이므로 결국 짜장면의 가격이 비싸지지요. 통화량이 늘면 짜장면, 즉 상품의 가격이 올라갑니다. 이렇게 물가는 오르지만 돈의 가치가 떨어지는 현상을 인플레이션이라고 합니다. 상품의 가격은 꾸준히 오르는데 화폐 가치가 떨어지는 것을 말하지요.

물가가 오른다고 해서 나쁜 것만은 아닙니다. 물가는 조금씩 오르는 게 좋아요. 그래야 기업들도 돈을 벌고 기업에서 일하는 사람들의 월급도 오르기 때문이지요.

 **똑똑한 경제**

물가는 변해요

가람이는 한 달에 용돈을 2만 원씩 받아요. 10만 원짜리 게임기를 사려고 다섯 달 동안 열심히 용돈을 모았어요. 그런데 그동안 물가가 올라 게임기 가격이 15% 인상되었어요. 가람이가 게임기를 사려면 얼마가 필요할까요?

답 115,000원

 물건을 사려는 수요는 느는데 상품 공급이 늘어나지 않는 것을 수요 인플레이션이라 합니다. 제품 생산 비용이 오르면 가격도 덩달아 올라서 물가가 전체적으로 오르는 것은 비용 인플레이션이라고 해요.

물가가 내려가면 좋은 건가요?

- **인플레이션** 화폐의 가치가 떨어져 상품의 가격이 오르는 현상을 말한다.
- **디플레이션** 재화와 서비스의 가격이 지속적으로 내려가는 현상을 말한다.

교과서 6학년 1학기 3단원 우리나라의 경제 발전 **핵심 용어** 인플레이션, 디플레이션

물가가 내려가면 어떤 일이 일어날까요?

천 원에 한 개만 살 수 있던 과자를 천 원에 세 개 살 수 있다고 생각해 보아요. 과자뿐만 아니라 사고 싶던 옷의 가격이 떨어져 맘껏 살 수 있다면 얼마나 행복할까요? 하지만 물가가 내려가면 좋기만 할까요? 그렇지 않아요. 물가가 내려가는 현상을 디플레이션이라 합니다. 물가가 내려가면 사람들이 물건을 더 살 것 같지만 실제로는 앞으로 가격이 더 떨어질 거라 생각해 구매가 줄어듭니다. 물건이 안 팔리면 기업은 생산을 줄이고, 물건을 만드는 데 필요한 노동력도 줄이게 될 거예요. 일하는 사람이 줄어들면 소비도 줄어들며 악순환이 반복됩니다.

물가를 안정시키려면?

디플레이션은 물가가 계속 떨어지면서 물건을 사고파는 활동이 거의 없어지는 현상을 말합니다. 디플레이션에 빠지면 나라 전체의 경제가 무척 어려워져요. 물건을 사는 사람도 없고 파는 사람도 없어져 기업들이 문을 닫으면 결국 근로자들이 일할 곳이 없어져요. 디플레이션뿐 아니라 물가가 올라가는 인플레이션도 마찬가지예요. 물건 값이 너무 올라도 문제고, 너무 내려가도 문제예요. 이것은 화폐와 연관이 있어요. 통화량이 너무 많을 땐 인플레이션 현상이 생기고, 적을 땐 디플레이션 현상이 생겨요. 이때 정부는 물가를 안정시키기 위해 통화량을 조절해 물가를 관리합니다.

똑똑한 경제

화폐를 많이 찍으면?

제1차 세계대전 이후 전쟁에서 진 독일은 많은 배상금을 물어야 했어요. 돈이 부족해진 독일 정부는 화폐를 마구 찍어 냈어요. 하지만 무차별로 늘어난 화폐 때문에 화폐 가치가 떨어지고 말았어요. 인플레이션 현상이 생긴 것이지요. 빵 1파운드의 값은 2천 500억 마르크, 고기 1파운드는 3조 마르크였다고 해요. 빵 하나를 사기 위해 엄청난 돈을 내야 했던 것이지요.

 1년에 갑자기 몇 배 이상의 물가 상승이 일어나는 현상은 '하이퍼 인플레이션'이라고 해요.

소비자의 불만을 당당히 표현해요

- **불량품** 품질이나 상태가 나쁜 물건.
- **환불** 이미 지불한 돈을 되돌려 줌.

교과서 4학년 1학기 3단원 지역의 공공 기관과 주민 참여 핵심 용어 불량품, 환불

제품이 쉽게 망가진다면?

용돈을 열심히 모아 장난감을 사서 열어 보니 다리 한쪽이 부서져 있었어요. 장난감을 사고 나서 가지고 놀다가 힘을 세게 주었거나 바닥에 집어 던져 부러진 경우가 아니라면 환불이나 보상을 받을 수 있습니다. 장난감뿐만 아니라 사 먹는 음식도 마찬가지예요. 음식을 먹는데 플라스틱이 나온다거나 유통기한이 지난 재료를 사용해 배탈이 나는 경우가 있지요. 옷을 샀는데 세일 상품이라서 교환이나 환불이 안 된다고 하는 경우도 많습니다. 이런 문제가 생기면 우리는 어떻게 해야 할까요?

소비자의 권리가 있어요

소비자의 실수가 아닌 제품 자체의 불량으로 생긴 문제라면 환불이나 보상을 받을 수 있습니다. 문제가 생긴 제품과 함께 영수증을 챙겨서 제품을 구매한 곳을 방문하면 교환 또는 환불을 받을 수 있어요. 그런데 만약 생산자의 잘못임에도 교환이나 환불, 적절한 보상 등을 해 주지 않는다면 어떻게 해야 할까요? 이럴 때는 외부의 도움을 받아 문제를 해결할 수 있습니다. 정부 기관인 공정거래위원회에 소속되어 있는 한국소비자원에 도움을 구할 수 있어요. 한국소비자원은 소비자의 불만을 처리해 주고 소비자가 적절한 피해 보상을 받을 수 있도록 도와줍니다.

똑똑한 경제

환불이나 교환을 받을 수 있어요

아래 상황 중 소비자가 환불이나 교환을 받을 수 있는 사례를 골라 보세요.

① 새로 산 장난감을 조립하다가 실수로 떨어트려 장난감이 부서졌어요.
② 방금 사 온 음식인데 상해 있어요.
③ 물건을 새로 사서 두 달 만에 열었는데 망가져 있어요.
④ 새로 산 물건이 광고한 내용과 달라요.

답 ②, ④

소비자는 1372로 전화하거나 1372 소비자상담센터 사이트(www.ccn.go.kr)에 들어가는 방법 또는 직접 한국 소비자원을 방문하는 방법으로 피해 내용을 상담받을 수 있어요.

놀이공원 아이스크림이 비싼 이유는?

- **독점** 개인 또는 단체가 생산과 시장을 혼자 독차지해 이익을 얻는 것.
- **경쟁자** 어떤 목적을 두고 이기거나 앞서려고 서로 다투는 상대자.

교과서 6학년 1학기 3단원 우리나라의 경제 발전   핵심 용어 독점, 경쟁자

비싸지만 사 먹을 수밖에 없어요

놀이동산에서 신나게 놀이 기구를 타면서 놀다 보면 시원한 아이스크림이 먹고 싶어요. 매점에서 아이스크림을 사려고 가격을 보니 마트나 시장의 가격과 차이가 많이 납니다. 가격이 비싸서 다른 곳에서 사고 싶지만 그러려면 놀이동산 밖으로 나가야 해요.

놀이동산에서는 가격이 비싼데도 사람들이 몰려와 너도나도 할 것 없이 아이스크림을 삽니다. 가격이 비싸더라도 다른 곳에 가는 시간과 거리를 따져 그냥 사 먹게 되지요. 놀이공원 안에서 아이스크림은 왜 이렇게 비싼 걸까요?

독점으로 가격이 비싸요

놀이동산에서 파는 아이스크림이 다른 마트나 시장에 비해 가격이 비싼 이유는 뭘까요? 놀이공원 안에 아이스크림을 파는 가게가 적기도 하지만 놀이공원에서 직접 운영하기 때문에 마음대로 가격을 정할 수 있어요. 이처럼 혼자만 물건을 파는 것을 독점이라고 합니다. 경쟁자가 없어서 가격을 높게 정하더라도 소비자가 자기들의 제품을 이용할 수밖에 없는 점을 이용한 것이에요. 사회에서도 이러한 독점을 볼 수 있습니다. 경쟁사가 없는 기업은 마음대로 상품의 가격을 높게 매길 수 있지요. 소비자는 비싸더라도 선택할 수밖에 없어요.

시장보다 훨씬 비싸네.

똑똑한 경제

시장의 기능을 망가트리는 '독과점'

한 회사가 시장에서 50% 이상을 차지하고 있는 경우는 '독점'이라 하고, 경쟁자가 있긴 하지만 소수인 경우는 '과점'이라고 해요. 독점과 과점을 합쳐서 '독과점'이라고 합니다.

내 마음대로 가격을 정할 수 있지!

공정거래위원회는 독과점으로 소비자가 피해를 입지 않도록 규제 제도 같은 것을 만들기도 합니다.

아침에 보는 영화 티켓이 싼 이유는?

- **상영** 극장 등에서 영화를 보여 주는 것을 말한다.
- **차등 요금제** 시간과 요일에 따라 요금이 달라지는 것을 말한다.

교과서 4학년 2학기 2단원 필요한 것의 생산과 교환　핵심 용어 상영, 차등 요금제

할인으로 사람들의 관심을 모아요

여러분은 영화를 얼마나 자주 보나요? 극장에서도 여러 영화를 하루에 몇 번씩 상영합니다. 그런데 같은 영화라도 평일 또는 주말, 시간, 좌석 위치에 따라 가격이 달라져요. 평일 아침의 영화 티켓 값이 주말 낮의 영화 티켓 값보다 5천 원 더 싸기도 하지요. 이렇게 이른 오전 첫 회로 상영하는 영화를 조조 영화라 하고, 이때 할인을 조조 할인이라고 합니다. 아침에는 왜 할인해 주는 걸까요? 평일 아침에는 사람들이 직장에 가거나 학교에 가서 극장에 잘 오지 않기 때문이에요. 그래서 가격을 할인해 주어서 사람들이 오게 만드는 것이죠.

손님을 끌기 위한 방법

영화 티켓 가격을 할인하면 영화관이 손해 아니냐고요? 아니에요. 영화는 정한 시간에 관객이 1명이라도 있다면 영화를 상영해야 해요. 1명이든 100명이든 상관없지요. 그래서 손님이 적은 아침 시간에 영화 티켓 가격을 저렴하게 할인해서 사람들을 조금이라도 더 모으려는 거예요. 영화관처럼 시간마다 요금을 다르게 정하는 것을 '차등 요금제'라고 합니다. 차등 요금제는 식당에서도 볼 수 있어요. 저녁 시간에 비해 손님이 적은 낮 시간에 손님을 끌어 모으기 위해 여러 산업에서 사용하는 마케팅 방법 중 하나입니다.

똑똑한 경제

차등 요금제를 찾아보세요

기차표나 항공권도 차등 요금제로 운영되고 있어요. 평일에 타는 기차나 비행기는 주말에 타는 것보다 저렴해요. 차등 요금제는 주말, 추석과 설날 같은 연휴에도 적용이 돼요. 만화방도 평일에 할인을 해 주는 곳이 있어요.

 택시는 밤 12시부터 다음 날 새벽 4시까지 심야 할증 요금이 적용돼요. 이 시간에는 요금이 평소보다 20% 비싸요.

전자 상거래로 물건을 쉽게 살 수 있어요

• **전자 상거래** 인터넷이나 스마트폰 등 네트워크를 통해서 물건을 사고파는 상거래 활동을 말한다.

교과서 4학년 2학기 2단원 필요한 것의 생산과 교환 핵심 용어 전자 상거래

편리한 전자 상거래

사람들은 인터넷을 이용해 물건을 사고팔아요. 인터넷으로 물건을 사면 매장에 직접 가지 않아도 되니 편리하지요. 또 매장에서 파는 물건보다 가격이 더 저렴해 많은 사람들이 이용하고 있어요. 인터넷 같은 컴퓨터 통신망을 이용해 물건을 사거나 파는 활동을 전자 상거래라고 합니다. 돈을 다른 사람에게 보내는 계좌 이체 같은 은행 업무도 인터넷이나 스마트폰으로 할 수 있어요. 이것을 인터넷 뱅킹이라고 하는데 역시 전자 상거래입니다. 요즘은 스마트폰을 통해 손쉽게 전자 상거래를 이용할 수 있지요.

전자 상거래는 조심해야 해요

전자 상거래는 쉽고 빨라서 편리한 만큼 주의해야 해요. 전자 상거래에 필요한 비밀번호가 유출된다면 누군가 내 돈으로 물건을 살 수도 있고 돈이 빠져나갈 수도 있어요. 컴퓨터 시스템에 무단으로 침입해 다른 사람의 정보를 알아내는 것을 해킹이라고 합니다. 해킹이 된다면 내 정보를 이용해 큰 돈을 빌리거나 통장의 돈을 가져갈 수 있어요. 또 가짜 사이트를 만들어 돈을 인출하는 경우도 있어요. 이것을 피싱 사이트라고 합니다. 따라서 전자 상거래를 이용할 때 세심한 주의가 필요합니다.

똑똑한 경제

편리하지만 조심해야 하는 전자 상거래

다음 중 전자 상거래를 이용할 때 주의할 점을 맞게 설명한 것을 모두 골라 보세요.

ㄱ. 비밀번호는 자주 변경한다.
ㄴ. 비밀번호는 기억하기 쉽게 주민등록번호나 전화번호로 설정한다.
ㄷ. 전자 상거래를 이용할 때 서비스 이용 내용을 본인이 바로 알 수 있도록 휴대폰 문자 메시지 서비스를 신청한다.
ㄹ. 전자 상거래는 PC방 등 어느 곳이든 편리하게 이용할 수 있다.

전자 상거래를 이용할 때는 컴퓨터에 백신 프로그램을 설치하면 해킹을 막을 수 있어요. 하지만 백신 프로그램도 진짜 백신 프로그램인 것처럼 꾸민 가짜가 많으니 주의해야 해요.

세금을 똑같이 내는 게 아니라고요?

- **세금** 국가나 지방 자치 단체가 국민에게 강제로 거두어들이는 돈.
- **세율** 과세 표준에 의해 납부해야 할 세액의 비율을 말한다.

교과서 4학년 1학기 3단원 지역의 공공 기관과 주민 참여 핵심 용어 세금, 세율

세금으로 나라 살림을 꾸려요

세금은 나라를 운영하는 데 아주 중요한 역할을 합니다. 도로를 깔고 공원을 만들며 갖가지 복지 정책을 펴는 일들을 세금으로 하고 있지요. 나라를 지키는 군대, 안전한 사회를 만드는 경찰서도 모두 세금으로 운영하고 있습니다.

대한민국 국민이라면 누구나 국가에 세금을 냅니다. 세금은 크게 직접세와 간접세로 나뉘어요. 직접세는 월급에서 일정한 돈을 세금으로 내는 것을 말해요. 기업들이 낸 이익의 일부를 국가에 내는 것도 직접세예요. 반면 간접세는 누구나 내는 세금이에요. 일을 하지 않아 직접세를 안 내는 어린이도 간접세는 낸답니다. 대표적인 간접세로는 물건을 살 때 내는 '부가 가치세 10%'가 있습니다.

세금으로 빈부 격차도 줄일 수 있어요

세금을 똑같이 낸다는 것은 매우 공평한 것 같지만 사실 그렇지 않습니다. 한 달에 100만 원 버는 사람과 1,000만 원 버는 사람에게 똑같이 세금 10만 원씩 내라고 하는 게 공평할까요? 그렇지 않을 거예요. 그래서 적용하는 것이 바로 세율입니다. 10%의 세율을 적용해 100만 원을 버는 사람에게서는 10만 원, 1,000만 원을 버는 사람에게서는 100만 원의 세금을 걷는 거지요. 세율을 적용해 세금을 걷으면 빈부 격차 해결과 사회 안정, 경제 발전에 도움이 될 수 있어요.

세금으로 나라의 안전을 지켜요!

똑똑한 경제

간접세는 누구나 낸다고요?

돈을 벌지 않는 사람도 간접세를 냅니다. 학생이든 직장인이든 누구든지 버스를 타거나 문구점에서 공책을 사거나 PC방에서 게임을 할 때도 간접세를 내요. 자전거가 180,000원이라면 간접세인 부가 가치세 18,000원이 포함된 가격입니다. 간접세를 얼마나 냈는지 영수증을 통해 알 수 있어요.

나도 세금을 내고 있었다니!

 소득세, 법인세, 상속세, 주민세, 재산세 등은 직접세예요.

은행은 어떤 일을 하나요?

- **공과금** 국가나 공공 단체가 부과하는 세금 및 요금.
- **보험** 얼마의 돈을 적립해 두었다가 사고 당하면 손해를 보상해 주는 제도.

교과서 4학년 2학기 3단원 사회 변화와 문화의 다양성 핵심 용어 공과금, 보험

은행에 저축을 해요

은행은 대표적인 금융기관이에요. 은행의 가장 기본 업무는 예금을 맡는 일이에요. 예금은 우리가 가지고 있는 돈을 은행에 맡기는 거예요. 이것을 저축이라고 합니다. 은행은 우리가 저축한 돈으로 돈이 필요한 회사나 사람들에게 빌려 줍니다. 우리는 은행에 예금을 하면서 이자를 받고, 은행은 돈을 빌려 준 회사나 사람들에게서 이자를 받아요. 또 은행은 우리가 저축한 돈을 투자해서 돈을 벌기도 합니다. 이렇게 번 돈으로 은행을 운영하고 우리에게 이자도 주는 거예요.

은행에서 하는 일은 다양해요

은행은 예금 말고도 하는 일이 다양해요. 사람들이 세금을 내거나 휴대폰 요금 같은 통신비를 낼 때 은행을 이용해요. 아파트 관리비나 자동차세 등 공과금이나 학원비도 은행을 통해 납부할 수 있습니다. 또 해외를 갈 때 필요한 달러나 엔화 같은 외국 돈을 바꾸어 줍니다. 보험 업무, 신용 카드 발급 외에도 금이나 보석 등 귀금속을 안전하게 보관해 주지요. 이러한 은행은 일반 은행이자 상업은행으로, 회사와 사람들과의 거래를 통해 이익을 얻습니다. 중앙은행과 특수은행도 있어요. 중앙은행은 나라마다 하나씩 있는데 우리나라의 중앙은행은 한국은행이에요.

똑똑한 경제

우리나라의 중앙은행, 한국은행

은행은 기업과 사람에게 돈을 빌려 주고, 투자도 해요. 하지만 우리나라 중앙은행인 한국은행에 저축을 할 수는 없어요. 일반 은행과 달리 한국은행은 돈을 관리하는 곳이기 때문이지요. 한국은행이 하는 가장 중요한 일은 화폐를 발행하는 일이에요. 우리가 실제로 쓰는 통화량이 너무 많아지거나 적어지는지 조사한 다음 통화량을 조절하는 역할도 하지요. 또 어떤 일을 하는지 조사해 보세요.

 인터넷 뱅킹이나 스마트 뱅킹을 이용하면 직접 은행에 가지 않아도 언제 어디에서든 은행 업무를 할 수 있어요.

근로 시간이 긴 우리나라

- **노동** 사람이 생활에 필요한 물자를 얻기 위해 하는 육체적·정신적 노력.
- **야근** 퇴근 시간이 지나 밤늦게까지 하는 업무.

교과서 6학년 1학기 3단원 우리나라의 경제 발전 **핵심 용어** 노동, 야근

엄마, 아빠는 늘 피곤해요

직장에 다니는 부모님은 아침마다 출근 준비를 하느라 무척 바빠요. 야근이라도 하면 집에 와서 밀린 집안일을 하느라 저녁에도 바쁘실 거예요. 부모님은 매일 일을 해서 임금을 받는 근로자예요. 근로자는 정한 시간만큼 일을 하고 임금을 받는 사람들입니다. 과거 근로자들은 아주 많은 시간 동안 일했어요. 10시간이 넘게 일해야 생활에 꼭 필요한 것들을 사고 생활을 할 수 있었지요. 하지만 지금은 과학과 기술의 발달로 과거보다 적게 일해도 경제적으로 풍요롭게 살 수 있어요.

근로 시간이 긴 우리나라

전 세계적으로 우리나라의 근로 시간은 무척 길어요. 경제협력개발기구(OECD)에서 회원국들의 1년 근로 시간을 조사했습니다.(2020년) 그랬더니 한국은 연평균 1,927시간으로 나왔어요. OECD 국가 중 근로 시간이 긴 편에 속한답니다. 반면 근로 시간이 가장 짧은 나라는 독일로 평균 1,284시간을 일합니다. 우리나라는 독일에 비해 무려 643시간을 더 일하는 거지요. 그런데 근로 시간이 길다고 잘살고, 짧다고 못 살까요? 그렇지 않아요. 오히려 근로 시간이 짧은 상위 국가들이 모두 경제적으로 풍요롭고 사회적으로도 안정된 국가들이에요.

근로 시간이 제일 짧은 나라는?

경제협력개발기구인 OECD에 따르면 연간 평균 근로 시간이 제일 짧은 나라 1위는 독일이에요. 1위 독일은 1,284시간, 2위 프랑스는 1,320시간, 3위 덴마크는 1,325시간으로 모두 1,400시간을 넘지 않아요. 하지만 일본의 근로 시간은 1,621시간으로 다른 상위권 나라보다 300~400시간 더 많이 일한다는 사실을 알 수 있지요. 그럼 한국은 어떨까요? 1,927시간 일한답니다. 이 수치는 평균이니까, 더 오래 일하는 사람도 있다는 사실을 알 수 있지요.

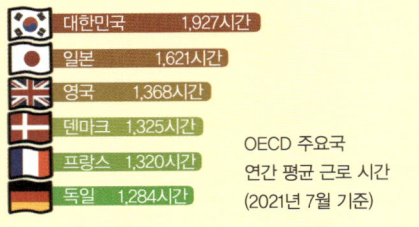

OECD 주요국 연간 평균 근로 시간 (2021년 7월 기준)

 2021년 기준 법정 근로 시간은 1일 8시간, 1주일 40시간 이내예요.

기업에서 무슨 일을 하나요?

• **기업** 이윤을 얻기 위해 재화와 서비스를 만들고 판매하는 조직을 말한다. 국민 경제를 구성하는 기본 단위이기도 하다.

교과서 4학년 2학기 2단원 필요한 것의 생산과 교환 **핵심 용어** 기업

생산을 하는 기업

우리는 아침부터 밤에 잠들 때까지 소비를 해요. 텔레비전을 틀어 방송을 보고 화장실에서 볼일을 보아요. 냉장고에 있는 우유를 꺼내 마시고 배달된 신문을 보기도 해요. 소비는 우리의 삶을 편안하고 풍요롭게 합니다. 이러한 활동들이 모두 소비랍니다. 그렇다면 우리가 소비하는 물건들은 누가 만들까요? 바로 기업이 만들어요. 기업은 사람들의 생활에 필요한 물건인 재화를 만들고, 사람들의 삶에 필요한 서비스를 제공합니다. 기업은 재화와 서비스를 생산하고 판매하는 조직이지요.

삶을 풍족하게 해 주며 돈을 벌어요

재화와 서비스를 생산하는 기업 덕분에 사람들이 편리하고 풍요롭게 살 수 있어요. 그렇다면 기업은 왜 사람들의 편의를 위해 재화와 서비스를 만들까요? 바로 기업이 돈을 벌기 위해, 즉 이윤을 남기기 위해서예요. 사람들이 더욱 편리하고 질 좋은 재화와 서비스를 찾을수록 기업은 다른 기업과 경쟁을 하며 더 우수한 재화와 서비스를 만들려고 노력합니다. 이런 노력 덕분에 사람들이 더 안락한 삶을 살 수 있지요. 또 기업은 재화와 서비스를 생산하는 사람이 필요하기 때문에 일자리를 만들고, 사람들은 그 일자리를 통해 돈을 벌어요. 이러한 기업 활동은 지역과 국가 발전에도 도움이 된답니다.

똑똑한 경제

K-스타트업! 창의적인 아이디어로 누구나 창업을 할 수 있어요

창의적인 아이디어로 사업을 시작하는 것을 창업 또는 스타트업이라고 합니다. 혁신적인 기술과 아이디어로 생긴 지 오래되지 않은 기업이지요. 정부는 중소벤처기업부 창업진흥원에서 'K-스타트업'이라는 누리집을 운영하며 창업을 희망하는 사람들에게 필요한 정보를 주고 있어요. 이곳에서는 창업 준비, 창업 절차, 기업 설립과 인허가 관련 내용을 제공하고 있어요.

• K-스타트업 홈페이지 주소 : www.k-startup.go.kr

 기업은 재화와 서비스를 생산하고 팔아서 생긴 수익 중 일부를 국가에 세금으로 내요.

백화점 물건은 왜 가격이 비쌀까요?

• **백화점** 여러 가지 상품을 판매하는 대규모 종합 소매점을 말한다. 다양한 고객 서비스와 시설을 갖추고 있다.

교과서 4학년 2학기 2단원 필요한 것의 생산과 교환 **핵심 용어** 백화점

다양한 곳에서 물건을 살 수 있어요

우리는 여러 곳에서 다양한 방법으로 물건을 살 수 있어요. 시장에 가거나 마트, 백화점에 가서 물건을 사고, 집에서 인터넷이나 텔레비전으로도 쇼핑을 합니다. 같은 물건이라도 어디서 사느냐에 따라 가격이 다른 경우가 있어요. 같은 제품인데도 시장, 백화점, 인터넷 쇼핑몰의 가격이 다르지요. 보통 백화점에서 파는 제품의 가격이 가장 비쌉니다. 왜 백화점 제품이 다른 곳보다 비쌀까요?

유통에 비용이 많이 들어간다면?

제품의 가격은 수요와 공급에 따라서 결정되는데, 유통 역시 가격에 많은 영향을 줍니다. 유통 단계를 몇 번 거치느냐에 따라 가격이 결정되기 때문이지요. 백화점은 생산자로부터 제품을 받기까지 여러 유통 단계를 거치기 때문에 제품의 가격이 더 비쌉니다. 유통에 들어가는 비용이 커지는 거지요. 또 백화점은 시내에서 사람들이 제일 많이 오가는 곳에 있어요. 임대료가 비쌀 수밖에 없습니다. 백화점의 화려한 내부는 사람들의 눈길을 사로잡아요. 제품에 이상이 생겼을 때 점검하고 수리하는 서비스까지 잘 갖추었지요. 백화점은 이러한 관리와 서비스에 공을 많이 들이기 때문에 그만큼 제품의 가격이 올라갑니다.

똑똑한 경제

같은 옷인데 가격이 달라요

스마트폰으로 온라인 쇼핑몰에 접속해 옷을 살 수 있어요. 집에 있는 TV 홈쇼핑을 통해서도 쇼핑할 수 있지요. 또 같은 옷을 거리 매장에서 살 수도 있고, 백화점에서 살 수도 있어요. 하지만 가격이 조금씩 다르기 때문에 다양한 판매처에서 가격을 비교해 보고 사는 것이 현명해요.

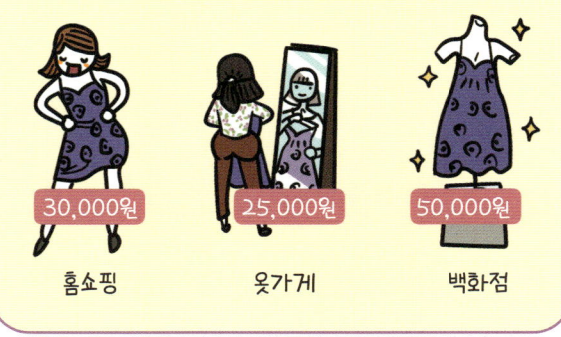

| 홈쇼핑 | 옷가게 | 백화점 |
| 30,000원 | 25,000원 | 50,000원 |

 백화점은 보통 1층에 창문과 시계를 달지 않는대요. 소비자가 시간을 확인하면 쇼핑을 일찍 마칠 수 있고 유리창으로 날이 어두워진 것을 알게 되면 집에 빨리 갈 수 있기 때문이래요.

신용을 잘 지켜야 하는 이유는?

• **신용** 사람에 대한 믿음성의 정도를 말한다. 상대방과 주고받은 돈이나 물건에 대한 대가를 지불할 수 있는 능력.

교과서 6학년 1학기 3단원 우리나라의 경제 발전 **핵심 용어** 신용

약속을 지켜요

약속은 다른 사람과 앞으로 일을 어떻게 할지 미리 정하는 것을 말합니다. 여러분은 친구 또는 부모님과 한 약속을 잘 지키나요? 어쩔 수 없어 약속을 못 지켰다면 다음번에는 꼭 약속을 지키려고 노력할 거예요. 그런데 간혹 약속을 잘 지키지 않는 사람도 있어요. 약속을 자주 깬다면 그 사람과 약속을 더는 하고 싶지 않겠지요. 그리고 그 사람이 무슨 말을 해도 잘 믿지 않을 거예요. 〈양치기 소년〉 이야기에 등장하는 소년을 기억해 보세요.

신용은 잃기 전에 잘 지켜야 해요

약속을 잘 안 지키면 사람들에게 신용을 잃어요. 신용은 그 사람을 믿기에 의심하지 않는 것을 말합니다. 그래서 약속을 잘 지키는 사람을 신용이 좋은 사람이라고 이야기합니다. 거짓말을 자주 했던 양치기 소년은 마을 사람들에게 신용이 좋지 않아 진짜 늑대가 나타났는데도 사람들이 도와주러 오지 않는 거예요.

오늘날의 사회를 '신용 사회'라고 합니다. 은행에서 돈을 빌렸는데 갚지 않았다면 신용을 잃은 사람으로 분류되어 돈을 더 빌릴 수 없지요. 또 취업을 하기도 어려워집니다. 편리하게 사용하는 신용 카드 역시 만들기가 어려워요. 돈을 잘 갚지 않을 사람이라고 분류하기 때문이지요.

똑똑한 경제

거짓말과 신용

모두 양치기 소년의 이야기를 알 거예요. 양치기 소년은 심심한 나머지 마을 사람들에게 늑대가 나타났다며 거짓말을 했습니다. 무려 세 번이나요. 마을 사람들에게 신용을 잃은 양치기 소년은 결국 늑대가 진짜 나타났을 때 사람들의 도움을 받지 못해 양을 지키지 못했답니다. 평소에 신용을 잘 쌓아야 필요한 때에 도움을 받을 수 있답니다.

 도서관에서 빌린 책을 기간 안에 반납하는 것도 신용을 잘 지키는 거예요.

왜 저축을 해야 할까요?

• **저축** 돈이나 물건 등을 함부로 쓰지 않고 절약하여 모아 두는 것을 말한다. 소득에서 소비로 지출되지 않는 부분이다.

교과서 3학년 2학기 1단원 환경에 따라 다른 삶의 모습 핵심 용어 저축

저축이 필요해요

돈을 쓰지 않고 모으는 것을 저축이라고 해요. 부모님에게 받은 용돈으로 필요한 물건을 사고 간식을 사 먹은 뒤에도 돈이 남았어요. 이 돈은 어떻게 하는 게 좋을까요? 저축을 하면 좋아요. 저축을 해 놓으면 나중에 정말 돈이 필요할 때에 쓸 수 있어요. 갖고 싶은 전자제품을 비싸서 사지 못한다면, 돈을 저축해 놓았다가 모은 돈으로 살 수 있지요. 저축을 해 두어야 자동차를 사거나 사고 같은 예상하지 못한 일이 생겼을 때 모아 두었던 돈으로 처리할 수 있습니다.

저축으로 경제를 튼튼하게 해요

저축은 쓰고 남은 돈을 모을 수도 있고 매달 얼마만큼의 돈을 정해서 저축하는 경우도 있어요. 따라서 저축을 하면 소비가 자연스레 줄어듭니다. 대신 나중에 필요한 물건을 살 수 있지요. 이렇듯 저축은 자신의 미래를 위해 꼭 필요한 일이에요. 저축은 개인에게도 중요하지만 사회를 위해서도 필요합니다. 개인이 은행에 저축을 하면 은행은 그 돈으로 여러 기업에 빌려 줍니다. 각 기업은 은행에서 빌린 돈으로 공장을 짓고 물건도 만들어요. 사람을 고용해 월급도 주지요. 이렇게 저축은 우리가 살고 있는 사회의 경제를 튼튼하게 만드는 역할도 합니다.

똑똑한 경제

저축이란?

다음은 저축에 대한 설명이에요. 이 중 틀린 것을 골라 보세요.

① 저축을 하면 소비가 줄어들어요.
② 저축하면 나중에 필요한 물건을 살 수 있어요.
③ 은행은 저축한 돈을 기업에 빌려 주어요.
④ 저축을 하면 소비가 많아져 경제 발전에 도움이 돼요.

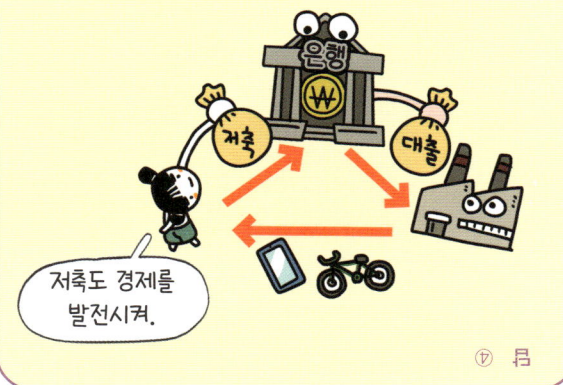

ⓐ ④

 많은 사람들이 소비를 줄이고 저축을 너무 많이 한다면 물건이 팔리지 않을 거예요. 장사가 안 되는 기업은 물건을 적게 만들고, 그만큼 일자리도 줄어들어요. 실업률이 증가하면 경제가 어려워집니다.

11월에 막대 과자를 사는 이유는?

교과서 4학년 2학기 2단원 필요한 것의 생산과 교환 핵심 용어 마케팅

> • **마케팅** 생산자가 상품이나 서비스를 소비자에게 유통시키기 위한 모든 경영 활동을 말한다.

특별한 날에 선물을 주고받아요

11월 11일은 무슨 날일까요? 해마다 11월이 되면 편의점과 마트에서 다양한 막대 과자를 팔기 시작해요. 바로 빼빼로데이 때문이지요. 이날엔 좋아하는 친구끼리 막대 과자를 서로 주고받으며 마음을 전해요. 11월 11일은 숫자 1이 4개인데, 숫자 1이 '빼빼로'라는 길쭉한 막대 과자 모양과 닮았다고 해서 빼빼로데이라고 합니다. 그러면 여러분은 빼빼로데이가 어떻게 생겨나게 되었는지 알고 있나요?

빼빼로데이는 어떻게 생겨났을까요?

빼빼로데이는 막대 과자를 만드는 한 회사에서 정한 날이에요. 이 과자 회사는 텔레비전 광고 등을 통해 11월 11일이 되면 숫자 1처럼 길쭉한 막대 과자를 먹어야 한다고 적극 홍보했어요. 또 평소써 주지 못했던 마음을 전하는 선물로 추천하며, 좋아하는 친구에게 좋아한다는 고백을 하기 위해 막대 과자를 주어야 한다고 광고했지요. 광고 이후에 판매량이 네 배나 늘었다고 해요.

이처럼 마케팅은 물건을 많이 팔기 위해 다양한 방법을 활용하는 기업의 경영 활동입니다. 빼빼로데이처럼 특정한 날을 정해 물건을 판매하는 것을 '데이 마케팅'이라고 합니다.

똑똑한 경제

데이 마케팅과 소비자의 태도

빼빼로데이 외에도 초콜릿을 주고받는 밸런타인데이와 사탕을 주고받는 화이트데이 등 많은 기념일이 있어요. 이와 같은 데이 마케팅에 대해 우리는 소비자로서 어떤 태도를 지녀야 할지 친구들과 이야기해 보세요.

 11월 11일은 농업인의 날이기도 합니다. 한자로 쓰면 흙(土월 土일)을 상징하기 때문이지요. 여기에서 土 자는 十(10)과 一(1)이 합쳐져서 숫자 11을 뜻한다고 합니다.

미래에는 어떤 직업이 생길까요?

- **미래 직업** 통신 기술의 발달로 미래에는 정보를 다루는 직업과 생명공학과 관련된 직업, 우주개발과 관련된 직업 등이 발달할 것이다.

교과서 4학년 2학기 3단원 사회 변화와 문화의 다양성   핵심 용어 미래 직업

없어진 직업으로 무엇이 있을까요?

어른들 대부분은 직업을 가지고 있습니다. 사람들은 일을 해서 급여를 받아 생활을 합니다. 생활에 필요한 재화를 사거나 서비스를 이용해 편리한 삶을 이어 나갑니다. 시간이 흐르고 기술이 발전해서 직업이 없어지거나 새로 생기기도 합니다. 없어진 직업으로는 버스 안내원, 전화 교환원, 뱃사공 등이 있습니다. 새로운 직업으로는 데이터 분석가, 반려동물 관리사 등이 있지요. 직업이 사라지고 생기는 이유는 사회가 끊임없이 변하고 발전하기 때문이에요. 그렇다면 미래에는 어떤 직업들이 생길까요?

새롭게 생겨나는 직업은?

현재는 과학 기술의 발달로 통신이 빠르게 발전했어요. 이 말은 언제 어디서든지 정보를 빠르게 알 수 있다는 뜻이에요. 이러한 오늘날의 세계를 정보 사회라고 합니다. 정보를 다루는 직업과 컴퓨터를 전문적으로 다루는 직업이 미래 직업으로 각광받고 있어요. 정보가 새지 않도록 안전하게 관리하는 사람도 필요해졌어요. 인터넷같이 사이버상에서 피해를 보지 않도록 도와주는 직업이지요. 또 고령화 사회가 되면서 생명공학과 관련된 직업도 늘어나고 있습니다. 사람들이 건강하고 편안하게 살 수 있도록 돕는 직업들이 생겨날 거예요. 우주 산업이나 환경 등에 관련된 직업도 생겨나고 있어요.

타닥타닥

똑똑한 경제

새로 생기는 직업은 어떤 특징이 있을까요?

새로 생긴 직업은 이전과 달리 일하는 시간이나 방법이 자유로워졌어요. 매주 정해진 시간만 일하면 되지요. 월요일은 10시간, 화요일은 5시간 등 자신이 원하는 대로 자유롭게 일할 수 있어요. 또 한 직장에서만 일하지 않아요. 원한다면 여러 직업을 가질 수도 있지요.

또한 간호사와 미용사는 여자만 할 수 있고, 엔지니어와 건축가는 남자만 할 수 있는 시대를 지나 남자 간호사나 여자 엔지니어 등이 등장하고 직업에서 남녀 구분이 점점 사라지고 있습니다.

 음악을 통해 마음을 치료하는 '음악 치료사'나 야외 활동을 건강하고 즐겁게 만들어 주는 '야외 활동 지도사' 같은 직업들이 있지요.

사람들이 금을 좋아하는 이유는?

교과서 5학년 2학기 1단원 옛사람들의 삶과 문화 핵심 용어 금

• **금** 오랜 옛날부터 사람들이 좋아하던 귀금속이며 경제적으로도 가치가 높다. 금은 물가의 변동에 크게 영향을 받지 않는 안전 자산이다.

사람들은 금을 언제부터 좋아했을까요?

금은 아주 오래전부터 사람들이 좋아한 귀금속이에요. 사람들은 자신의 권력을 보여 주기 위해 금을 이용한 장식품을 만들어 착용했어요. 고대 메소포타미아 사람들은 이웃 나라와 전쟁을 할 때 금으로 투구를 만들어 쓰고 전쟁터에 나갔어요. 이집트 피라미드와 우리나라 왕의 무덤에서도 다양한 모양의 화려한 금제품이 발굴되었지요. 15세기에 신대륙을 발견한 콜럼버스도 사실은 금을 찾기 위해 길을 떠난 거였어요. 이처럼 금은 오랜 옛날부터 사람들이 가장 갖고 싶어 하는 귀금속이었답니다.

금관총에서 나온 유물이래.

안전 자산 '금'

금은 장식으로도 가치가 있지만 경제적인 면에서도 아주 중요한 기능을 갖고 있습니다. '안전 자산'이기 때문이지요. 안전 자산이란 물가가 오르내려도 영향을 잘 받지 않는 자산이라는 뜻이에요. 예를 들어 한 나라에 유통되는 화폐의 양(통화량)이 많아지면 어제 천 원이었던 물건이 오늘은 2만 원이나 주어야 살 수 있어요. 이처럼 상품의 물가가 오르는 인플레이션이 일어나면서 사람들은 피해를 입게 됩니다. 하지만 금은 이러한 인플레이션에 크게 영향을 받지 않아요. 금은 샀을 때 가치와 시간이 지난 뒤의 가치가 크게 차이가 없다는 뜻이에요. 그래서 금은 세계 어느 나라에서나 일정한 가치로 인정받습니다.

똑똑한 경제

황금을 찾아 떠난 항해

콜럼버스는 황금에 대한 관심이 많았어요. 스페인 왕실 역시 황금을 얻기 위해 콜럼버스의 항해를 지원해 주었어요. 다음에 인용한 콜럼버스의 〈항해일지〉를 읽어 보세요. 황금에 대한 욕망이 잘 나타난 부분입니다.

> 나는 그들이 금을 가지고 있는지를 알기 위해 예의 주시했는데, 그들 중 몇 명이 코에 구멍을 뚫고 작은 금 조각을 달고 있는 모습을 보았다. 그리고 몸짓을 통해 남쪽 또는 남쪽으로부터 오는 길에 커다란 금 항아리를 가진 왕이 있고, 그가 많은 금을 가지고 있다는 사실을 알게 되었다.
>
> -〈항해일지〉, 콜럼버스

황금을 찾자!

 1997년 '금 모으기 운동'을 제2의 '국채 보상 운동'이라고도 해요. 국채 보상 운동은 1907년 대한제국이 일본에 진 빚을 국민이 대신 갚아 주권을 지키려는 목적으로 벌인 운동이랍니다.

햄버거로 경제 상황을 알 수 있다고요?

• **햄버거 효과** 경제가 어려워지면 비싼 음식보다는 저렴한 음식인 햄버거나 라면, 김밥 등을 많이 먹게 되는 현상.

교과서 4학년 2학기 3단원 사회 변화와 문화의 다양성 핵심 용어 햄버거 효과

소비로 경제 상황을 알 수 있다고요?

한 나라의 경제 상황을 아는 방법은 여러 가지가 있습니다. 주가나 환율이 크게 변동하고 실업자가 늘거나 줄면 나라 전체의 경제가 좋아졌는지 나빠졌는지 알 수 있지요. 경제 전문가들은 이러한 자료를 토대로 한 나라의 경제 상황을 분석하고 예상합니다. 이뿐만 아니라 사람들이 평소 사는 물건을 보고도 경제 상황을 알 수 있습니다. 사람들이 사는 여러 물건 중에서 햄버거와 립스틱으로 경제 상황을 알 수 있어요. 햄버거와 립스틱을 소비하는 것과 경제는 어떤 관계가 있을까요?

햄버거와 립스틱을 많이 산다면?

1930년대 세계 여러 나라는 경제가 좋지 않았어요. 이 시기를 '세계 대공황'이라고 합니다. 경제가 어려웠던 때라 사람들이 소비를 안 할 것 같았지만 오히려 여자들은 립스틱을 즐겨 샀어요. 립스틱은 저렴하지만 만족스러운 효과를 줄 수 있는 제품이었지요. 남자들 역시 비싼 물건 대신 저렴한 넥타이를 즐겨 샀어요. 이를 두고 립스틱 효과 또는 넥타이 효과라고 합니다. 불황으로 경제 사정이 어려운 사람들이 누리는 작은 사치지요. 이처럼 경제가 어려울 때 비싼 음식 대신 햄버거 같은 저렴한 음식을 많이 먹는 현상을 햄버거 효과라고 합니다. 햄버거 가게에 사람들이 많다면 경제가 어려워졌다는 것을 짐작할 수 있지요.

똑똑한 경제

햄버거 효과란?

다음을 읽어 보고 괄호 안에 들어갈 말을 순서에 맞게 쓴 것을 골라 보세요.

경제 상황이 안 좋으면 사람들은 사치스런 비싼 물건 대신 저렴한 제품을 구입해요. 여자들은 (ㄱ)을(를) 남자들은 (ㄴ)을(를) 구매하지요. 또 비싼 음식 대신 저렴한 음식으로 끼니를 때우는데 이런 현상을 (ㄷ) 효과라고 해요.

① 넥타이 - 립스틱 - 라면
② 립스틱 - 라면 - 햄버거
③ 립스틱 - 넥타이 - 햄버거
④ 넥타이 - 립스틱 - 라면

 미국의 경제학자 앨런 그린스펀은 세탁소에 옷을 맡기는 사람이 많으면 경제가 좋아질 것이고 줄어들면 경제가 어려워질 것이라는 재미난 통계 자료를 내놓기도 했어요.

세금의 종류는 다양해요

- **관세** 수입 상품에 부과되는 세금.
- **소득세** 개인이 한 해 벌어들인 소득에 대해 매기는 세금. 개인소득세와 법인소득세로 나뉜다.

교과서 6학년 1학기 3단원 우리나라의 경제 발전　**핵심 용어** 관세, 소득세

국세와 지방세로 나뉘어요

대한민국 국민이라면 누구나 세금을 내고 있습니다. 정부는 국민 세금으로 나라 살림을 운영해요. 우리는 여러 종류의 세금을 내고 있습니다. 우리가 내는 세금은 크게 두 종류로 나뉘는데 국가에 내는 '국세'와 지방 자치 단체에 내는 '지방세'입니다. 국세는 나라 안에서 이루어지는 거래에 대해 내는 세금이에요. 내국세라고 하지요. 반면 수입해 들어오는 물품에 매기는 세금을 '관세'라고 해요. 지방세는 지방 자치 단체가 지역 주민들에게서 거두어들이는 세금이에요. 지방세로 지역 주민을 위한 행정 서비스를 제공해요.

돈이 오고 가면 세금을 내야 해요

사람들은 경제 활동을 하며 돈을 벌어요. 그렇게 벌어들인 돈을 소득이라고 하는데, 소득은 그 돈을 벌기 위해 들어간 비용을 뺀 금액을 말해요. 이 소득에 따라 내는 세금을 소득세라고 합니다. 소득세는 개인이 한 해 벌어들인 소득에 따라 일정한 금액을 내는 거예요. 소득이 많은 사람은 많이 내고, 소득이 적은 사람은 적게 내요.

기업은 '법인세'를 내지요. 또한 돌아가신 부모님이나 친척에게서 재산을 물려받으면 '상속세'를 내야 해요. 물론 부모님이 주신 용돈이나 적은 돈은 상속세를 내지 않아도 되지요. 이 밖에도 부가 가치세, 개별 소비세, 교육세, 취득세 등이 있어요.

똑똑한 경제

국민이라면 반드시 내야 하는 세금

- **소득세**: 아빠, 엄마 모두 일을 해서 월급을 받아요. 월급의 일부를 세금으로 냅니다.
- **관세**: 엄마가 유럽으로 출장을 다녀오면서 스마트폰을 사 왔어요. 이때 스마트폰은 해외에서 산 물건이라서 공항 세관에 내야 하는 세금이에요.
- **상속세**: 고모는 할아버지가 돌아가시면서 재산을 물려받았어요. 재산을 물려받을 때 내야 하는 세금이에요.

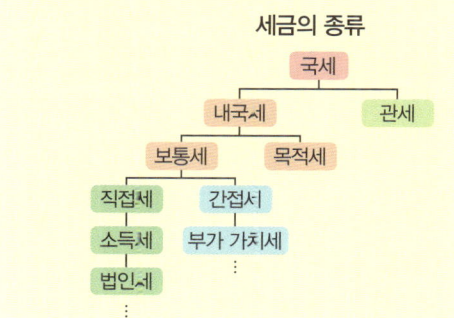

세금의 종류

 회사에서 일하는 사람이 받는 월급에서 내는 세금을 '근로소득세'라고 해요.

경제 성장으로 생기는 문제도 있다고요?

• **경제 성장** 한 나라의 국민소득이나 재화 및 서비스의 생산 수준이 계속 증가하는 것을 말한다.

교과서 6학년 1학기 3단원 우리나라의 경제 발전 핵심 용어 경제 성장

경제는 성장하고 중산층은 줄어들었어요

우리나라를 비롯한 세계는 경제 성장으로 사람들의 생활이 편리해졌습니다. 그런데 경제 성장에 꼭 좋은 모습만 있지는 않아요. 경제 성장으로 생기는 문제도 많지요. 우리나라는 짧은 시간에 빠른 경제 성장을 이루었어요. 빠르게 많은 변화가 있다 보니 중산층 비율이 줄어들었습니다. 중산층이란 경제적, 사회·문화적 수준이 중간에 해당하는 집단을 말해요. 이 중산층 비율이 1990년부터 지금까지 점점 줄어들었지요. 이런 현상은 빈부 격차가 그만큼 커졌다는 것을 의미해요.

경제 성장으로 생기는 문제들

1990년에는 중산층 비율이 75.4%였어요. 2010년에는 67.5%로 떨어졌지요. 반면 저소득층의 비율은 1990년 7.1%에서 2010년 12.5%로 늘었지요. 갈수록 가난한 사람이 늘어난 거예요. 이렇듯 빈부 격차가 커지면서 여러 가지 사회 문제가 발생했어요. 또 경제 성장으로 자원을 많이 사용하면서 자원이 고갈되는 것은 물론 마구잡이로 사용한 결과 환경 파괴도 심각해지고 있지요. 또 다른 문제는 회사와 근로자 간의 갈등이 늘어난다는 거예요. 회사는 회사의 이익을 위해, 근로자는 자신들의 근로권을 지키기 위해 의견이 충돌하면서 사회 문제가 되기도 합니다. 우리는 경제 성장에서 나타난 문제점을 해결하기 위해 많은 노력을 해야 해요.

경제 성장이 소득의 차이를 크게 만들기도 해요.

똑똑한 경제

경제 성장의 문제점을 어떻게 해결할까요?

- **에너지 낭비**: 환경 오염을 줄이기 위해 에너지를 아껴 써야 해요.
- **자원 고갈**: 자원은 한정되어 있기 때문에 새로운 자원을 개발해야 해요.
- **노사 갈등**: 노사 갈등이 커지면 사회적으로 피해를 주기 때문에 노사 간 충분한 대화를 통해 협의점을 찾아야 해요.

사용하지 않을 때는 코드를 뽑아요.

신중하게, 신속하게 협의점을 찾아요.

태양광, 풍력 에너지 같은 신재생 에너지를 찾아요.

 사람들 간에 소득 차이가 커지는 문제점을 해결하기 위해 정부는 실직자를 위한 실업 급여를 주고 실직자에게 직업 훈련 등을 제공하기도 해요.

실업자가 많으면 어떤 문제가 생길까요?

• **실업자** 일할 의지와 능력은 있지만 일자리를 얻지 못한 사람을 말한다. 직업이 없는 사람이다.

교과서 6학년 1학기 3단원 우리나라의 경제 발전 핵심 용어 실업자

생계를 이어 나가기 힘들어요

가끔 텔레비전에서 실업자가 늘었다는 뉴스를 본 적이 있을 거예요. 실업자는 일할 생각과 의지가 있지만 취업을 하지 못한 사람을 말해요. 우리 주변에서도 직장을 구하지 못한 사람들을 종종 볼 수 있지요. 실업자가 많아지면 어떤 문제가 생길까요? 취업을 하지 못해 돈을 벌지 못하면 일상생활을 제대로 영위하기 어려워요. 소비와 저축도 줄어들지요. 게다가 한 가정을 책임지는 가장이 실업자가 되면 남은 식구들의 생계가 어려워질 수 있습니다. 생활이 어려워지는 사람이 늘면 여러 가지 사회 문제가 생길 수 있어요.

나라 경제가 어려워져요

실업자가 많아지면 본인과 가족뿐 아니라 나라 경제에도 안 좋은 영향을 미칩니다. 실업자들은 버는 돈이 없기 때문에 소비를 하지 못해요. 그러면 물건이 잘 팔리지 않으니 기업도 물건의 생산량을 줄일 수밖에 없겠지요. 생산을 하지 않으면 물건을 만드는 근로자도 필요 없게 됩니다. 실업자가 더 늘어나게 되는 셈이지요. 사람들이 물건을 사면서 내는 부가 가치세도 줄어들어 나라에서 거두어들이는 세금도 줄어들지요. 이처럼 실업자가 늘어나면 나라의 살림이 어려워집니다.

똑똑한 경제

실업자가 늘어난다면?

실업자가 많아지면 버는 돈이 없어서 사람들은 소비를 많이 하지 않아요. 소비가 줄어들면 물건을 파는 기업들도 생산량을 줄일 수밖에 없습니다. 생산량을 줄이게 되면 물건을 만드는 근로자가 필요 없게 되므로 실업자가 늘어나는 악순환이 반복될 수 있습니다.

 일할 곳이 없어 취업을 하지 못하면 인적 자원을 낭비하는 거예요. 이들이 일자리를 구한다면 더 많은 재화와 좋은 서비스를 생산할 수 있을뿐더러 소비를 촉진해 나라 경제를 튼튼하게 할 수 있어요.

일할 사람이 점점 줄어들고 있어요

- **잠재 성장률** 국가가 사람과 같은 인적 자원이나 물적자원, 기술 등을 최대한 활용했을 때 성장할 수 있는 정도를 말한다.

교과서 4학년 2학기 3단원 사회 변화와 문화의 다양성 핵심 용어 잠재 성장률

생산 가능 인구가 줄어들고 있어요

어른들은 생산 활동을 하고 있어요. 그리고 그 소득으로 필요한 것들을 구하지요. 사람들의 생산 활동이 있어야 나라의 경제가 잘 돌아가요. 만 15세부터 만 64세까지 생산 활동을 하는 사람들을 '생산 가능 인구'라고 합니다. 2019년 생산 가능 인구는 약 3,759만 명이었어요. 생산 가능 인구는 꾸준히 줄었지만 2020년 이후로는 급격히 줄어들 것이라 예상하고 있어요. 1년에 평균 33만 명씩 줄어들다가 2050년에는 생산 가능 인구가 전체 인구의 절반이 될 것이라고 합니다.

잠재 성장률이 떨어지고 있어요

생산 가능 인구가 줄어든다는 것은 노인 인구가 늘어났다는 이야기예요. 노인 인구가 많아지면 생산 가능 인구가 돌보아야 할 노인들이 많아져요. 2020년에는 4.6명이 노인 1명을, 2050년에는 1.4명이 노인 1명을 부양해야 해요. 노인 복지에 쓰는 돈이 많이 필요한 만큼 세금을 많이 내야 하지요. 또 일할 인구가 줄어들면 노동력이 부족해질 거예요. 그러면 잠재 성장률이 떨어져요. 잠재 성장률은 국가가 가진 자원과 기술을 최대한 활용했을 때 성장할 수 있는 정도를 의미합니다. 우리나라의 2019년~2020년의 잠재 성장률은 2.5%~2.6% 정도로 낮게 추정되었어요. 출산율이 줄고 노인이 많아지면서 잠재 성장률은 갈수록 떨어지고 있어요.

일할 곳이 있으면 참 좋을 텐데….

똑똑한 경제

잠재 성장률을 높이려면?

잠재 성장률을 높이려면 저출산과 고령화 문제를 해결해야 합니다. 출산과 육아를 지원하는 제도를 더 늘려야 하고, 고령자도 경제 활동을 할 수 있는 일자리를 만들어야 해요. 최근 몇몇 영화관이나 마트에서는 만 60세가 넘는 직원을 채용했어요. 이 외에도 고령자가 지원할 수 있는 일자리는 어떤 게 있을지 주변에서 찾아보세요.

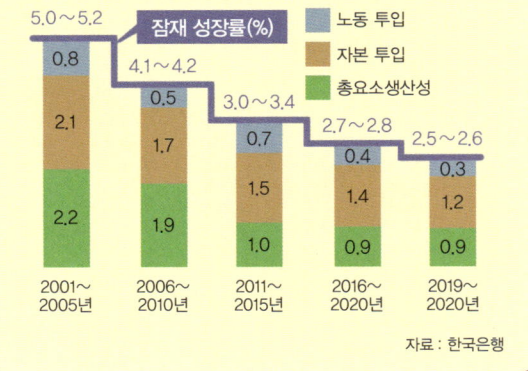

잠재 성장률 추이 및 요인별 기여도

자료: 한국은행

 잠재 성장률은 경제 성장률과 달라요. 2019년 우리나라의 잠재 성장률은 2.5%~2.6%였는데 실제 경제 성장률은 2.2%였어요. 경제 성장률이 잠재 성장률보다 낮으면 경기가 안 좋다는 거예요.

공공재는 정부가 맡아야 한다고요?

교과서 4학년 1학기 3단원 지역의 공공 기관과 주민 참여 핵심 용어 공공재

- **공공재** 국민이 인간다운 삶을 살 수 있도록 모든 사람이 공동으로 이용할 수 있는 재화를 말한다. 정부가 만들고 관리한다.

살아가는 데 꼭 필요한 재화

사람들이 편리한 삶을 살기 위해서는 필요한 것이 많습니다. 전기나 가스, 물이 없다면 우리 삶은 어떻게 바뀔까요? 이것들은 살아가는 데 꼭 필요한 것이어서 없다는 상상을 하기가 쉽지 않습니다. 지금은 도로나 신호 시스템이 잘되어 있어 언제든 쉽게 다른 곳으로 갈 수 있지만 도로가 없었던 옛날에는 어땠을까요? 먼 곳으로 가야겠다는 생각을 하기가 힘들었을 거예요. 우리가 살아가는 데 꼭 필요한 전기나 수도, 가스, 통신, 도로 등은 누가 만들고 관리할까요?

정부가 만들고 관리해요

도로, 전기 등 시설을 만들기 위해서는 비용이 많이 들어요. 사람들에게 꼭 필요하지만 시설을 짓고 유지하는 데 들어가는 비용 때문에 개인이 운영하기가 어렵답니다. 그래서 정부가 나서서 만들고 운영하는데, 이런 것들을 공공재라고 합니다. 정부는 국민으로부터 거두어들인 세금으로 공공재를 만들어 운영하며 사람들에게 다시 제공하지요. 전기와 가스, 물, 국방, 교육, 도로 등 정부가 만들고 운영하는 공공재는 다양합니다. 정부는 이윤을 최고의 가치로 두는 기업과 달리 국민의 편리함과 안전이 최우선이기 때문에 공공재를 제공할 수 있어요. 돈이 없는 국민도 쉽게 이용할 수 있도록 국가가 공공재를 제공하는 거랍니다.

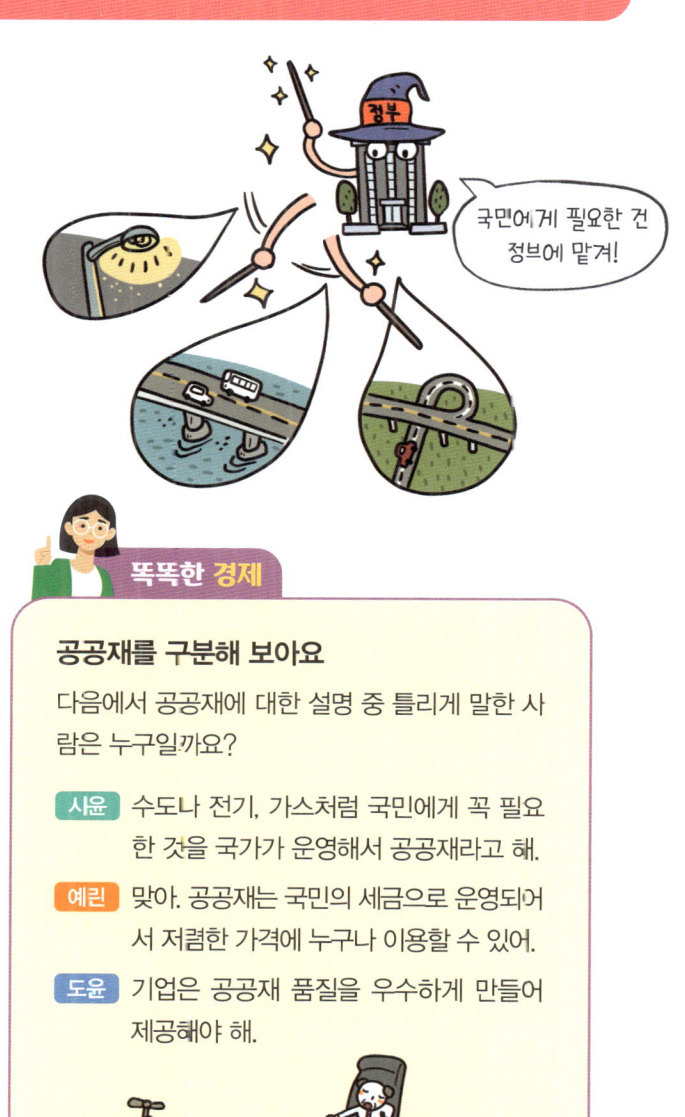

똑똑한 경제

공공재를 구분해 보아요

다음에서 공공재에 대한 설명 중 틀리게 말한 사람은 누구일까요?

- **시윤** 수도나 전기, 가스처럼 국민에게 꼭 필요한 것을 국가가 운영해서 공공재라고 해.
- **예린** 맞아. 공공재는 국민의 세금으로 운영되어서 저렴한 가격에 누구나 이용할 수 있어.
- **도윤** 기업은 공공재 품질을 우수하게 만들어 제공해야 해.

정부는 산골 마을에 수도 시설을 만들어 주기도 해요. 비용이 많이 들더라도 모든 국민이 인간다운 삶을 살기 위해서는 정부가 나서서 해야 해요.

이름이 같은 가게, 프랜차이즈

• **프랜차이즈** 특정 상품이나 서비스를 제공하는 판매업자가 계약을 맺은 가맹점에 상품 판매권을 주어 시장을 개척하는 방식.

교과서 6학년 1학기 3단원 우리나라의 경제 발전 **핵심 용어** 프랜차이즈

프랜차이즈 체인이 많아요

우리가 사는 곳에는 다양한 상점이 있습니다. 커피 전문점이나 식당, 편의점은 사람들이 자주 찾는 곳이지요. 그런데 우리 동네에 있는 이런 상점들이 다른 지역에도 똑같은 모습으로 있어요. 심지어 외국에 있기도 하지요. 가게 이름이 같고 간판 그림이나 내부 인테리어, 메뉴 등이 비슷해요. 이런 가게들을 프랜차이즈 체인 또는 프랜차이즈 가맹점이라고 해요. 요즘은 커피 전문점이나 식당뿐 아니라 생활용품점, 미용실, 디저트 가게 등 프랜차이즈 종류가 점점 다양해지고 있어요.

같은 상품과 서비스를 제공해요

프랜차이즈는 본사가 있고 본사와 계약을 맺은 프랜차이즈 가맹점이 만들어져요. 가맹점에서는 소비자에게 본사의 제품을 판매할 수 있어요. 본사는 가맹점에 브랜드와 아이디어 등을 제공해 주고 광고를 해 주지요. 본사가 제품과 서비스의 질을 책임지기 때문에 가맹점에서는 언제나 같은 상품과 서비스, 비슷한 맛을 제공해야 하지요. 프랜차이즈 체인에서 판매한 수익금의 일부는 본사로 보내요. 세계 여러 기업은 자국뿐 아니라 해외 각지에 가맹점을 열어 운영해요. 유명한 곳은 전 세계적으로 이름이 나 있어 광고가 따로 필요 없어요. 소비자들은 유명 브랜드에 대한 믿음이 있기에 프랜차이즈 가맹점을 내는 것만으로도 가게 홍보가 돼요.

똑똑한 경제

프랜차이즈 본사의 역할

다음에서 프랜차이즈에 대한 설명으로 바른 것을 동그라미 치세요.

① 프랜차이즈 본사는 가맹점에게 브랜드와 아이디어를 제공해요. (   )
② 프랜차이즈 체인점은 자신들만의 독특한 아이디어로 상품을 개발해 판매해요. (   )

답 ① (O), ② (X)

프랜차이즈 본사와 가맹점 사이에 갈등이 일어나기도 해요. 경기가 좋지 않은데도 본사에서 가맹점에 인테리어를 바꾸도록 하거나 너무 많은 비용을 내라고 하는 경우도 있지요.

운동화 하면 떠오르는 회사는?

• **브랜드** 어떤 제품과 서비스를 나타내는 기호나 디자인. 사람들이 쉽게 알아보고 다른 제품과 구분할 수 있게 해 준다.

교과서 4학년 2학기 2단원 필요한 것의 생산과 교환 **핵심 용어** 브랜드

상품을 보면 브랜드가 떠올라요

운동화, 치킨 하면 생각나는 게 있나요? 아마 특정 이름이나 상표 등이 떠오를 거예요. 어떤 상품을 사용하면 그 상품의 이름이나 상품을 나타내는 상징이 딱 떠올라요. 치킨을 먹거나 콜라를 마실 때, 옷을 입고 신발을 신을 때 그 상품과 관련된 이름들이 떠오르지요. 이렇게 떠오른 이름이 브랜드입니다. 운동화를 살 때 운동화의 디자인과 성능을 보고 사기도 하지만 브랜드를 보고 선택하는 경우도 많아요.

브랜드의 가치

기업은 소비자에게 광고를 통해 브랜드 이미지를 기억하게 해요. 소비자가 텔레비전이나 스마트폰에서 광고를 여러 번 보다 보면 브랜드를 기억하게 되고 상품을 사게 만드는 것이지요. 그래서 사람들은 상품을 꼼꼼히 따지지 않고 브랜드만 보고 물건을 사기도 합니다. 이 때문에 기업들은 브랜드를 아주 중요하게 생각하지요. 브랜드는 단순히 상표가 아니라 회사 전체를 나타내기 때문이에요.

소비자들은 대부분 유명한 브랜드를 좋아해요. 유명한 브랜드이니까 품질이 좋을 거라고 믿지요. 이러한 평판을 기업은 중요한 가치라고 생각합니다. 이러한 가치를 브랜드 자산이라고 해요.

똑똑한 경제

'콜라' 하면 떠오르는 것은?

'콜라' 하면 어떤 색깔이 떠오르나요? 아마 빨간색 또는 콜라를 들고 있는 산타클로스가 떠오를 거예요. 모두 코카콜라 회사가 만든 이미지랍니다. 겨울만 되면 콜라 판매가 떨어지자 코카콜라 회사는 이미지를 기억하게 해 판매를 늘리자는 아이디어를 냈어요. 그 이미지가 바로 빨간 옷을 입고 콜라를 들고 있는 푸근한 산타클로스였지요. 이 광고를 한 이후로 크리스마스가 되면 콜라 판매량이 늘었답니다. 이후 광고에는 하얀 곰이 등장했답니다.

 명품 브랜드는 가격이 비싸요. 오랜 시간 좋은 품질과 멋진 디자인으로 브랜드의 가치를 높였기 때문입니다.

협동조합이 경제 위기를 막는다고요?

• **협동조합** 재화나 서비스의 구매, 생산, 판매, 제공 등을 함께 함으로써 조합원의 권익을 향상하고 지역 사회에 공헌하고자 하는 경제 사업 조직.

교과서 4학년 2학기 2단원 필요한 것의 생산과 교환   핵심 용어 협동조합

함께해서 좋은 협동조합

협동조합은 일반 기업처럼 상품을 만들거나 서비스를 제공하는 회사입니다. 기업은 사업 자금을 가장 많이 낸 사람이 기업의 주인이라면 협동조합은 사업 자금을 낸 모든 조합원이 주인이에요. 기업은 회사 운영 목적을 이윤 추구에 두는 반면 협동조합은 좋은 상품과 질 좋은 서비스를 사람들에게 제공하고, 일자리를 만들어 사람들을 고용하는 데 힘쓰지요.

협동조합 천국, 이탈리아 볼로냐

이탈리아 중북부에 있는 볼로냐는 유럽연합(EU)에서 소득이 높은 도시 가운데 하나예요. 볼로냐가 경제적 어려움 없이 잘살게 된 이유는 바로 협동조합 때문이에요. 사실 1950년대까지 볼로냐는 매우 가난한 도시였어요. 하지만 마을 주민들이 협동조합을 만들면서 경제가 발달하기 시작했어요. 볼로냐는 약 400여 개의 협동조합이 있고 인구의 절반 이상이 조합원이며 이는 지역 경제 활동의 40%를 차지하고 있어요. 협동조합은 조직의 이윤 추구가 큰 목적이 아니에요. 따라서 경제 위기가 와도 물건 값을 올리거나 노동자를 해고하지 않아요. 이 때문에 2008년 금융 위기와 2012년 그리스발 경제 위기를 잘 넘길 수 있었어요.

똑똑한 경제

협동조합에는 어떤 게 있을까?

협동조합은 일반 협동조합과 사회적 협동조합으로 나눌 수 있습니다. 일반 협동조합은 영리를 목적으로 하고 사회적 협동조합은 공익 목적으로 운영됩니다. 또 조합원의 역할에 따라 생산자 협동조합과 소비자 협동조합으로 나눌 수도 있습니다. 생산자 협동조합은 생산자들이 모여 재화나 서비스의 생산, 판매 등을 하고 소비자 협동조합은 소비자들이 공동의 매장을 운영해 필요한 물건을 구매하는 방식으로 운영됩니다.

 유럽연합(UN)은 협동조합이 더 나은 세상을 만든다며 2012년을 '세계 협동조합의 해'로 정했어요. 우리나라도 2012년 '협동조합기본법'을 제정했어요.

2장

똑똑해지는 경제 상식

저축이 무조건 좋은 게 아니라고요? 돈을 무조건 많이 만들면 안 된다고요? 광고에 나오는 상품의 정보를 무조건 믿지 않고 꼼꼼히 따져 보는 습관, 지식 재산권을 잘 알고 지키는 힘, 자원을 아껴서 미래를 대비하는 능력을 길러 보세요. 경제 상식을 배우면 누구보다 현명한 경제 활동을 할 수 있을 거예요!

세계에서 가장 부자는 누구일까요?

• **포브스** 미국의 출판 및 미디어 기업 경제 잡지. 매년 세계 부자 순위 등 흥미로운 순위를 선정해 발표하는 것으로 유명하다.

교과서 6학년 1학기 3단원 우리나라의 경제 발전 **핵심 용어** 포브스

세계 최고 부자는?

미국의 경제 전문 잡지인 〈포브스〉는 세계 부자 순위를 발표해요. 매년 100명을 뽑아 자산과 기업 가치 등을 알려 주지요. 2021년 11월을 기준하면, 세계 부자 순위 1위는 전기 자동차 회사인 테슬라 등을 소유한 일론 머스크로, 총 자산이 3,203억 달러입니다. 2위는 세계 최대 규모의 전자 상거래 회사인 아마존닷컴을 창업한 제프 베조스로, 자산은 2,117억 달러예요. 3위는 루이뷔통, 디올, 불가리 등 수십 개의 명품 브랜드를 가진 LVMH 그룹의 회장 베르나르 아르노예요. 자산은 2,006억 달러예요. 4위는 마이크로소프트 공동 창업주인 빌 게이츠로, 자산은 1,359억 달러입니다. 그 외, 소셜미디어 페이스북의 창시자인 마크 저커버그는 8위로, 1,201억 달러의 자산을 가졌다고 합니다.

우리나라 최고 부자는 누구일까요?

〈포브스〉가 2021년에 발표한 전 세계 부자 순위에는 한국인도 포함되어 있어요. 바이오 의약품 제조 업체인 셀트리온 서정진 전 회장이 대한민국에서 1위에 올랐어요. 서 회장의 자산은 약 14조 원 정도예요. 2위는 자산 약 13조 원을 가진 삼성전자 이재용 부회장이에요. 3위는 넥슨 설립자인 김정주 회장이고, 4위는 카카오 김범수 의장이, 5위는 게임회사 스마일게이트 창업자인 권혁빈 회장이 뒤를 이었어요.

세계 1위 부자는 계속 바뀐다고!

똑똑한 경제

억만장자의 재산이 늘었다 줄었다 하는 이유?

세계 부자들의 재산이 어느 때는 1,000억도 되었다가 어느 순간 500억으로 한순간에 뚝 떨어지는 경우도 있어요. 이렇게 큰 차이가 나는 이유는 재산에 금, 돈, 집, 건물, 땅뿐만 아니라 주식이 포함되어 있기 때문이에요. 주식은 회사가 이익을 내거나 손해를 보는 것에 따라 주가가 바뀌어 늘었다 줄었다 하는 거랍니다.

 CEO는 기업의 최고 경영자예요. 회사를 대표하며, 회사 업무에 관한 결정과 집행 등 회사의 모든 일을 책임집니다.

물건을 만들기 위해 필요한 것은 뭐예요?

- **노동** 생활에 필요한 것을 얻기 위해 육체적, 정신적 활동을 하는 행위.
- **자본** 생산에 필요한 수단이나 노동력.
- **토지** 농경지, 주거지 등의 땅.

교과서 4학년 2학기 2단원 필요한 것의 생산과 교환 　**핵심 용어** 노동, 자본, 토지

모두 생산 활동을 해요

이른 아침이면 엄마, 아빠는 출근 준비로 바빠요. 아빠는 자동차 공장에서 일을 하고 엄마는 학교에서 학생들을 가르쳐요. 엄마, 아빠의 이런 활동은 우리가 살아가는 데 필요한 것들을 얻기 위해 하는 거예요. 바로 생산 활동을 하는 거지요. 생산 활동은 사람들이 살아가면서 필요한 재화나 서비스를 얻기 위해 하는 활동을 말합니다. 자동차나 옷처럼 눈에 보이는 제품들을 재화라고 하고, 사람의 편의를 위해 활동하는 것을 서비스라고 해요. 학생들을 가르치는 것, 환자를 진찰하는 것이 서비스이지요. 오늘도 많은 사람이 생산 활동을 하느라 부지런히 움직이고 있어요.

생산에 필요한 세 가지는?

집 짓기를 예로 들어 볼까요? 집을 지으려면 나무, 벽돌 등의 재료, 즉 자본이 필요해요. 또 집을 지을 공간인 땅이 있어야 하고, 집을 지을 사람들이 있어야 해요. 이것을 생산 요소라고 합니다. 여기서 땅은 토지, 사람들은 노동력이라고 해요. 즉 물건을 생산하기 위해 땅과 자본, 일할 사람들이 필요하지요. 이 중 하나라도 빠진다면 물건을 만들 수 없어요.

 **똑똑한 경제**

생산의 3요소란?

다음 내용은 생산의 3요소 중 어떤 것인지 답해 보세요.

① 시윤이네 집 근처에는 텃밭이 있어요.(　)
② 시윤이는 시장에 가서 상추씨를 샀어요.(　)
③ 시윤이는 텃밭에 풀을 뽑고, 상추를 심고 물을 주었어요.(　)

답 ① 토지 ② 자본 ③ 노동

 물건을 생산하기 위해서는 꼭 필요한 것이 있어요. 토지, 노동, 자본인데, 이러한 것들을 생산의 3요소라고 해요.

용돈 기입장을 쓰는 이유는?

교과서 4학년 2학기 2단원 필요한 것의 생산과 교환 **핵심 용어** 용돈 기입장

• **용돈 기입장** 개인이 자유롭게 돈에 대한 내용을 적어 놓은 공책을 말한다.

돈이 사라졌다고요?

부모님한테 받은 용돈이 며칠 만에 없어졌어요! 누가 가져간 것도 아닌데 말이지요. 부모님이 주신 용돈으로 무엇을 사는 데 썼는지 다 기억하기란 쉬운 일이 아니에요. 시간이 지날수록 더 기억하기 어렵지요. 이런 문제를 해결하기 위해서는 돈을 어디에 썼는지 알 수 있도록 용돈 기입장을 쓰는 게 좋답니다.

용돈 기입장에는 날짜, 내용, 수입(들어온 돈), 지출(나간 돈), 잔액(남은 돈), 합계를 적는 칸이 있어요. 언제 무엇을 샀는지 알 수 있어 돈을 관리하는 데 편하답니다.

용돈 기입장을 쓰는 이유

용돈 기입장에는 돈을 받았거나 사용한 날을 적어야 해요. 물건을 사고 영수증을 챙겨 놓는 것도 돈을 어디에 썼는지 잊지 않는 좋은 방법이지요. 일기처럼 그날그날 쓴 돈을 용돈 기입장에 적다 보면 나의 소비 습관을 알 수 있어요. 돈을 낭비하진 않았는지, 정말 필요한 곳에 돈을 썼는지 알 수 있지요. 지난 소비를 돌아보면서 앞으로 소비를 줄여야 할지 판단할 수 있습니다.

용돈 기입장을 쓰면 올바른 소비 습관을 가질 뿐 아니라 돈을 알뜰하고 현명하게 쓰고 절약하는 습관을 키우는 데 도움이 되지요.

똑똑한 경제

용돈 기입장 쓰는 방법

① 용돈 기입장 노트를 준비해요.
② 제일 왼쪽에 날짜 칸을 만들어 용돈을 받거나 사용한 날짜를 적어요.
③ 날짜 칸 옆에 내용 칸을 만들어 돈이 어떻게 사용되었는지 그 내용을 적어요.
④ 내용 칸 옆에는 '들어온 돈(수입)', '나간 돈(지출)'을 적어요.
⑤ 마지막 칸에는 '남은 돈(잔액)'을 적어요.

 일해서 돈을 버는 어른은 가정을 꾸리는 데에 필요한 돈을 쓰고 그 내용을 가계부라는 장부에 기록해요.

TV 드라마를 보기 전에 광고가 나오는 이유는?

• **광고** 상품이나 서비스에 대한 정보를 매체를 통해 소비자에게 알리는 일을 말한다.

교과서 3학년 1학기 3단원 교통과 통신 수단의 변화   핵심 용어 광고

광고의 홍수 속에서 살고 있어요

인터넷 검색을 하거나 동영상을 볼 때 원하는 정보를 얻기 전에 광고 창이 먼저 뜹니다. 다이어트 용품 광고, 치킨 광고, 피자 광고, 자동차 광고, 화장품 광고…. 컴퓨터뿐 아니라 집에서 학교로 가는 길에도 여러 광고를 볼 수 있어요. 문 앞에 붙어 있는 전단지 광고, 길가에 걸려 있는 현수막 광고 등 광고는 내가 원하든 원하지 않든 자주 보게 되지요. 많이 본 만큼 광고 문구나 광고에 쓰인 음악들이 기억에 남기도 해요.

광고를 볼 때는 꼼꼼히 따져 보아요

우리가 아침에 일어나서 잠들기 전까지 몇 건의 광고를 보는지 세어 보세요. 광고는 우리의 삶에 깊숙이 들어와 우리가 보려고 하지 않아도 듣고 보게 됩니다. 광고는 회사에서 자신들이 만든 제품을 사람들에게 알리기 위해 만든 거예요. 소비자가 물건을 사기 전에 광고를 통해 상품에 대한 가격이나 기능, 성능 같은 정보를 알 수 있지요. 하지만 광고에 나오는 정보를 다 믿으면 안 돼요. 때때로 허위 사실을 알려 주거나 과장해서 광고를 하는 경우도 많기 때문이지요. 광고를 본 이후엔 제품의 성능을 꼼꼼히 따져 보고 구입해야 현명한 소비를 할 수 있어요. 한편 중요한 메시지를 전달하거나 사람들의 인식을 바꾸기 위해 만든 광고도 있어요. 이를 공익 광고라고 해요.

똑똑한 경제

광고는 언제나 소비자에게 유익할까요?

다음 중 광고의 특징을 바르게 설명한 것을 골라 보세요.

ㄱ. 광고는 사람들이 자연스럽게 볼 수 있도록 눈에 띄는 곳에 해.
ㄴ. 소비자는 광고를 통해 가격이나 기능 등을 알 수 있어.
ㄷ. 광고 속 정보는 확실해서 믿을 수 있어.

ㄱ, ㄴ 답

 실제 내용보다 부풀려 하는 광고를 과장 광고라고 하고, 실제 내용과 다른 거짓 정보를 알리는 광고를 허위 광고라고 합니다.

돈은 왜 만들어졌을까요?

교과서 3학년 2학기 2단원 시대마다 다른 삶의 모습 **핵심 용어** 화폐

> • **화폐** 상품의 가치를 비교하고 상품을 교환하는 데 필요한 수단으로 지폐, 주화 등이 있다.

물물 교환은 힘들어

오늘날의 돈은 언제 어떻게 만들어졌을까요? 옛날 사람들은 필요한 물건을 얻기가 상당히 불편했어요. 고기를 가진 사람이 과일과 바꾸고 싶어도 과일을 가지고 있는 사람을 찾기란 쉽지 않았어요. 또 과일을 가진 사람을 찾는다고 고기를 하루 종일 들고 다니기도 어려웠지요. 과일 몇 개와 고기 한 덩어리를 바꿀지 다투기도 했지요. 이런 불편함을 줄이기 위해 생겨난 것이 바로 돈이에요. 물건과 물건을 바꾸는 게 아니라 물건의 가치에 따라 돈을 주고받는 것이지요.

돈의 변신은 무죄

돈은 경제 활동을 위해 꼭 필요해요. 돈을 수단으로 재화나 서비스를 주고받자고 약속을 했지요. 돈으로 물건을 사고팔자고 사회적으로 약속을 한 것입니다.

물론 돈은 그동안 모습이 수많이 바뀌었어요. 처음부터 지폐와 동전을 사용한 것은 아닙니다. 당시 사람들은 제일 귀중하게 생각했던 것을 돈으로 사용했습니다. 소금이나 쌀 등 곡물을 돈처럼 사용하기도 했고 조개껍데기를 이용해 화폐로 사용하기도 했지요. 이후 금, 은, 동으로 화폐를 만들어 사용하다가 지금의 동전과 지폐를 사용하게 되었답니다. 요즘은 포인트, 전자 화폐 등 눈에 보이지 않는 화폐도 많이 사용합니다.

똑똑한 경제

화폐의 역할

용돈으로 아이스크림을 사 먹었어요. 이때 화폐는 어떤 역할을 한 걸까요?

① 교환 수단: 화폐로 상품이나 서비스를 바꿀 수 있어요.
② 가치 저장 수단: 화폐를 저금하거나 가지고 다녀요.
③ 가치척도: 가치를 재는 기능이에요.
④ 지급 수단: 모든 경제 활동 거래에서 화폐가 지급돼요.

 우리나라 최초의 화폐 전문 박물관이 있어요. 바로 한국조폐공사 화폐 박물관이지요. 주화, 지폐 등 화폐의 역사를 살펴볼 수 있고 위조 방지 기술이나 우표, 수표, 채권 등을 볼 수 있습니다.

가격은 어떻게 결정되나요?

- **수요** 어떤 재화나 용역을 적당한 가격에 사려고 하는 욕구를 말한다.
- **공급** 사람들의 요구나 필요에 따라 물품 등을 제공하는 것을 말한다.

교과서 4학년 2학기 2단원 필요한 것의 생산과 교환　핵심 용어 수요, 공급

물건을 사고 싶은 마음과 살 수 있는 능력

마트에 갔는데 새로 나온 게임기가 있으면 어떤 마음이 드나요? 평소 무척 갖고 싶었던 게임기라면 게임기를 사고 싶은 마음이 생길 거예요. 이러한 마음을 경제 용어로 '수요'라고 해요. '수요'는 물건이나 용역을 사고 싶은 마음이 있고 실제로 구매할 수 있을 때 사용하는 말이에요. 마트에서 본 게임기를 가지고 싶고, 살 수 있다면 수요라고 할 수 있지요. 하지만 세상에서 하나밖에 없는 값비싼 보석처럼 갖고 싶은 마음이 있어도 쉽게 살 능력이 없다면 수요가 아니에요.

수요와 공급에 따라 결정되는 가격

반대로 상품을 제작하는 사람의 판매하고자 하는 의지를 '공급'이라고 해요. 상품을 만들 능력과 상품, 상품을 팔려고 하는 의지가 모두 있어야 하지요.

수요와 공급은 밀접한 관련이 있어요. 가격을 살펴보면 수요와 공급이 반대로 움직이는 모습을 볼 수 있어요. 물건 값이 내려가면 많은 사람이 사고 싶어 하겠지만, 물건을 만드는 사람은 물건 값이 싼 만큼 돈을 적게 벌기 때문에 물건을 많이 만들지 않을 거예요. 반대로 물건 값이 비싸지면 사람들은 안 사려고 할 테지만 물건을 만드는 사람은 많이 만들려고 할 거예요. 즉 수요자와 공급자가 서로 원하는 정도에서 가격이 결정됩니다.

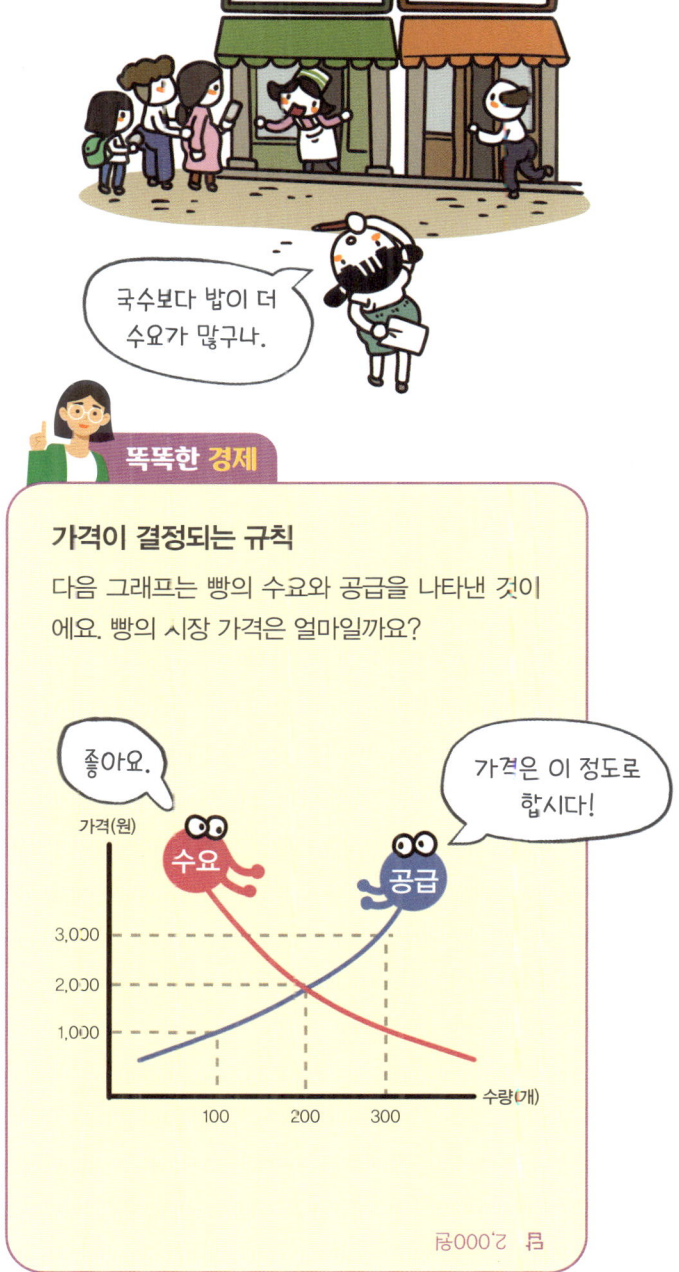

"국수보다 밥이 더 수요가 많구나."

똑똑한 경제

가격이 결정되는 규칙

다음 그래프는 빵의 수요와 공급을 나타낸 것이에요. 빵의 시장 가격은 얼마일까요?

"좋아요."　"가격은 이 정도로 합시다!"

답 2,000원

 수요가 줄고 공급이 많아지면 가격은 내려가고, 수요가 많고 공급이 줄어들면 가격은 올라갑니다.

엄마가 소고기 대신 돼지고기를 산 이유는?

• **대체재** 쌀과 밀가루, 버터와 마가린처럼 서로 대신 쓸 수 있는 관계의 재화 두 가지를 말한다.

교과서 4학년 2학기 2단원 필요한 것의 생산과 교환　핵심 용어 대체재

소고기 대신 돼지고기

소고기를 사러 시장에 갔는데 소고기 값이 올라서 돼지고기를 산 적이 있을 거예요. 맛은 다르지만 같은 육류이기 때문에 비슷한 만족감을 느낄 수 있지요. 이렇게 서로 대신해서 쓸 수 있는 관계에 있는 재화 두 가지를 대체재라고 합니다. 이 밖에도 콜라와 사이다, 쌀과 빵, 연필과 펜 등 일상에서 볼 수 있는 대체재는 무척 많아요. 그런데 만약 소고기 값이 올라서 사람들이 대체재로 돼지고기를 많이 찾는다면 돼지고기의 값은 어떻게 될까요? 당연히 수요가 많아지면 돼지고기 값도 오른답니다.

바늘과 실은 보완재

치킨이나 햄버거를 먹으면 콜라가 먹고 싶어져요. 라면을 먹으면 김치가 생각나요. 짜장면엔 단무지가 딱이고, 핫도그엔 케첩을 뿌려야 하지요. 이처럼 두 물건을 동시에 사용하면 사람들의 만족감이 더 커지는 것을 보완재라고 해요. 마치 바늘 하면 실이 떠오르는 것과 같지요. 바늘이 잘 팔리면 당연히 실도 잘 팔리고, 프린터가 잘 팔리면 종이와 잉크도 잘 팔려요. 자동차가 잘 팔리면 바퀴도 덩달아 잘 팔리지요. 어떤 보완재는 세트로 묶어 함께 팔기 때문에 따로따로 사는 것보다 더 저렴합니다. 보완재 역시 한쪽의 수요가 많으면 다른 쪽의 수요도 늘어납니다.

똑똑한 경제

찾는 물건이 없을 때는?

심부름으로 장을 보러 시장에 갔어요. 심부름 목록에 고등어, 상추, 사이다, 사과가 있는데, 다 팔렸는지 보이지 않네요. 어떤 제품으로 대체할 수 있는지 적어 보세요.

고등어 - (①)
상추 - (②)
사이다 - (③)
사과 - (④)

답 ① 갈치, 생선, ② 깻잎, 배추, ③ 콜라, ④ 배

대체재는 서로 대체할 수 있기 때문에 경쟁재라고도 해요. 두 재화는 서로 같은 효용을 얻을 수 있어요.

제품을 혼자만 팔면 안 되나요?

• **독과점** 독점과 과점을 아울러 이르는 말로, 특정 소수가 모두 차지한다는 뜻이다. 다른 경쟁자 없이 시장을 지배해 이익을 가지는 것을 말한다.

교과서 4학년 2학기 2단원 필요한 것의 생산과 교환   핵심 용어 독과점

허생이 과일을 다 사들인 이유

한 사람만 사과를 팔 수 있다면 사과 가격은 어떻게 될까요? 사과 가격을 원하는 대로 비싸게 팔 거예요. 사람들은 그 사람한테서만 사과를 살 수 있으니 비싸더라도 돈을 더 주고 사겠지요. 이런 상황이 조선 시대 실학자였던 박지원의 소설 〈허생전〉에 잘 나와 있어요. 허생은 가난한 선비였어요. 먹을 것이 없어 허생의 아내는 허생에게 돈을 벌어 오라고 했지요. 허생은 한양에서 제일가는 부자에게서 만 냥을 빌려 안성 시장에 있는 과일을 모두 사서 곳간에 두었어요. 며칠 뒤 안성은 난리가 났어요. 과일이 없어 모두 발을 동동 굴렀지요. 그러자 허생은 과일을 자기가 사들인 가격보다 열 배를 더 받고 되팔아 십만 냥을 벌었어요.

독점이 사회에 끼치는 영향

소수가 특정 물건을 다 지배하고 있는 것을 독과점이라고 해요. 사실 허생은 자신들의 이익만 취하는 양반들에게 본보기를 보여 주고 싶었던 것이에요. 독과점의 문제점을 보여 준 것이지요.

라면, 콜라, 스마트폰 등 여러 제품을 파는 기업 중에 시장에 큰 영향을 미치는 기업이 몇몇 있어요. 이렇게 시장을 주도하는 몇몇 기업이 가격을 올린다면 다른 기업도 가격을 조금씩 올릴 거예요. 그러면 가격이 수요 공급의 법칙에 따라 정해지지 않게 되어 소비자는 손해를 보게 됩니다.

똑똑한 경제

독과점의 문제점

다음의 상황을 보고 독과점으로 생기는 현상을 모두 골라 보세요.

ㄱ. 가격이 오른다.
ㄴ. 제품의 질이 좋아진다.
ㄷ. 소비자가 다양한 선택을 할 수 있다.
ㄹ. 물건의 품질이 나빠도 소비자가 그냥 사용해야 한다.

ㄹ, ㄴ 답

 〈허생전〉은 조선 후기 실학자 박지원이 쓴 한문 소설로 《열하일기》에 들어 있어요.

하나를 얻으면 하나를 잃는다고요?

• **트레이드오프** 두 가지 목표 가운데 하나를 이루고자 하면 다른 것을 희생하거나 목표 달성이 늦어지는 경우의 양자 간의 관계를 말한다.

교과서 4학년 2학기 2단원 필요한 것의 생산과 교환 핵심 용어 트레이드오프

둘 다 가질 순 없어요

좋아하는 초콜릿을 많이 먹으면 이가 썩어요. 이가 썩는 걸 막으려면 초콜릿을 먹지 말아야 해요. 이렇게 원하는 두 가지를 모두 얻기가 어려운 상황이 있어요. 추운 겨울에 얇지만 예쁜 코트를 입을지, 칙칙한 색이지만 따뜻하게 두꺼운 코트를 입을지 고민하기도 하지요. 이처럼 두 개 가운데 하나를 선택하려면 다른 하나는 희생되는 경우를 경제학에서 트레이드오프라고 합니다. 얻는 것이 있으면 반드시 잃는 게 있다는 뜻이지요.

하나를 얻으면 하나를 잃어요

경제에서 트레이드오프인 경우를 살펴볼까요? 대표적으로 물가와 실업률이 있어요. 월급이 오르거나 일하는 사람이 많아지면 물건을 사려는 사람이 많아져요. 즉 시장에 돈이 많아진 것이에요. 이를 두고 통화량이 늘어났다고 합니다. 통화량이 늘면 기업은 투자를 많이 하고, 투자한 만큼 일할 사람들을 많이 부르게 돼요. 실업률이 줄어들지요. 하지만 동시에 물건을 사려는 사람이 많아지면 그만큼 물가도 오릅니다. 결국 실업률이 줄어들어도 물가가 오르는 현상이 나타나지요. 이렇게 저렴한 물가와 낮은 실업률처럼 동시에 이루기 어렵고 모순된 관계를 트레이드오프라고 합니다.

똑똑한 경제

서로 모순된 관계, '트레이드오프'

물가와 실업률은 경제에서 대표적인 트레이드오프 사례예요. 한쪽이 내려가면 반대쪽은 올라가는 시소와 비슷합니다. 둘 다 가질 순 없지요. 이처럼 서로 모순되는 경제 관계를 트레이드오프라고 일컬어요. 일상생활에서도 트레이드오프가 있어요. 공부를 해야 하는데 놀고 싶을 때, 배불리 먹고 싶은데 살을 빼야 할 때처럼 말이지요. 또 어떤 트레이드오프가 있는지 찾아보세요.

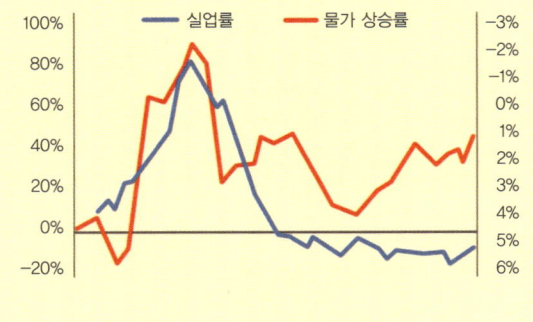

실업률과 물가 상승률의 상관 그래프

 영국의 경제학자 필립스가 1862년과 1957년 영국의 경험을 분석 대상으로 하여 도출한 필립스 곡선(Phillips Curve)은 물가 상승률과 실업률이 반비례 관계에 있음을 보여 주는 곡선입니다.

가난한 사람을 도와야 해요

> • **양극화** 둘 이상의 집단이 서로 다른 방향으로 멀어지는 것을 말한다.

교과서 6학년 1학기 3단원 우리나라의 경제 발전 **핵심 용어** 양극화

라과디아 판사의 지혜로운 판결

1930년 미국 뉴욕에서, 손자 셋을 돌보던 가난한 노인이 손자들이 먹을 것이 없어 배고파 울자 빵을 훔쳤어요. 그리고 경찰에 붙잡혀 재판을 받게 되었지요. 노인의 사정을 들은 사람들은 눈물을 흘렸지만 라과디아 판사는 노인에게 벌금형을 선고했습니다. 다른 사람의 물건을 훔친 건 잘못되었으니까요. 판사는 고민했어요. 먹을 것이 넘쳐나는 나라에서 왜 이런 일이 생기는지를 말이지요. 판사는 곧 깨달았어요. 노인이 빵을 훔친 것은 우리 모두의 잘못이라는 점을요. 그래서 판사는 함께 잘살지 못한 점을 들어 자기 자신과 방청객들에게도 각각 벌금형을 내렸습니다. 그 벌금은 모두 노인에게 주었답니다.

양극화가 생기는 이유는?

어떤 사람은 하루에 12시간씩 일해도 가난하게 살아요. 하지만 어떤 사람은 일하지 않고도 많은 돈을 벌지요. 경제 활동의 대가로 받는 돈은 사람마다 달라요. 또한 나라마다 천차만별이에요. 이런 차이는 교육을 받은 정도, 국가의 자연환경, 개인별 능력, 사회적 역할의 차이 때문입니다. 이 차이를 양극화라고 해요. 양극화로 빈부 격차가 심해지면 사회적으로 문제를 일어나기도 해요.

똑똑한 경제

경제 불평등을 해결하기 위해선?

라과디아 판사는 미국인의 존경을 받았어요. 가난을 개인의 잘못이 아닌 사회 전체의 잘못이라고 판단했기 때문이지요. 하지만 가난한 사람을 개개인이 도와주기엔 한계가 있어요. 그렇기 때문에 정부가 나서서 소득 불평등을 해결하기 위해 노력해야 해요.

 뉴욕에는 라과디아 판사를 기리는 동상이 세워져 있고 라과디아 판사의 이름을 딴 라과디아 공항도 있지요.

향신료가 비쌌다고요?

- **식민지** 정치적·경제적으로 강대국의 지배를 받아 주권을 잃은 나라.
- **희소성** 인간의 욕구에 비해 충족 수단이 제한되거나 부족한 상태.

교과서 6학년 2학기 1단원 세계 여러 나라의 자연과 문화 **핵심 용어** 식민지, 희소성

향신료를 찾아 인도로

15세기 유럽인은 고기의 누린내를 없애는 향신료를 즐겨 사용했어요. 하지만 향신료는 동양에서 오는 이슬람 상인에게서만 구할 수 있어 비싼 가격에 살 수밖에 없었지요. 향신료를 찾는 사람들은 점점 많아지는데 향신료가 부족해지자 유럽인은 향신료를 찾으러 인도로 떠났어요. 이처럼 사람의 욕구에 비해 그것을 충족시키는 물건이 부족한 것을 희소성의 문제라고 합니다.

신대륙 발견의 이면

15세기 바다를 정복한 포르투갈과 에스파냐의 신대륙 발견은 인류 문명에 엄청난 변화를 가져왔어요. 마침 유럽에 속한 여러 나라가 향신료를 비롯해 비단, 금, 대륙 등을 찾아 떠나는 대항해시대였어요.

새로운 대륙을 찾아 항해를 떠나 아메리카와 아프리카, 아시아 등에 도착한 유럽인은 원주민을 핍박하고 그들이 가지고 있던 재산과 생명을 빼앗으며 여러 나라를 식민지로 만들었어요. 식민지 중에서도 향신료가 주로 나는 인도를 차지하기 위해 영국, 에스파냐, 프랑스를 비롯한 유럽 여러 나라는 서로 전쟁을 벌였답니다. 이후 유럽인은 아시아와 아프리카, 아메리카의 세 대륙을 오가며 활발한 무역을 펼쳤습니다.

똑똑한 경제

인디언? 아메리카 원주민!

1492년 콜럼버스는 에스파냐 이사벨 여왕의 후원으로 인도로 가는 항해 길에 올랐어요. 몇 달간의 항해 끝에 대륙을 발견했는데 그곳이 인도인 줄 알았어요. 사실은 아메리카 대륙이었지요. 그래서 그곳에 살던 원주민들을 인디언이라고 불렀어요. 인디언은 인도인들을 나타내는 말이므로, 원래는 아메리카 원주민이라고 불러야 해요.

 향신료는 음식에 맵거나 향기로운 맛을 더하는 조미료로 고추, 후추, 파, 생강 등이 있어요.

우리에게 꼭 필요한 사회 간접 자본

• **사회 간접 자본** 국민 경제 발전의 기초가 되는 공공시설과 사회 제도 등으로 SOC라고도 한다.

교과서 4학년 1학기 3단원 지역의 공공 기관과 주민 참여　**핵심 용어** 사회 간접 자본

우리에게 꼭 필요한 것들은?

사람들이 삶을 살아갈 때 꼭 필요한 것이 있어요. 어두운 밤에도 환하게 비추는 불빛을 위해서 전기가 필요하고, 마시고 씻을 수 있는 물이 있어야 해요. 시골 할머니 집에 가기 위해선 잘 깔린 도로도 있어야 해요. 이처럼 우리가 기초적인 삶을 살기 위해 만든 시설을 사회 간접 자본, SOC(Social Overhead Capital)라고 해요.

사회 간접 자본은 경제적 이익을 위해 직접 사용되는 것이 아니에요. 사람들이 편안한 삶을 살고 기업이나 개인이 경제 활동을 원활하게 하기 위해 꼭 필요한 것들이지요.

국민의 편의를 위한 사회 간접 자본

사회 간접 자본에는 철도, 통신, 수도, 학교, 병원, 도로, 전력 등이 있어요. 이것들은 모두 인간의 삶을 편리하게 만들고 경제적 활동을 뒷받침해 줍니다.

사회 간접 자본은 두 가지로 나뉘어요. 하나는 경제적 사회 간접 자본이에요. 도로, 수도, 철도, 공항, 가스, 전력 등의 산업 시설을 말합니다. 다른 하나는 순수 사회 간접 자본이에요. 학교, 보건소와 같이 교육, 보건 등에 필요한 시설을 말합니다. 사회 간접 자본은 경제적 이득을 목표로 하지 않아요. 사회 간접 자본의 목표는 오직 국민의 편의와 안전, 교육이에요.

똑똑한 경제

생활 SOC가 뭘까요?

생활 SOC는 공원, 문화와 체육 시설이 있는 복합 센터, 도서관, 수영장, 전기차 및 수소차 충전소 등을 말해요. 생활 SOC는 문화·체육 시설을 늘려 사람들에게 편의 시설을 제공하고 지역 일자리를 늘려 주기도 해요. 또 복지 시설을 늘리고 전기차 및 수소차 충전소를 지원하는 등 미세 먼지 없는 깨끗한 환경을 만들어 줍니다.

 생활 SOC가 늘어나면 사람들의 삶의 질이 높아지고 지역 경제에 활력을 주는 효과를 기대할 수 있어요.

주식 투자에 나이 제한이 없어요?

- **주식** 주식회사의 자본을 구성하는 단위를 말한다.
- **주주** 주식을 가지고 있는 개인이나 법인을 말한다.

교과서 4학년 2학기 2단원 필요한 것의 생산과 교환   핵심 용어 주식, 주주

여럿이 모여 회사를 만들어요

회사를 혼자 만들려면 돈이 많이 들어요. 예를 들어 치킨 가게를 차리는 데 1억 원이 든다고 하면 그 돈을 혼자 다 내려면 부담이 클 거예요. 하지만 여럿이 낸다면 혼자서 돈을 내는 것보다 부담이 덜 하겠지요. 네 명이 모인다면 2,500만 원씩 내서 치킨 가게를 차릴 수 있을 거예요. 이처럼 네 사람이 함께 모여서 차린 치킨 가게와 같이 여럿이 모여 만든 회사를 주식회사라고 합니다. 그 주식회사가 벌어들인 이익을 투자한 사람끼리 나누어 가지자고 약속한 증서를 주식이라고 해요. 회사를 만들 때는 주식을 발행해 투자할 사람을 모아요. 그렇게 주식을 산 사람들을 주주라고 합니다.

어린이도 주식 투자를 할 수 있어요

어린이도 주식 투자를 할 수 있을까요? 물론 할 수 있어요. 어린이도 필요한 서류만 있다면 가능해요. 은행이나 증권사에서 주식 계좌를 만들어 주식 투자를 할 수 있지요. 주식을 산 회사가 돈을 많이 벌면 투자한 돈만큼 돈을 벌 수 있어요.

반대로 회사의 가치가 떨어지면 주가가 떨어져 손해를 볼 수 있지요. 회사의 가치는 오르락내리락 하기 때문에 주식 투자로 돈을 잃거나 얻는 사람이 생길 수밖에 없답니다. 어떤 회사가 잘될지, 망할지 충분히 조사를 한 다음 주식 투자를 해야겠지요?

 **똑똑한 경제**

주식 계좌를 만들러 가요

어린이 주식 계좌를 만들 때는 부모님과 함께 가야 해요.

준비물
① 주민등록등본, 부모님 신분증, 가족관계증명서
② 도장(없으면 부모님 도장)
③ 은행 통장

 10퍼센트를 투자한 사람은 1퍼센트를 투자한 사람보다 이익을 더 많이 받을 뿐만 아니라 권리도 더 많이 가져요. 회사의 중요한 일을 결정할 때 영향력을 더 크게 행사할 수 있지요.

무조건 아끼는 게 좋을까요?

- **낭비** 시간이나 재물 등을 헛되이 쓰는 것을 말한다.
- **침체** 어떤 현상이나 사물에 진전하지 못하고 제자리에 머무른 상태.

교과서 4학년 2학기 2단원 필요한 것의 생산과 교환 핵심 용어 낭비, 침체

고여 있는 물은?

잘 흐르던 물이 한곳에 고이면 어떻게 될까요? 아마 물이 썩을 거예요. 우리 몸속의 피는 어떤가요? 온몸에 피가 잘 돌지 않으면 사람의 생명을 위험하게 해요. 사람의 몸 곳곳에 피가 전달되어야 하지요. 경제도 마찬가지예요. 돈을 아낀다며 가지고만 있으면 전체적으로 경제가 안 좋아지고 결국 개인에게 피해가 오게 됩니다.

개인이 소비를 줄인다면 생산자들은 물건의 판매가 주는 만큼 생산을 줄일 것이고, 생산이 줄어들면 일자리도 줄어들지요. 결국 우리는 일터를 잃을 수도 있어요. 따라서 나라 전체의 경제가 침체되는 결과를 낳지요.

적당한 소비가 필요해요

그렇다고 절약이 무조건 나쁜 건 아니에요. 하지만 돈을 잘 쓰지 않고 너무 아낀다면 경기 침체 현상이 나타나요. 소비가 잘 이루어져야 생산자들이 더 다양하고 질 좋은 품질의 물건을 만들어요. 새로운 물건을 만들기 위해 기업은 투자를 늘리고, 기업에서 일하는 사람에게도 월급을 줄 수 있지요.

적당한 소비는 경제에 활력을 주어 꾸준히 발전하게 만들어요. 결국 개인의 소득에도 도움이 됩니다. 이처럼 세상을 풍요롭게 하는 적당한 소비는 경제 발전에 꼭 필요해요.

똑똑한 경제

합리적으로 소비하고 저축해요

소비를 하면 기업이 돈을 벌고, 새로운 근로자를 고용하며 일자리가 늘어나서 경제가 발전해요. 그렇다고 돈이 생기는 대로 많은 물건을 사는 게 좋은 건 아닙니다. 소비만큼이나 필요한 게 저축이기 때문이지요. 저축을 해야 기업이 은행에서 돈을 빌려 쓸 수 있어요. 그 돈으로 일자리와 생산이 늘어나기 때문에 경제가 발전해요. 따라서 얼마를 저축하고 소비할지 계획을 세우는 게 중요하답니다.

 지나친 절약으로 소비를 하지 않아 경기 침체에 영향을 주는 것을 '절약의 역설'이라고 해요.

우리나라 경제 성적을 알 수 있다고요?

- **국내총생산(GDP)** 가계, 기업, 정부가 국내에서 생산한 것을 돈으로 합한 것.
- **국민총생산(GNP)** 국민이 생산한 재화와 서비스의 시장 가치를 합한 것.

교과서 6학년 1학기 3단원 우리나라의 경제 발전　**핵심 용어** 국내총생산(GDP), 국민총생산(GNP)

경제 성적표가 있어요

시험을 보고 나면 성적표가 나와요. 성적표를 통해 이번 시험에서 어떤 과목을 잘 봤는지, 못 봤는지 알 수 있어요. 경제 성적은 어떻게 알 수 있을까요? 경제 성적도 시험 결과처럼 사람들이 알아보기 쉽게 숫자로 나타낼 수 있어요. 사람들이 만든 물건, 근로의 가치를 숫자로 나타낸 것이지요. 이렇게 나온 성적표로 우리나라의 경제 성장이 어떠한지를 가늠할 수 있답니다.

GDP 세계 순위

순위	국가	금액
1위	미국	20조 9,366억 달러
2위	중국	14조 7,227억 달러
3위	일본	4조 9,754억 달러
4위	독일	3조 8,060억 달러
5위	영국	2조 7,077억 달러
12위	한국	1조 6,382억 달러

(2020년 세계은행 기준)

우리나라가 세계 12위네!

국내총생산과 국민총생산

일정 기간 동안 한 나라 안에서 만들어지는 재화와 용역이 있어요. 재화와 용역의 가치를 돈으로 바꾸어 전부 더해요. 이것을 국내총생산, GDP라고 해요. 생산한 사람이 우리나라 사람이든 외국인이든 우리나라 안에서 이루어졌다면 국내총생산에 들어가요. GDP에는 수출·수입한 액수, 정부가 쓴 돈, 집집마다 쓴 돈 등이 포함돼요.

한편 한 나라 국민이 생산한 재화와 서비스의 가치를 돈으로 나타낸 것도 있어요. 이것을 국민총생산, GNP라고 해요. 한 나라 국민의 소득을 모두 합한 것이지요. 우리나라 사람이 외국에서 번 돈은 GDP가 아니라 GNP가 됩니다. GDP는 한 나라의 땅에서 생산된 가치를 합친 것이고 GNP는 한 나라의 국민이 생산한 가치를 합친 것이에요. 국적을 중심으로 한 개념이지요.

똑똑한 경제

GDP와 GNP를 구분해요

베트남에서 멋진 신발을 만들어 파는 한국인이 있어요. 베트남에서 신발을 판 금액은 GDP에 속할까요? GNP에 속할까요? 바로 GNP예요. 한국 국민이 생산한 재화의 값이므로 국민총생산에 속한답니다.

 1인당 GDP 세계 순위 1위는 룩셈부르크로 13만 1,300달러, 2위는 아일랜드 10만 2,390달러, 3위는 스위스 9만 3,515달러예요. GDP 순위 1위인 미국은 6만 9,375달러로 5위, 우리나라는 3만 5,195달러로 27위예요. (2020년 기준)

돈을 많이 찍어 내면 왜 안 될까요?

- **사임** 일자리를 그만두고 물러나는 것.
- **실업률** 일할 생각과 능력이 있는 인구 중 직업이 없는 사람이 차지하는 비율을 말한다.

교과서 6학년 2학기 1단원 세계 여러 나라의 자연과 문화 **핵심 용어** 사임, 실업률

짐바브웨에 무슨 일이?

짐바브웨는 곡식을 수출하며 넉넉한 살림을 꾸려 가던 나라였어요. 그런데 무가베 대통령이 독재를 하면서 나라는 크게 흔들렸어요. 무가베는 국민들에게 개인의 재산을 갖지 못하도록 제한했지요. 그러자 돈 많은 사업가들이 모두 짐바브웨를 떠났어요. 사업가들이 떠나자 무역량도 줄고, 자연스레 나라에서 가지고 있는 외국 돈도 줄었지요.

무가베 대통령은 농지의 70퍼센트 이상을 소유하던 백인들의 땅마저 빼앗았어요. 이 땅을 흑인에게 나누어 주었지만 농장 운영 경험이 부족했기에 생산성이 떨어지고 말았지요. 각종 회사들은 문을 닫고 짐바브웨 국민들은 일자리를 잃었어요. 시중에 유통되는 돈이 줄자 무가베 대통령은 좋은 생각이 났어요. 바로 돈을 마구 찍어 내는 것이었어요.

달걀 세 개가 100억?

돈을 많이 찍어 내자 돈의 가치가 떨어졌어요. 달걀 세 개를 사려면 무려 100억 원이 필요했지요. 2008년 한 해 동안 물가 상승률이 2억 퍼센트가 넘었어요. 이듬해 짐바브웨는 엄청나게 오른 물가를 감당할 수 없었어요. 결국 짐바브웨 화폐를 폐기하고 미국 달러와 유로, 중국 위안 등 외국 화폐를 사용하게 되었답니다. 하지만 아직까지도 짐바브웨는 엄청나게 오른 물가와 높은 실업률로 경제적 어려움을 겪고 있어요.

똑똑한 경제

돈의 가치가 너무 오르거나 떨어지면?

필요한 물건을 사기 위해서는 돈이 필요해요. 돈은 재화나 용역의 가치를 매기고 사람과 사람 사이에 주고받는 중요한 교환 수단이에요. 그런데 돈이 너무 많으면 가치가 떨어져 결국 나라의 전체 경제를 혼란스럽게 하지요. 반대로 돈의 가치가 너무 올라가도 나라의 경제가 어려워집니다.

 무가베 대통령은 37년간 독재를 하다가 2017년 대통령 자리에서 물러났고, 2019년에 사망했어요.

소비자에게 권리와 책임이 있다고요?

> **소비자의 권리와 책임** 소비자가 물건을 사용할 때 누릴 수 있도록 법으로 정해 놓은 권리와 그 권리를 누리기 위해 다해야 하는 책임을 말한다.

교과서 4학년 2학기 2단원 필요한 것의 생산과 교환 **핵심 용어** 소비자의 권리와 책임

소비자의 여덟 가지 권리

주문한 물건이 부서져 있거나 전원이 켜지지 않은 적이 있나요? 구매한 물건 때문에 피해를 입었을 때는 어떻게 해결해야 할까요? 상대적으로 약자인 소비자를 보호하기 위해 소비자의 권리를 법으로 정해 두었어요. ① 구매한 물건에서 발생할 수 있는 위험으로부터 안전하게 보호받을 권리, ② 물건을 쓰는 동안 발생한 피해에 대해 보상받을 권리, ③ 물건을 고를 때 알아야 할 지식과 정보를 제공받을 권리, ④ 물건을 살 때 가격, 상표, 장소를 자유롭게 선택할 권리, ⑤ 안전하고 깨끗한 환경에서 물건을 살 권리, ⑥ 합리적인 소비 생활을 위해 필요한 교육을 받을 권리, ⑦ 소비자의 권리를 높이기 위해 단체를 만들고 활동할 권리, ⑧ 소비 생활에 영향을 주는 생산자의 활동이나 국가의 정책에 자신의 의견을 말할 수 있는 권리가 있지요.

소비자의 다섯 가지 책임

소비자에게는 지켜야 할 책임도 있습니다. 이것을 소비자의 다섯 가지 책임이라고 해요. ① 물건을 구입할 때 품질이 좋고 가격이 합리적인지 생각할 책임, ② 소비자의 권리를 주장하고 공정한 거래를 위해 행동할 책임, ③ 부적절한 소비로 다른 사람의 기분을 상하게 하지 않을 책임, ④ 자원을 절약하고 친환경적인 물건을 사용할 책임, ⑤ 소비자 문제를 해결하기 위해 단결할 책임이 있답니다.

똑똑한 경제

소비자의 권리와 책임을 이해해요

다음을 보고 소비자의 권리이면 '권리', 소비자의 책임이면 '책임'이라고 써 보세요.

① 공정한 거래를 위해 행동하기
② 부적절한 소비를 하지 않기
③ 상품으로부터의 위험에서 안전하게 보호받기
④ 환경을 오염시키는 물건을 쓰지 않기
⑤ 상품을 살 때 필요한 지식과 정보를 제공받기

답 ① ② ④ - 책임, ③ ⑤ - 권리

 소비자 기본법은 소비자의 권리와 책임을 정해 국민의 만족스러운 소비 생활과 국민 경제 발전을 목적으로 만든 법이에요.

은행의 은행이 있다고요?

- **물가** 물건의 값으로 여러 가지 상품이나 서비스의 가치를 평균적으로 본 개념을 말한다.
- **통화량** 나라 안에서 사용되는 돈의 양.

교과서 6학년 1학기 3단원 우리나라의 경제 발전 핵심 용어 물가, 통화량

은행도 은행이 필요하다고요?

일반 은행에는 회사나 사람들의 돈을 예금해요. 일반 은행은 사람들이 저축한 돈을 다른 사람이나 기업에 빌려 주거나 투자를 해서 이익을 얻어요. 그렇다면 일반 은행이 버는 수입은 어떻게 관리할까요? 또 은행에서 돈이 급하게 필요하면 어떻게 할까요? 은행들의 은행이 바로 중앙은행이여요. 중앙은행은 나라마다 하나씩 있어요. 우리나라의 중앙은행은 한국은행이에요. 한국은행은 일반 은행의 돈을 맡아 주거나 빌려 주어요. 이때 일반 은행에서 이자를 받아 이익을 남기지요.

한국은행에서 하는 일은 다양해요

한국은행에서 하는 대표적인 일이 우리나라의 화폐를 만드는 일이에요. 그리고 전국에서 쓰는 돈을 관리해요. 돈이 부족하거나 넘치지 않게 돈의 양을 조절합니다. 이것을 '통화량 조절'이라고 해요. 통화량이 너무 많거나 적으면 물가가 불안정해져 경제에 큰 영향을 미쳐요. 돈이 너무 많이 돌아다니면 거두어들이고 반대로 부족하면 돈을 시중에 내보내는 일을 합니다. 한국은행은 금리를 조정하는 일도 해요. 금리란 은행에 돈을 맡긴 대가로 받는 이자를 말해요. 한국은행이 금리를 정하면 일반 은행도 금리를 비슷하게 정하지요. 한국은행은 우리나라에 있는 외국 돈도 관리한답니다.

똑똑한 경제

정부의 은행, 한국은행

국가에서 거두어들인 세금은 어떻게 관리할까요? 세금은 일반 은행에 저금할 수 없어요. 따라서 정부는 국민에게서 거둔 세금을 한국은행에 예금합니다. 필요할 때마다 돈을 찾아서 필요한 곳에 사용하지요. 정부가 돈이 부족할 때는 한국은행에서 돈을 빌리기도 합니다.

 한국은행은 1950년에 만들어진 우리나라 최초의 중앙은행이에요. 한국은행은 서울시 중구 남대문로에 있어요.

분업으로 직업이 다양해졌어요

- **분업** 생산 과정을 여러 사람이 분담해 일을 완성하는 것을 말한다.
- **자재** 어떤 것을 만들기 위한 기본적인 재료를 말한다.

교과서 4학년 2학기 2단원 필요한 것의 생산과 교환 핵심 용어 분업, 자재

분업이 필요한 이유

사람들은 필요한 물건을 생산하면서 다양한 경제 활동을 하고 있어요. 생산을 많이 할수록 돈을 더 많이 벌 수 있기에 사람들은 생산을 늘리는 방법을 고민해 왔어요. 물건을 많이 만들기 위해 일을 여러 사람이 나누어서 하면 일의 능률이 오른다는 사실을 알게 되었지요. 집을 지을 때 자재를 나르는 것부터 벽돌 쌓기, 페인트칠까지 모든 일을 한 사람이 한다면 시간이 오래 걸릴 거예요. 하지만 자재를 나르는 사람, 벽돌만 쌓는 사람, 페인트칠 하는 사람이 각자 맡은 일을 나누어서 한다면 집 한 채를 훨씬 빠르게 지을 수 있어요. 각자 맡은 일에 요령이 생겨 일의 속도가 빨라질 거예요.

직업이 다양해졌어요

한 사람이 여러 가지 일을 익히려면 그만큼 시간이 걸리겠지요. 하지만 한 가지 일만 집중해서 하면 속도가 더욱 빨라져 일을 빨리 끝마칠 수 있지요. 이렇게 여러 사람이 나누어서 하는 것을 분업이라고 해요. 분업은 일의 능률을 올려 줍니다. 편의점을 떠올려 보세요. 물건을 만든 사람, 배달하는 사람, 계산하는 사람 등 일이 분업화되어 있지요. 이처럼 분업으로 능률이 올랐을뿐더러 직업도 다양해졌답니다. 오늘날 직업이 다양해진 이유는 분업화는 물론 인구가 많아지면서 그만큼 사회와 경제가 발전했기 때문이에요.

똑똑한 경제

분업으로 생긴 나쁜 점은?

분업은 일의 능률을 올려서 생산량을 늘려요. 하지만 분업으로 한 가지 동작만 반복하거나 오랜 시간 같은 환경에서 일하다 보면 직업병이 생길 수 있지요. 또 일의 능률만 따지다 보니 근로자의 인권을 무시하는 경우도 많아졌어요.

 18세기 영국의 경제학자 애덤 스미스가 《국부론》이라는 책에서 처음으로 분업의 필요성을 이야기했어요.

손해인데 비용이 아까워 계속 투자한다면?

• **콩코드 오류** 어떤 선택으로 추진해 성과를 내지 못했더라도 계속 하는 것. 깊이 개입할수록 시간과 돈이 더욱 낭비되는 것을 말한다.

교과서 4학년 2학기 2단원 필요한 것의 생산과 교환 핵심 용어 콩코드 오류

선택을 바꾸기 어려운 경우가 있어요

게임을 하다가 아주 어려운 보스 몬스터를 만났어요. 보스 몬스터를 이기려고 한 시간을 투자했지요. 한 시간이 훌쩍 지났지만 조금만 더 하면 이길 수 있을 것 같아 계속했지요. 이기기 어렵다는 것을 알아도 투자한 시간이 아까워 계속 도전하게 돼요. 이렇게 이미 쓴 시간과 노력, 돈 등을 매몰 비용이라고 해요. 그 시간이면 다른 일을 해서 다른 보상을 얻을 수 있었을 텐데 말이지요. 하지만 매몰 비용은 돌려받지 못한답니다.

'콩코드 오류'에 빠질 수 있어요

1960년 프랑스와 영국이 엄청난 돈을 들여 콩코드 여객기를 함께 개발했어요. 하지만 기존 여객기에 비해 너무 비효율적이었어요. 더욱이 세계적으로 경제 불황이 오고 기름 값이 올라 콩코드기 탑승 비용도 올라갔지요. 하지만 프랑스와 영국은 투자한 비용, 즉 매몰 비용이 아까워 적자를 내면서도 운항을 했지요. 얼마 뒤 콩코드기 폭발 사고로 탑승한 사람이 모두 사망하자 그때서야 운항을 중단했답니다.

시간과 비용이 아까워 손해를 보면서도 고집 피우다가 더 큰 손실을 보는 거지요. 이런 경우를 콩코드 오류라고 해요. 콩코드 오류에 빠지지 않으려면 합리적 선택을 해야 합니다.

똑똑한 경제

더 큰 손실을 볼 수 있어요

다음은 매몰 비용이 아까워 더 큰 손실을 본 사례입니다. 그 외 어떤 경우가 있는지 스스로 생각해 보세요.

- 무한 리필 음식점에 가서 과식했다가 배탈이 났어요.
- 몸이 좋지 않았지만 수영 강습에 낸 돈이 아까워 수영 수업을 받은 뒤 몸살이 났어요.
- 발에 맞지 않지만 비싸게 주고 산 신발이어서 신고 다니다가 뒤꿈치가 까졌어요.
- 영화가 재미없었지만 낸 돈이 아까워 끝까지 보고 나왔어요.

 기회비용은 대부분 다시 회수할 수 있지만 매몰 비용은 그럴 수 없어요.

기업이 생산성을 높이는 방법은?

• **생산량** 일정한 기간 동안 재화가 만들어진 수량을 말한다.

교과서 4학년 2학기 2단원 필요한 것의 생산과 교환   **핵심 용어** 생산량

빵을 만들어 돈을 벌려면?

빵을 만들어 팔아 돈을 벌려고 제빵 회사를 차렸어요. 빵을 만들려면 재료인 밀가루와 달걀, 생크림 등이 있어야 해요. 빵을 굽는 오븐 등 조리 기구도 갖춰야 하지요. 재료와 기계뿐 아니라 빵을 만들고 배달할 사람도 고용해야 해요. 빵을 파는 가게도 있어야 하지요. 이처럼 빵을 만들어 팔기 위해서는 많은 비용과 인력이 필요합니다. 돈을 벌려면 빵을 만드는 데 쓴 비용보다 빵을 만들어 판 수익이 커야겠지요. 이처럼 이윤을 남기기 위해 뭉친 조직을 기업이라 합니다.

비용을 줄이고 생산성을 높여요

기업에서 벌어들인 이윤은 어떻게 계산할까요? 빵을 만들어 판매한 돈에서 빵을 만드는 데 들어간 돈을 빼면 이윤을 구할 수 있어요. 빵을 판매한 돈은 '수입'이에요. 수입에서 빵을 만들면서 들어간 비용을 빼면 되지요. 공식으로 쓰면 '수입-비용=이윤'이 되는 거예요.

기업은 더 많은 이윤을 얻으려고 노력해요. 더 저렴한 재료를 찾거나 일하는 사람을 적게 쓰는 등 다양한 방법을 찾아요. 이것은 생산성을 높이는 일이에요. 생산성이 높다는 말은 들어간 비용에 비해 더 많은 양의 재화를 얻는 것을 말해요. 빵을 만드는 비용은 줄이면서 빵을 더 많이 만드는 것이지요.

똑똑한 경제

이윤을 구해 볼까요?

제빵 공장을 만들어서 돈을 벌었어요. 공장, 재료, 조리 기구, 제빵사 등 빵을 만드는 데 들어간 비용을 따져 보니 모두 120만 원이 들었어요. 빵을 만들어 판매한 수입은 160만 원이었지요. 그럼 이윤은 얼마가 남았을까요?

비용		수입	
밀가루	50만 원	월요일	20만 원
계란	20만 원	화요일	30만 원
기타	50만 원	⋮	⋮
총	120만 원	총	160만 원

 생산성을 높이는 방법으로는 하나의 일을 여럿이 나누어서 하는 '분업'이 있어요.

많을수록 싫증이 나는 이유는?

- **한계 효용** 일정한 물건을 잇따라 소비하다가 마지막 물건을 소비하며 얻는 만족도를 한계 효용이라고 한다.
- **효용** 물건 소비로 얻는 만족도.

교과서 4학년 2학기 2단원 필요한 것의 생산과 교환 핵심 용어 한계 효용, 효용

라면이 맛이 없어지는 때는?

친구들과 밖에서 놀다가 집에 오니 배가 너무 고파 라면을 끓여 먹었어요. 배고플 때 먹어서 그런지 더 맛있었지요. 더 먹고 싶은 마음에 하나 더 끓여 먹었어요. 배가 부르다 보니 다 먹지 못하고 남겼어요. 또 두 번째 라면은 첫 번째 라면만큼 맛있지는 않았지요. 같은 라면인데 왜 맛이 다르게 느껴질까요?

여기서 첫 번째 라면을 먹으며 느꼈던 만족도를 효용이라고 해요. 두 번째 라면은 첫 번째 라면보다 만족도가 떨어졌지요. 바로 이러한 만족도를 한계 효용이라고 해요.

한계 효용 체감의 법칙

사람들은 물건을 소비하고 만족감을 얻어요. 배고플 때 라면을 먹거나 새로 나온 옷이나 신발을 사며 만족을 느끼는 것, 즉 효용이라고 하지요. 욕심은 끝이 없더라도 계속해서 물건을 소비했을 때 만족감은 달라진답니다. 이처럼 물건을 소비할수록 만족감이 줄어드는 것을 경제 용어로 '한계 효용 체감의 법칙'이라고 합니다.

하지만 게임은 해도 해도 질리지 않아요. 누가 말려도 계속 할 때가 있을 거예요. 이러한 상태는 중독이라고 볼 수 있어요. 만족스러운지를 합리적으로 생각하지 못하는 상태라고 할 수 있어요.

똑똑한 경제

한계 효용 체감의 법칙을 쉽게 느낄 수 있어요

우리는 일상에서도 '한계 효용 체감의 법칙'을 자주 느낄 수 있어요. 대표적으로 맛있는 음식이 가득한 뷔페에서 쉽게 느낄 수 있지요. 뷔페에서 좋아하는 음식 한 가지만 먹는 사람과 다양하게 조금씩 맛보는 사람 중에 누가 더 만족감을 느꼈을까요? 생각해 보세요.

 갈증이 날 때 물을 한 잔 마시면 만족도가 아주 높아요. 하지만 두 잔, 세 잔이 넘어가면 점점 만족도가 떨어지지요. 이것도 '한계 효용 체감의 법칙'이에요.

지식 재산권도 보호해야 해요!

> • **지식 재산권** 지적 활동으로 만든 창작물에 대한 권리로 법적으로 보호받을 수 있다.

교과서 4학년 2학기 3단원 사회 변화와 문화의 다양성 **핵심 용어** 지식 재산권

뭔가 만들기 위해 열심히 노력한 사람들을 생각해야 해요

스마트폰, 노트북으로 좋아하는 가수의 노래를 몇 번이고 원하는 만큼 들은 적 있나요? 스마트폰, 디지털 기기가 없었을 때는 직접 공연장을 찾아갔어요. 요즘은 음악, 영화, 뮤지컬을 공연장에 가지 않고도 감상할 수 있는 방법이 많지요.

그런데 혹시 공짜로 노래를 들어 본 적 있나요? 영화를 본 적은요? 인터넷에서 불법으로 다운로드를 한다면 콘텐츠를 만든 사람들의 노력을 생각하지 않은 거예요. 사용자는 대가를 정당하게 지불해야 해요.

지식 재산권을 보호해야 해요

정당한 대가를 주지 않고 불법으로 다운로드하는 것은 지식 재산권을 침해한 것으로 범죄 행위예요. 지식 재산권은 음악이나 영화, 소설, 미술, 게임, 상표, 특허권 등 창작물에 대한 권리를 말해요. 즉 창작물을 만든 본인만 그 창작물을 사용할 수 있다는 말이지요. 힘들게 노래를 만들거나 소설을 쓰고, 디자인을 했는데 이것을 베껴 쓰거나 대가를 지불하지 않고 사용한다면 어떻게 될까요? 사람들은 새로운 노래도, 소설도, 디자인도 만들지 않을 거예요. 이것은 국가 경제 발전에도 도움이 되지 않겠지요. 지식 재산권이 보호받는다면 사람들이 창조성을 발휘해 더 멋진 결과물을 만들 거예요.

똑똑한 경제

지식 재산권을 지켜요

해찬이와 다연이는 수업이 끝나고 집에 가는 길이에요. 해찬이는 어제 인터넷에서 불법으로 음악을 다운로드 받았다고 했어요. 이때 다연이가 해 줄 말은 무엇일까요?

① 그래? 잘됐다. 나도 파일 보내 줘.
② 이따가 집에서 같이 듣자.
③ 그건 불법 다운로드야. 돈을 내지 않고 음악을 다운로드 받으면 불법이야.
④ 나는 어제 보고 싶은 영화가 올라와서 다운로드 했어.

지식 재산권은 저작권과 산업 재산권으로 나뉘어요. 저작권은 음악, 영화, 시, 소설, 미술 등 문화 예술 분야의 창작물에 대한 저작자의 권리예요. 산업 재산권은 디자인, 상표권, 발명품 등 산업과 경제 활동에 관한 권리를 말해요.

자원을 이용해 필요한 것을 만들어요

• **자원** 자연의 물질 가운데 사람이 생활하는 데 편리하게 이용되고 개발이 가능한 것을 말한다.

교과서 6학년 2학기 1단원 세계 여러 나라의 자연과 문화　**핵심 용어** 자원

살아가는 데 필요한 자원

우리는 식탁에 둘러앉아 엄마가 차려 주신 맛있는 밥을 먹어요. 연필과 공책으로 공부를 하고, 축구공을 차며 신나게 축구를 하지요. 음식, 식탁, 공책, 연필, 축구공 등 우리의 삶을 편안하고 풍족하게 해 주는 이 모든 것은 무엇으로 어떻게 만들어졌는지 생각해 본 적 있나요? 반찬은 곡식, 고기, 채소 등으로 만들고 연필이나 공책은 나무로 만들어요. 이때 곡식, 고기, 채소, 나무를 자원이라고 합니다.

자원은 자연에 있는 수많은 물질 가운데 사람이 편리하게 생활하는 데 쓰는 것을 말해요. 사람은 그 자원을 기술적·경제적으로 개발해 다양한 제품을 만들어 냅니다.

자원의 종류는 다양해요

자원은 좁은 의미의 자원과 넓은 의미의 자원으로 나눌 수 있어요. 좁은 의미의 자원은 흔히 천연자원이라고 부르는 것들이에요. 석탄, 석유, 삼림, 토지 등이 있지요. 쌀이나 고기, 채소 등 먹을 수 있는 식량 자원도 천연자원에 속해요.

넓은 의미의 자원은 천연자원을 포함해서 사람들의 노동력, 기술, 전통 같은 인적 자원과 예술, 학원, 종교 같은 문화적 자원을 말합니다. 즉 넓은 의미의 자원은 천연자원과 인적 자원, 문화적 자원 모두를 의미합니다.

 **똑똑한 경제**

자원의 종류를 구별해 볼까요?

아침에 일어나서 세수를 하고, 옷을 입고 학교로 걸어가요. 선생님이 수학을 가르쳐 주시고 음악 시간에는 음악실에서 리코더를 불어요. 학교가 끝나면 버스를 타고 태권도 도장에 가서 태권도를 배우거나 학원에 갔다가 집에 오지요. 그럼, 우리는 어떤 자원을 사용하고 있나요? 자원의 종류를 구별해 보세요.

인적 자원　　문화적 자원　　천연자원

 자원은 지역, 새로운 기술의 개발, 경제 환경에 따라 가치가 달라져요. 그것을 가변성이라고 해요.

자원을 아껴야 하는 이유

교과서 6학년 1학기 3단원 우리나라의 경제 발전 **핵심 용어** 천연자원

> • **천연자원** 자연에 있는 것으로 사람들의 생활이나 생산 활동에 이용할 수 있는 물자나 에너지를 말한다.

자원을 아끼고 있나요?

양치질할 때 컵에 물을 받아서 사용하나요? 아니면 그냥 물을 틀어 놓고 양치를 하나요? 방에서 잠깐 나갈 때 불을 끄고 나가나요? 음식을 다 먹지 않고 버리거나 다 쓰지 않은 노트를 버린 적은요? 이런 일로 부모님께 주의를 받은 적이 있을 거예요. 물을 아껴 써라, 불을 끄고 다녀라, 음식을 남기지 마라 같은 이야기 말이지요. 부모님이 이러시는 것은 단지 돈이 낭비되기 때문만은 아니에요.

자원이 사라지고 있어요

지구에 사는 우리는 오랜 시간 자원을 이용해 왔어요. 석유나 석탄 같은 천연자원을 이용해 다양한 제품을 만들며 경제를 발전시켰지요. 덕분에 사람들의 삶은 편안하고 풍족해졌어요. 하지만 천연자원은 점점 줄어들고 있지요. 우리가 편리하게 사용해 왔던 석유나 석탄, 철광석, 천연가스 같은 자원은 수십 년 후 모두 사라져 버릴 거예요. 천연자원이 사라져 버리면 어떤 일이 일어날까요? 먼저 석유를 원료로 하는 자동차나 비행기 등 많은 교통수단이 운행을 멈출 거예요. 또 에너지를 만드는 천연자원이 부족해지면 전기, 열 에너지를 더 이상 사용할 수 없을 거예요. 결국 지금처럼 편하게 사는 것이 어렵게 되지요. 따라서 우리는 제한된 자원을 아끼며 사용하는 동시에 환경을 해치지 않는 새로운 에너지를 개발하기 위해 힘써야 해요.

똑똑한 경제

자원을 절약하는 방법은?

다음 중 자원 절약을 실천한 사람에게 동그라미 해 볼까요?

- **시윤** 오랜만에 가족들과 뷔페에 갔는데 배가 너무 불러서 음식을 남기고 왔어.
- **도윤** 아빠와 차를 타고 가고 있는데 틀어 놓은 에어컨이 너무 추워 창문을 열었어.
- **예린** 유통 기한이 지난 우유를 먹으면 배탈이 날까 봐 싱크대 배수구에 버렸어.
- **상준** 집에서 오랫동안 안 쓰는 플러그의 코드를 빼 놓았어.

 세계 여러 나라가 산업화, 도시화가 되면서 자원을 이전보다 훨씬 많이 사용해요. 사람들의 지나친 소비까지 더해져 환경 파괴도 심각해졌어요.

클립 하나로 집을 얻은 사람이 있다고요?

• **물물 교환** 돈이 아닌 물건과 물건을 직접 교환하는 일을 말한다.

교과서 4학년 2학기 2단원 필요한 것의 생산과 교환 | 핵심 용어 물물 교환

필요한 것을 서로 바꿔요

친구와 서로 필요한 물건을 바꾼 적 있나요? 여기 연필만 여러 개 가지고 있는 친구와 지우개만 여러 개 가지고 있는 친구가 있어요. 연필을 가지고 있는 친구는 지우개가, 지우개를 가지고 있는 친구는 연필이 필요했어요. 그렇다면 이들은 어떻게 하면 좋을까요? 각자가 가지고 있는 물건을 서로 교환하면 돼요. 교환을 하면 지우개나 연필을 따로 사지 않아도 되겠지요. 이처럼 각자 안 쓰는 물건을 상대방의 물건과 바꾸면 돈과 물건, 그리고 시간도 절약할 수 있어요.

클립 하나로 할 수 있는 일은?

물물 교환으로 집을 얻은 남자가 있어요. 바로 캐나다에 사는 대학생 카일 맥도날드예요. 카일은 문득 책상에 있던 큰 빨간색 클립을 보며 고민했대요. 이 클립으로 뭔가 큰일을 해낼 수 있을지 말이에요. 카일은 빨간색 클립을 인터넷에 올려 물물 교환할 것을 제안했어요. 처음엔 물고기 모양 펜과 바꿨어요. 이후 우스꽝스런 모양의 문 손잡이, 캠핑용 난방 장치, 발전기, 2인용 야크 여행권, 큐브밴, 음반 계약서와 교환했어요. 마지막엔 1년 동안 살 수 있는 2층 집까지 얻게 되었답니다. 클립 하나로 시작한 물물 교환으로 집까지 얻었다니 대단하지 않나요?

이 모든 게 물물 교환으로 이루어졌어!

똑똑한 경제

물물 교환에 도전해 볼까요?

여러분이 가지고 있는 물건을 떠올려 보세요. 그 물건을 다른 물건과 바꾸고, 또 다른 물건과 바꾸면 마지막에 어떤 물건을 얻을 수 있을까요? 물물 교환의 과정을 떠올려 본 다음 아래 빈칸에 적어 보세요.

열쇠고리랑 뭐랑 바꿀 수 있을까?

《빨간 클립 한 개》는 클립 하나로 떠오른 생각이 집을 얻게 해 주었다는 이야기예요. 때로 우리는 창의적인 상각이 필요해요. 이러한 기발한 생각은 우리의 삶을 편안하게 바꾸기도 한답니다.

노인은 늘고 아이는 줄었다고요?

- **고령화** 의료 기술의 발달과 고른 영양 상태로 한 사회에서 노인의 인구 비율이 높아지는 상태를 말한다.
- **저출산** 아이를 적게 낳는 것.

교과서 4학년 2학기 3단원 사회 변화와 문화의 다양성 　핵심 용어 고령화, 저출산

경제 성장으로 수명이 늘어났어요

통계청 자료에 따르면 1970년에는 남자의 평균 수명이 58.7세고 여자의 평균 수명은 65.6세였어요. 2013년에는 남자가 78.5세로 늘어났고 여자의 평균 수명은 85.1세로 늘어났어요. 요즘은 사람들의 수명이 더 늘어나고 있지요. 수명이 이처럼 급격히 늘어난 이유는 무엇일까요? 첫 번째 이유는 빠른 경제 성장으로 국민의 영양 상태가 좋아졌기 때문이에요. 두 번째 이유는 의료 기술이 발달했기 때문이에요. 누구나 치료를 받을 수 있어 건강하고 오래 살 수 있게 되었답니다.

노인 인구는 늘어나고 출산율은 떨어졌어요

우리나라뿐 아니라 전 세계적으로 노인의 인구가 늘어나고 있어요. 이런 현상을 고령화라고 해요. 노인 인구는 늘어났지만 젊은 사람들의 인구는 줄어들고 있지요. 젊은 사람들은 경제 활동을 하는 중요한 노동력을 제공해요. 그래서 젊은 사람이 줄어들면 그만큼 일할 사람이 줄어들게 되어 국가 경제에 좋지 않지요. 또 노년층이 늘어나면 의료비 같은 복지 비용이 증가해 젊은 층의 부담이 커져요. 그러면 소비와 투자가 줄어들지요. 더욱 심각한 것은 태어나는 아이도 점점 줄어들고 있는 거예요. 출산율이 떨어지면 그만큼 국가 경쟁력에도 좋지 않은 영향을 미쳐요.

똑똑한 경제

출산율이 떨어지면?

다음 중에서 고령화, 저출산 사회와 관련이 없는 내용을 골라 보세요.

ㄱ. 학생 수가 부족해 없어지는 학교가 생겨요.
ㄴ. 일하는 직원들의 나이가 점점 높아져요.
ㄷ. 회사에는 일할 사람이 부족해져요.
ㄹ. 지하철이나 거리에는 젊은 사람들보다 나이 든 사람이 더 많아져요.
ㅁ. 인구 증가로 일하는 사람이 늘어나요.

"저출산 고령화 현상으로 인해 2021년부터 노동력이 부족해지고 노동 인구가 줄어듦에 따라 소비와 투자가 줄어들 것으로 예상하고 있습니다."

ㅁ 答

세계에서 인구가 가장 많은 나라는 중국이에요. 중국의 인구는 2021년 기준 약 14억 4천 5백만 명이에요.

예금의 종류는 어떤 게 있나요?

- **예금** 일정한 계약에 의해 은행에 돈을 맡기는 일을 말한다.
- **원금** 빌려 주거나 맡긴 돈에 이자가 붙지 않은 원래의 돈을 말한다.

교과서 4학년 2학기 2단원 필요한 것의 생산과 교환 **핵심 용어** 예금, 원금

은행에 돈을 맡겨요

우리는 용돈을 돼지 저금통에 저금하거나 은행에 저축해요. 은행에 돈을 맡기는 것을 예금이라고 해요. 예금의 종류는 은행에 돈을 어떤 형태로 맡기느냐에 따라 달라요. 용돈이나 생활비처럼 자주 사용하는 돈은 보통 예금으로 맡겨요. 보통 예금은 맡기는 기간이 짧고 돈을 찾는 게 자유롭기 때문이지요. 은행 창구나 자동 지급기에서 편리하게 돈을 맡기거나 찾을 수도 있어요. 보통 예금은 편리하고 입금과 출금이 자유로운 만큼 많은 사람이 이용해요.

다양한 예금의 종류

비교적 많은 돈인 목돈이 들어왔을 때도 보통 예금에 맡기는 게 좋을까요? 그럴 때는 정기 예금으로 맡기는 것이 좋아요. 정기 예금은 예금이 끝나면 원금과 함께 이자를 주는데, 보통 예금 이자보다 더 많이 주지요. 대신 중간에 돈이 필요해서 돈을 찾는다면 받기로 한 이자를 전부 받지는 못한다는 단점이 있어요.

매달 같은 날짜에 일정한 돈을 저금하는 적금 상품도 있어요. 보통 1년, 3년, 10년으로 기간을 정하고 한 달에 한 번 정해진 날짜에 일정한 돈을 저금해요. 이것을 정기 적금이라고 해요. 정기 적금은 큰돈을 마련하기 위해 주로 이용해요. 정기 적금 역시 다른 예금보다 이율이 조금 높아요.

똑똑한 경제

은행에 돈을 맡기면 이자가 생겨요

은행에는 다양한 예금 상품이 있어요. 다음에서 설명과 예금의 종류를 알맞게 연결해 보세요.

ㄱ. 짧은 기간 은행에 맡기는 돈으로 입출금이 자유로워요.   ① 정기 적금

ㄴ. 매달 정해진 날짜에 일정한 금액을 은행에 맡겨요.   ② 보통 예금

ㄷ. 목돈을 정해진 기간 동안 맡겨 놔요.   ③ 정기 예금

답 ㄱ-②, ㄴ-①, ㄷ-③

 어린이 통장을 만들려면 가족관계증명서, 기본 증명서, 보호자 신분증, 통장 만들 사람의 도장이 필요해요. 은행은 어린이 고객을 위해 캐릭터가 그려진 다양한 통장을 만들기도 해요.

산업의 종류는 다양해요

교과서 6학년 1학기 3단원 우리나라의 경제 발전 핵심 용어 산업

- **산업** 사람들이 살아가면서 필요한 재화나 서비스를 만들어 내는 모든 경제 활동을 말한다.

생산 활동이 곧 산업이에요

어떤 일을 해서 돈을 벌 수 있을까요? 농사를 짓는 일, 버스나 택시를 운전하는 일, 학생을 가르치는 일, 물건을 파는 일 등 사람들은 다양한 일을 해서 돈을 벌고 생활합니다. 산업이 발전해야 경제가 발전한다고도 해요. 산업은 모든 생산 활동을 가리키는 말인데, 산업이 여러 분야로 발달한 만큼 일이 다양해져요. 산업은 어떤 생산 활동을 하느냐에 따라 종류가 여러 가지로 나뉘어요.

다양한 산업이 있어요

산업은 1차 산업, 2차 산업, 3차 산업으로 나뉩니다. 1차 산업은 자연에서 필요한 것을 얻어 내는 활동이에요. 과일을 따거나 곡식을 수확하는 것, 소나 돼지 등 가축을 키워 고기가 우유를 얻는 것과 같은 일을 말해요. 그뿐 아니라 나무를 베는 일도 포함되지요. 2차 산업은 1차 산업에서 얻은 것을 가공하는 일이에요. 나무로 펄프를 만들거나 금속으로 구리선 같은 제품을 생산하는 일이 모두 2차 산업에 속해요. 3차 산업은 사람들의 생활에 편리함을 주는 활동이에요. 물건을 팔고, 영화를 만들어 보여 주는 일 등 사람들에게 서비스를 제공하는 일이 모두 3차 산업이지요.

똑똑한 경제

일과 산업을 연결해 보아요

다음은 일과 산업을 정리한 것이에요. 일에 맞는 산업을 올바르게 연결해 보세요.

ㄱ. 미용실에서 머리 손질을 해 주는 일 　① 1차 산업

ㄴ. 강에 다리를 연결하는 일 　② 2차 산업

ㄷ. 목장에서 소를 키우는 일 　③ 3차 산업

> 영화를 찍는 일도 3차 산업에 속해.

①-ㄷ, ②-ㄱ, ③-ㄴ 답

 4차 산업은 정보, 의료, 교육, 서비스 산업 등 지식 집약적 산업을 통틀어 말해요. 5차 산업은 패션, 오락 및 레저 산업을 말합니다.

물건을 사는 방법이 점점 다양해져요

• **온라인 시장** 시장에 직접 가지 않고 집이나 원하는 장소에서 이용할 수 있는 시장을 말한다. 홈쇼핑, 인터넷 쇼핑 등이 있다.

교과서 3학년 1학기 3단원 교통과 통신 수단의 변화 핵심 용어 온라인 시장

시장에 가면?

시장에 가면 맛있는 음식을 먹고 신기한 물건을 보느라 시간이 가는 줄 모르곤 해요. 시장에는 여러 지역에서 온 신선한 특산품도 있지요. 시장에서는 다양한 물건을 한곳에 모아 팔기 때문에 물건들을 비교하여 구매할 수 있어요. 물건을 파는 사람은 더 좋은 제품을 선보이려고 노력하지요. 덕분에 우리는 더 좋은 제품을 선택할 수 있습니다.

시장에는 재래 시장뿐 아니라 귀금속 시장, 수산물 시장, 한약재 시장, 인삼 시장 등 특정 분야의 제품만 모아 파는 전문 시장도 있답니다.

시장의 모습이 많이 바뀌었어요

예전에는 물건을 사려면 시장에 직접 가야 했어요. 지금은 시장에 가지 않아도 다양한 방법으로 물건을 살 수 있어요. 집에서 TV나 컴퓨터, 전화, 스마트폰 애플리케이션으로 물건을 살 수 있어요. 이것을 홈쇼핑, 인터넷 쇼핑, 모바일 쇼핑이라고 해요. 마음에 드는 물건을 바로 살 수 있고 집으로 배달되니 편리해요.

물론 물건에 문제가 있거나 마음에 안 들면 반품이나 환불할 수도 있어요. 직접 물건을 보면서 살 수 있는 게 아니기 때문에 물건의 정보를 더욱 꼼꼼하게 살펴야 해요.

똑똑한 경제

온라인 시장이 더 편한 이유는?

어디서든 상품을 보고 주문할 수 있는 온라인 시장은 직접 돌아다니는 시장보다 몸이 편해요. 다음 중 온라인 시장에 대한 설명으로 맞는 것을 모두 골라 보세요.

ㄱ. 인터넷이나 휴대폰으로 주문을 할 수 있다.
ㄴ. 원하는 곳에서 물건을 바로 받을 수 있다.
ㄷ. 사고 싶은 물건을 직접 보고 만질 수 있다.
ㄹ. 물건 값을 깎거나 덤으로 더 얻을 수 있다.

ㄱ ㄴ ㄹ

 온라인 쇼핑뿐 아니라 스마트폰으로 은행 업무를 볼 수 있는 모바일 뱅킹이나 모바일 증권 거래 기능은 이제 낯설지 않게 되었어요.

돈을 버는 다양한 방법은?

- **사례금** 어떤 일을 해 주고 대가로 받는 돈을 말한다.
- **월급** 일을 한 대가로 한 달에 한 번 지급받는 돈인 급료를 말한다.

교과서 4학년 2학기 2단원 필요한 것의 생산과 교환 **핵심 용어** 사례금, 월급

용돈을 받아요

여러분은 어떻게 용돈을 받나요? 아마 특정한 날마다 부모님에게 돈을 받거나 심부름을 해서 용돈을 받을 거예요. 동생을 잘 돌보았을 때, 신발 정리를 했을 때 또는 부모님과 한 약속을 잘 지켰을 때도 용돈을 받을 수 있지요. 아직 직접 사회에 나가 일을 해서 돈을 벌 수 없기 때문에 용돈 말고 돈을 벌 수 있는 방법은 적을 거예요. 하지만 어른들은 다양한 방법으로 돈을 벌 수 있지요.

돈을 버는 다양한 방법이 있어요

많은 어른이 직장에서 일한 대가로 임금을 받아 생활합니다. 근로자가 노동의 대가로 회사(사용자)로부터 보수를 받는 거지요. 또 상인들은 물건을 팔아 이윤을 남기면서 돈을 벌어요.

변호사, 의사, 회계사 같은 사람들은 맡은 일을 처리해서 보수를 받아요. 교사나 강사는 학생들을 가르치는 일로 돈을 벌지요. 가정 형편이 어려운 사람들은 국가로부터 돈을 지원받기도 해요. 밥을 먹고 편한 곳에서 잘 수 있도록 국가에서는 최저생계비 등을 지원해 주어요. 또 가족으로부터 물려받은 재산으로 돈이 생길 수도 있고, 건물이나 부동산이 있는 사람들은 임대 수익으로 돈을 벌기도 하지요. 이처럼 사람들이 돈을 버는 방법은 다양합니다.

 **똑똑한 경제**

돈을 버는 방법은?

친구 셋이 돈 버는 방법을 얘기하고 있어요. 돈을 버는 방법을 잘못 알고 있는 친구는 누구일까요?

- **도윤** 어제 아빠 구두를 닦아서 용돈을 받았어.
- **예린** 나는 얼마 전에 옆집 할머니가 잃어버린 개를 찾아 드렸는데 할머니가 고맙다며 돈을 주셨어.
- **시윤** 나는 동생이 가지고 있는 용돈을 잃어 버릴까 봐 나한테 달라고 했어.

답 시윤

 일반 상거래나 해외와의 무역 거래 등 나라에서는 모든 돈의 이동을 관리하고 있어요. 세금을 걷기 위한 목적도 있지요.

자본주의가 뭔가요?

> • **자본주의** 이윤을 목적으로 하는 경제 체제로 자본이 시장을 지배하는 것을 말한다. 한국, 미국, 영국, 프랑스 등 많은 나라가 자본주의 사회다.

교과서 6학년 1학기 3단원 우리나라의 경제 발전 **핵심 용어** 자본주의

자본주의 사회란?

우리가 사는 사회에서 열심히 일해서 번 돈은 회사나 국가의 것이 아니라 당연히 일한 사람의 것입니다. 일을 한 사람은 일한 만큼 대가를 받아요. 당연하지만 개인의 능력에 따라 직업을 선택하는 것도 자유롭습니다. 하고 싶은 일을 해서 돈을 벌 수 있지요. 그리고 자신이 원하는 대로 그 돈을 쓸 수 있어요. 집을 사거나 여행을 가는 등 여러 일들을 할 수 있습니다. 다른 사람이나 단체에 기부할 수도 있고 자녀에게 물려줄 수도 있지요. 이처럼 자신의 재산을 자유롭게 사용할 수 있는 사회를 자본주의 사회라고 해요.

개인의 능력에 따라 대가를 받아요

우리나라와 같은 자본주의 사회에서는 개인의 능력에 따라 대가를 받기 때문에 일한 만큼 돈을 벌 수 있어요. 사람들은 월급을 더 많이 주는 직장에 취업하려고 열심히 노력하고 다른 사람과 경쟁해요. 이것은 지역과 국가의 경제 발전으로 이어지지요.

하지만 지나치게 경쟁하다 보니 경쟁에 밀려나는 사람도 생겨요. 또 돈이 최고라 여기는 사회 분위기 때문에 가난한 사람이 무시 당하거나 환경, 사랑 등의 가치가 밀려나기도 해요. 더 큰 문제는 빈부 격차가 커지는 것이에요. 부자는 더 큰 부자가 되고 가난한 사람들은 아무리 일해도 가난을 벗어나기 어려워지는 거예요.

똑똑한 경제

자본주의라는 말은 언제 생겨났을까요?

자본주의라는 개념은 19세기에 생겨났어요. 자본(capital)과 가축(cattle)은 영어의 어원이 같아요. 가축을 재산으로 봤기 때문이에요. 1823년 영국의 새뮤얼 테일러 콜리지라는 작가가 자신이 발표한 《식탁에서의 대화》라는 책에서 "노동자를 부리는 자본가"라는 말을 했어요. 이후 자본주의라는 용어는 영국 작가 윌리엄 새커리가 1854년에 쓴 《뉴컴 일가》에서 처음 사용했어요.

 자본주의 체제에서 가격 결정은 시장의 수요와 공급에 따라 결정돼요. 따라서 시장에서는 자유롭게 경쟁을 하며 물건을 사고팔 수 있어요.

사회주의는 뭔가요?

• **사회주의** 국가가 자원을 모두 관리해 국민에게 일정하게 나누어 주는 경제 체제. 개인보다 사회 전체의 이익을 우선시한다.

교과서 6학년 2학기 1단원 세계 여러 나라의 자연과 문화 핵심 용어 사회주의

개인의 이익보다 전체의 이익을 중시해요

경제 체제는 사람들이 살아가는 데 아주 큰 영향을 미쳐요. 세계의 여러 국가들은 자본주의 경제 체제 또는 사회주의 경제 체제 중 하나를 선택하거나 두 경제 체제를 적절히 섞어 국가를 운영하고 있습니다. 자본주의는 개인의 재산을 인정하고 자유를 보장합니다. 하지만 사회주의 경제 체제는 땅, 건물 같은 재산이나 자원을 개인이 아니라 국가가 관리해 국민에게 나누어 주어요. 모든 경제 활동을 국가가 다 계획하고 운영하지요. 사회주의는 개인의 이익보다 전체의 이익을 중요하게 생각해요.

협동 농장

우리는 함께 일하고 똑같이 수익을 나누지.

사회주의 경제 체제란?

사회주의 경제 체제를 선택한 국가에 사는 사람들은 국가가 운영하는 협동 농장이나 공장에서 일을 해요. 그리고 국가에서는 국민에게 음식이나 각종 생필품들을 나누어 줍니다. 그런데 사회주의 경제 체제는 시간이 지날수록 생산성이 떨어졌어요. 일을 게을리한 사람도 열심히 한 사람도 같은 돈을 받으니 너도나도 일을 열심히 하지 않게 되었기 때문이에요. 일을 안 해도 어차피 받는 보수는 똑같았으니까요. 그래서 생산성이 떨어져 경제 발전이 늦어지기도 해요. 사회주의 경제 체제였던 중국은 자본주의 경제 체제를 받아들여 경제 성장을 이루기도 했어요.

똑똑한 경제

사회주의 경제 체제는 왜 생겨났을까요?

18세기 영국에서 산업 혁명이 일어나고 빠르게 진행된 산업화로 돈을 번 사람들이 많았어요. 반면 공장에서 오랜 노동을 해도 돈을 못 벌고 끼니조차 제대로 때우지 못하는 사람도 많아졌지요. 이것은 곧 사회 문제로 등장했어요. 이러한 불평등을 해결하기 위해 사회주의 경제 체제가 만들어졌답니다. 특정 소수만 이익을 얻는 게 아니라 모두 함께 나누어 가져 불평등을 해결하자는 목적이지요. 19세기에 등장한 마르크스는 이러한 사회적 모순과 갈등을 해결하기 위해 사회주의 이념을 만들었어요.

 1922년부터 1991년까지 유라시아 대륙 북부에 있는 여러 소비에트 사회주의 공화국으로 구성된 소련은 세계 최초의 사회주의 국가였어요. 이후 1992년 소련이 해체되고 러시아라는 국가가 만들어졌어요.

경제 성장으로 환경이 오염되고 있어요

- **지구 온난화** 탄소 배출이 많아져 지구의 기온이 높아지는 현상.
- **지속** 어떤 상태가 오래 계속되는 것을 말한다.

교과서 6학년 1학기 3단원 우리나라의 경제 발전　**핵심 용어** 지구 온난화, 지속

경제 활동으로 온실가스가 만들어져요

사람들은 재화와 서비스를 만들어 소비하는 경제 활동을 하고 있어요. 경제 활동은 사람들이 살아가는 데 꼭 필요해요. 하지만 경제 활동을 하면서 환경도 나빠지고 있어요. 이산화탄소, 메탄가스, 이산화질소 등이 발생하기 때문이지요. 이런 것들을 온실가스라고 하는데, 주로 물건을 만드는 공장이나 자동차 등에서 나오지요. 온실가스는 지구 온난화 현상을 일으키는 주범이에요. 온난화가 계속되면 세계 곳곳의 기후가 이상해져요. 겨울에 춥지 않거나 여름에 덥지 않기도 하지요. 날씨가 따뜻해지면서 북극의 얼음이 녹아 해수면이 올라가고, 해수면이 올라가면 사람이 사는 육지까지 바닷물이 차서 살 곳을 잃을 수 있어요.

'지속 가능한 성장'으로 환경을 지켜요

과거에는 경제 성장을 위해 석탄과 석유 같은 지하자원을 마구 사용했어요. 수많은 나무를 베고 공장을 많이 지어 물건 생산에 열을 올렸지요. 이때 사람들은 경제를 발전시키려면 환경 파괴는 어쩔 수 없다고 생각했어요. 하지만 그렇지 않아요. 우리는 환경을 지키면서도 경제 발전을 이룰 수 있어요. 이것을 '지속 가능한 성장'이라고 해요. 풍력, 태양광, 조력 등 친환경적인 에너지를 이용해 지속 가능한 성장을 이룰 수 있지요.

똑똑한 경제

지속 가능한 성장을 위해 우리가 할 일은?

- 먼 거리는 대중교통을 이용하고 가까운 거리는 걸어 다니거나 자전거를 이용해요.
- 전등은 꼭 필요할 때만 켜고 사용하지 않는 전기 제품의 플러그는 뽑아요.
- 양치 할 때는 수돗물을 컵에 받아서 사용하고 샤워는 5분 안에 해요.

에너지 절약

1992년 세계 여러 나라는 '유엔기후변화협약'을 채택했어요. 환경 오염을 줄이고 경제 발전을 하자는 내용이 담겨 있어요. 우리나라도 1993년부터 참여했어요.

기업가에게 사회적 책임이 있다고요?

- **기업가** 기업을 경영하는 사람.
- **기업가의 사회적 책임** 기업은 무조건 이익을 좇기보다는 사회에 관심을 갖고 책임을 져야 한다는 말이다.

교과서 6학년 1학기 3단원 우리나라의 경제 발전 **핵심 용어** 기업가, 기업가의 사회적 책임

기업은 어떤 역할을 하나요

많은 어른들이 직장에 다니며 생산 활동을 하고 있습니다. 사람들에게 일자리를 주는 곳이 바로 기업이에요. 기업은 돈을 벌기 위해 재화나 서비스를 만들어 파는 조직을 말해요. 기업 중에는 삼성과 LG 같은 대기업도 있고 규모가 작은 중소기업도 있습니다. 학교 앞 문구점이나 아이스크림 가게도 모두 기업이지요. 기업이 잘 운영되어야 안전한 일자리가 생기고 지역 사회와 국가가 발전하는 데도 도움이 됩니다.

기업이 돈 버는 일만 하지는 않아요

기업이 잘 운영되기 위해서는 훌륭한 기업가가 필요합니다. 기업가에게는 기업을 운영하는 데 꼭 필요한 것이 있어요. 기업가는 새로운 일에 주저하지 않고 도전하는 정신이 필요해요. 다른 사람이 생각하지 못했던 반짝이는 아이디어도 필요하지요. 이 혁신적이고 창의적인 정신을 기업가 정신이라고 합니다.

기업가는 또 사회적 책임을 져야 해요. 사회적 책임이란 기업에서 일하는 근로자의 권리를 보호하고 근로자가 나쁜 환경에서 일하지 않도록 안전한 환경을 제공해야 하지요. 제품을 만들면서 환경 파괴를 일으키지 않는지, 소비자가 제품으로 피해를 입지 않는지 살펴야 해요.

똑똑한 경제

기업가의 역할은 무엇인가요?

다음 대화를 보고 기업가의 역할을 잘못 알고 있는 사람을 골라 보세요.

- **서연** 기업가는 혁신적이고 창의적인 정신을 가져야 해.
- **다현** 기업가는 근로자의 권리를 보호해야 해.
- **해준** 기업가는 근로자에게 월급을 주기 위해선 어떤 방법으로든 이익을 내야 해.

정답: 해준

 기업가는 기업에 투자한 주주에 대한 책임도 져야 해요. 회사의 이익을 공개하고 불법을 저지르지 않는 투명한 경영을 해야 하지요.

공정거래위원회는 어떤 일을 하나요?

교과서 6학년 2학기 3단원 인권 존중과 정의로운 사회 핵심 용어 공정거래위원회

• **공정거래위원회** 기업 간에 공정하고 자유로운 경쟁이 이루어지도록 한다. 규칙을 만들고 소비자가 피해를 입지 않도록 하는 곳이다.

경제 활동에 문제가 생긴다면?

친구랑 싸운 다음 화해가 어렵다면 어떻게 해야 할까요? 다른 친구나 부모님, 선생님에게 도움을 구할 거예요. 스포츠 경기에서는 어떨까요? 반칙하는 선수가 있으면 선수끼리 다투나요? 아니에요. 심판이 경기를 중단시키고 규칙에 따라 반칙인지 아닌지 판단하지요. 일상생활에서도 경제 활동에서도 불공정하거나 불공평한 일이 생기기 마련이에요. 이럴 때는 국가가 나서서 문제를 해결한답니다.

경제 활동의 심판자, 공정거래위원회

개인이나 기업은 서로 경쟁하면서 자유롭게 경제 활동을 할 수 있습니다. 그런데 때로는 문제가 생기기도 해요. 이럴 때는 정부에서 여러 가지 법과 제도로 문제를 해결합니다. 경제 활동에 문제가 생겼을 때는 공정거래위원회가 스포츠 경기의 심판 같은 역할을 해요. 간혹 기업끼리 담합해서 물건 값을 올리는 경우가 있어요. 소비자에게 피해를 주는 행위이지요. 이러한 행위를 못하도록 공정거래위원회가 감시를 한답니다. 또 기업에서 만든 물건으로 소비자가 피해를 보지 않도록 보호해요. 대기업과 중소기업이 공정하게 경쟁할 수 있도록 돕기도 하지요. 이처럼 공정거래위원회는 공정하고 자유로운 경쟁이 이루어지도록 규칙을 만들고 기업들이 규칙을 잘 지키는지 감시하는 역할을 합니다.

똑똑한 경제

공정거래위원회의 역할

다음을 보고 공정거래위원회의 역할이 아닌 것을 골라 보세요.

ㄱ. 기업들이 공정한 경쟁을 할 수 있도록 한다.
ㄴ. 중소기업이 자유롭게 경쟁할 수 있도록 한다.
ㄷ. 기업의 제품이 잘 팔릴 수 있도록 한다.
ㄹ. 소비자가 피해를 입지 않도록 한다.

 공정거래위원회는 국무총리 소속의 중앙 행정 기관이에요.

세금은 누가 정하나요?

교과서 6학년 1학기 3단원 우리나라의 경제 발전　핵심 용어 조세 법률주의

- **조세 법률주의** 국가는 법률이 정한 대로 국민에게 세금을 거둘 수 있다는 뜻으로, 국민은 세금을 내는 데 강요받지 않는다는 원칙을 말한다.

옛날에는 세금을 누가 정했을까요?

옛날에도 백성들은 국가에 세금을 냈습니다. 주로 왕이 세금을 정했지요. 좋은 왕은 거두어들인 세금을 힘들게 사는 백성들을 위해 쓰기도 했지만 몇몇 왕들은 궁을 짓거나 자신들의 오락을 위해 세금을 걷기도 했습니다. 이 때문에 백성들은 자기들이 먹을 것이 없는데도 세금을 내느라 힘든 삶을 살아야 했지요. 하지만 오늘날 민주주의 국가에서는 다릅니다. 나라의 주인은 국민이기 때문에 대통령이라도 자기 마음대로 세금을 정할 수 없어요.

조세 법률주의로 세금을 내요

우리나라의 헌법 제38조에는 "모든 국민은 법률이 정하는 바에 의하여 납세의 의무를 진다."라고 되어 있어요. 이것은 대한민국 국민이라면 누구나 법으로 정한 대로 세금을 내야 한다는 이야기입니다.

또 헌법 제59조에는 "조세의 종목과 세율은 법률로 정한다."라고 되어 있어요. 국가가 세금을 거두기 위해서는 국민의 대표인 국회가 정한 법률에 따라 이루어져야 한다는 뜻입니다. 법으로 정한 금액이나 비율보다 많이 세금을 거둘 수 없다는 뜻이지요. 이러한 법률을 정하는 곳이 바로 국회입니다. 국회에서 정한 법률에 따라 세금을 내는 것을 '조세 법률주의'라고 해요.

똑똑한 경제

세금을 마음대로 정할 수 없어요!

아래에서 세금을 걷는 순서를 나열해 볼까요?

① 정부는 세금을 사용해 국가를 운영합니다.
② 국민은 선거를 통해 국회의원을 뽑습니다.
③ 국민은 국회에서 만든 법률에 따라 정부에 세금을 냅니다.
④ 국회에서 국회의원들은 세금을 어떻게 쓸지 법률로 정합니다.

국회의사당에서 국회의원들이 모여 법을 만들고 고쳐.

답 ②④③①

 법을 만드는 국회는 입법부로, 의회라고도 불러요. 국회의원은 법을 만들고 고치는 일을 하지요.

대가 없이 생산 활동을 한다고요?

• **생산 활동** 물건을 만드는 데 필요한 활동을 말하며 소득도 얻는다. 가정이나 학교에서 대가 없이 만족을 주는 활동도 생산 활동이라고 한다.

교과서 4학년 2학기 2단원 필요한 것의 생산과 교환 핵심 용어 생산 활동

집안일도 생산 활동이라고요?

사람들은 돈을 벌기 위해 일터에 나가 물건을 만들거나 서비스를 제공해요. 이것을 생산 활동이라고 합니다. 부모님이 집에서 빨래를 하고, 설거지를 하고, 청소를 하고, 가족을 돌보는 일은 돈을 벌기 위해 하는 활동이 아니지만 이것도 생산 활동이에요. 대가가 없다고 해서 아무도 빨래, 설거지, 청소를 안 하면 집안이 엉망이 될 거예요. 집안일은 돈이나 대가를 받지 않더라도 살아가는 데 꼭 필요한 활동이므로 생산 활동이랍니다. 눈에 보이지 않아도 누군가에게 만족을 준다면 생산 활동인 것이지요.

학교 화단에 물을 주는 것도 생산 활동이에요!

가정에서 하는 생산 활동이 많지만 사회에서 대가를 받지 않고 하는 생산 활동도 많아요. 무료 급식 봉사를 하는 일, 마을 청소를 하는 일, 더려운 처지에 놓인 사람들을 돌보는 일 등 봉사 활동도 대가를 받지 않는 생산 활동이랍니다.

어린이들도 학교에서 생산 활동을 하고 있습니다. 반 친구들과 학교 운동장 쓰레기를 줍거나 화분에 물을 주는 일, 화단을 가꾸는 일, 학급에서 반장 활동을 하는 일 모두 생산 활동입니다. 이처럼 사람들은 누구나 사회에 필요한 생산 활동을 하고 있답니다.

책을 읽거나 읽어 주는 것도 생산 활동!

똑똑한 경제

생산 활동을 골라 볼까요?

다음을 보고 생산 활동과 성격이 다른 내용을 골라 보세요.

① 지난 주말에 엄마 아빠랑 서울역에 가서 급식 봉사 활동을 했어.
② 나는 어제 이모와 쇼핑 센터에 가서 새 신발을 샀어.
③ 어제 학교에서 화단에 심어 놓은 꽃게 물을 주었어.

무럭무럭 자라렴.

정답 ②

생산 활동은 성격에 따라 1차 산업, 2차 산업, 3차 산업 등으로 나눌 수 있어요.

지금은 4차 산업 혁명의 시대!

• **4차 산업 혁명** 인공지능 기술, 빅데이터, 드론, 사물 인터넷 등 최첨단 기술로 사회, 경제에 큰 변화를 미치는 것을 말한다.

교과서 3학년 1학기 3단원 교통수단의 발달과 생활 모습의 변화 핵심 용어 4차 산업 혁명

4차 산업 혁명이 일어났어요

시간이 흐를수록 사람들이 생계를 위해 하는 생산 활동의 모습도 바뀌어 왔습니다. 아주 오래전에는 주로 농사를 지으며 생계를 이어 나갔고, 지금은 다양한 활동을 하며 의식주를 해결하고 있지요. 수렵과 채집 활동에서 시작된 산업은 1차, 2차, 3차 산업을 거쳐 4차 산업의 세계로 들어섰어요. 오늘날 우리 삶에 깊숙이 들어와 있는 4차 산업은 정보 통신 기술과 함께 발전했습니다.

4차 산업 혁명과 우리의 미래

4차 산업 혁명으로 사람들의 생활이 더욱 편리해졌어요. 이전에는 사람이 기계를 움직였다면 이제는 기계 스스로 상황을 판단하고 움직여 문제를 해결해요. 또 기계가 다른 장치와 연결되어 산업 현장에서 생산성이 높아졌지요.

대표적인 4차 산업 혁명의 첨단 기술에는 사람이 못 가는 곳에 직접 들어가 일을 하거나 현장 상황을 전하는 드론, 모양과 성능을 그대로 빠른 속도로 본떠 만드는 3D 프린터, 입는 로봇인 웨어러블 로봇, 스스로 생각하는 인공지능 등이 있어요. 첨단 기술은 올바르게 사용하면 사람들의 삶을 더욱 풍요롭게 만들 거예요. 하지만 사람들의 사생활이 유출되거나 범죄에 이용될 위험이 있으니 주의해야 해요. 앞으로 다가오는 4차 산업 혁명을 지혜롭게 받아들이는 자세가 필요합니다.

똑똑한 경제

가상 현실에서 물 공포를 이길 수 있다고요?

실제 존재하지 않는 가상의 세상을 가상 현실(VR)이라고 해요. 가상 현실은 컴퓨터가 만들어 놓은 세계예요. 가상 현실 속에서 사람들은 실제 상황과 같은 여러 가지 체험을 할 수 있어요. 가상 현실로 할 수 있는 일은 많아요. 물을 무서워하는 사람들이 가상 현실을 통해 치유할 수 있고, 우주 공간도 만들어 내 실제와 같은 우주 체험도 할 수 있어요.

진짜 우주선에 앉아 있는 것 같아.

 방사능에 노출되었거나 재난이 발생해서 위험한 지역이라도 드론을 이용하면 갈 수 있어요. 드론으로 구호 물품을 전달하고 드론에 달린 카메라를 이용해 위험 지역의 상황을 알 수 있어요.

3장

역사를 바꾼 경제

세금 때문에 독립한 나라가 있다고요? 경제는 하나의 국가뿐 아니라 세계의 역사를 바꾸기도 한답니다. 화폐의 사용과 함께 상업이 발달했어요. 더 좋은 물건을 찾기 위해 새로운 땅을 탐험하기도 했지요. 인도의 간디는 영국으로부터 인도를 독립시키기 위해 영국 상품 불매 운동을 일으키기도 했답니다. 경제가 어떻게 역사에 영향을 끼쳤는지 함께 살펴볼까요?

필요한 것을 서로 바꾸었다고요?

- **물물 교환** 화폐 없이 물건을 직접 교환하는 것을 말한다.
- **자급자족** 필요한 것을 스스로 만들어 사용하는 것을 말한다.

교과서 4학년 2학기 2단원 필요한 것의 생산과 교환 핵심 용어 물물 교환, 자급자족

고기와 과일을 바꾸다!

간식으로 빵을 가져온 친구와 우유를 가져온 친구가 있어요. 빵만 가져온 친구는 우유가 생각날 테고 우유를 가져온 친구는 빵 생각이 날 테니 서로 반씩 나누어 먹으면 딱 좋겠지요?

이렇게 서로가 원하거나 필요한 물건을 교환하는 일을 물물 교환이라고 해요. 이러한 모습은 화폐가 없었던 원시 시대에 흔히 볼 수 있었던 모습이에요. 토끼를 사냥한 사람과 과일을 딴 사람끼리 서로 물건을 교환하는 것이지요.

자급자족에서 물물 교환으로

아주 오래전 사람들은 필요한 물건을 어떻게 구했을까요? 과일이 먹고 싶으면 직접 나무에서 과일을 따야 했고 고기가 먹고 싶으면 사냥을 해야 했어요. 지금처럼 돈을 주고 살 수 있는 게 아니라 필요한 물건을 스스로 구해야 했어요. 가장 원시적인 경제 활동이라고 할 수 있어요.

사람들 중에는 과일을 따는 사람이 있는가 하면 사냥을 잘하는 사람이 있어요. 사람들은 각자 필요한 것을 구하느라 애쓰기보다는 서로가 가진 것을 바꾸는 게 훨씬 쉽고 편하다는 것을 깨달았어요. 이후 자급자족해서 살던 사람들은 각자 원하는 물건을 갖고 있는 사람을 찾아가 물건을 바꾸는 물물 교환을 하게 되었답니다.

똑똑한 경제

친구와 물물 교환을 해 보아요!

필요한 물건이 있다면 스스로 만들어 사용하는 것을 '자급자족'이라고 해요. 연필이나 공책처럼 필요하지만 우리가 직접 만들기 힘든 물건들이 있어요. 이럴 때 '물물 교환'으로 해결할 수 있어요. 지우개는 여러 개 있지만 공책이 없을 때, 지우개가 없는 친구에게 지우개를 주고 공책을 받을 수 있겠지요. 친구가 바꿔 준다면 물물 교환에 성공한 거예요!

 고기 한 덩이와 과일 한 개의 값어치가 같을까요? 얼마만큼의 고기와 과일을 바꾸어야 알맞게 맞바꿀 수 있을까요? 이런 문제를 해결하기 위해 화폐가 등장했어요.

우리나라 최초의 주화는?

• **주화** 쇠붙이를 녹여 만든 화폐. 우리나라 최초의 화폐는 고려 초기에 만들어진 건원중보이다.

교과서 5학년 2학기 1단원 옛사람들의 삶과 문화 **핵심 용어** 주화

화폐는 언제 처음 사용했을까요?

우리나라에서 최초로 만든 화폐는 무엇일까요? 또 화폐가 처음 나왔을 때 사람들은 잘 사용했을까요?

첫 화폐는 고려 시대에 나왔어요. 고려 성종 때(996년)에 만든 '건원중보'라는 화폐입니다. 쇠붙이를 녹여 만든 주화인데, 철로 만들었다 해서 이를 철전이라고 불렀어요. 건원중보는 모든 거래에 쓰이지 못했어요. 주로 술과 음식 또는 차를 파는 식당에서만 쓰였습니다.

잘 사용되지는 않았어요

화폐가 생겨도 사람들은 여전히 쌀이나 포화(베) 등으로 물건을 사고팔았어요. 화폐로 거래하는 게 익숙하지 않아서였지요. 사람들이 잘 쓰지 않아 시중에 널리 유통되지 않았어요. 또 철로 만들었던 터라 쉽게 녹이 슬었지요. 이러한 점을 보완해 고려 숙종 때 대각국사 의천의 건의로 구리로 만든 해동통보를 제작했어요. 우리나라에서 처음으로 쓴 엽전입니다. 하지만 해동통보 역시 유통이 잘되지 않았지요. 이에 양반과 군인에게 나누어 주어 사용하게 했어요. 이런 노력에도 잘 쓰이지 않아서 사라졌지요.

해동통보와 비슷한 시기에 만들어진 동전으로 건원중보를 비롯한 동국통보, 동국중보, 해동원보, 삼한통보 등이 있어요.

똑똑한 경제

화폐의 이점

화폐를 사용하기 전에는 쌀이나 포화 등을 이용해 값을 지불했어요. 비싼 물건을 사기 위해서는 무거운 쌀을 옮겨야 하는 불편함이 있었지요. 이와 비교해 화폐는 어떤 이점이 있을까요? 다음 내용을 보고 화폐에 대한 설명으로 틀린 것을 골라 보세요.

ㄱ. 화폐는 가지고 다니기 편리해요.
ㄴ. 화폐로 모든 물건을 살 수 있어요.
ㄷ. 고려 시대에 쓰인 건원중보는 많은 백성이 이용했어요.

ㄴ, ㄷ

 해동통보의 동전의 모양을 보면 하늘은 둥글고 땅은 네모지다는 동양적 사고가 들어가 있어요.

주식회사는 어떻게 만들어졌을까요?

- **수익** 이익을 얻는 것을 말한다.
- **주식회사** 주식 발행을 통해 여러 사람으로부터 자본을 조달받는 회사.

교과서 6학년 2학기 1단원 세계 여러 나라의 자연과 문화　**핵심 용어** 수익, 주식회사

배에 금과 은을 싣고 오다

15세기 유럽은 해외 진출을 꿈꾸며 대항해 시대를 열었어요. 영국, 에스파냐, 프랑스 등 유럽 여러 나라들은 콜럼버스를 비롯한 여러 항해가들을 보내 인도로 가는 지름길을 찾으려고 했어요. 콜럼버스는 유럽인 최초로 아메리카 대륙을 발견했고, 많은 유럽인들은 아메리카 대륙으로 이주했어요. 또 아메리카와 인도 등 아시아에서 나는 금과 은, 향신료 같은 물건들을 유럽으로 가져오기 위해 여러 배들이 떠났지요. 그런데 문제가 생겼어요. 아시아로 가거나 유럽으로 돌아오는 길에 폭풍우를 만나 배들이 침몰한 거예요.

주식회사의 등장

유럽에서 아시아 또는 아메리카로 가는 선박의 비용은 엄청 비쌌어요. 배를 띄우려면 전 재산을 쏟아부어야만 했어요. 하지만 아시아를 다녀오는 데 성공하면 떼돈을 벌기 때문에 상인들은 항해를 포기할 수 없었어요. 그래서 배가 사고 났을 때 받는 피해를 줄이기 위해 여러 상인이 돈을 모아 배를 띄웠지요. 배가 무사히 다녀오면 투자한 만큼 수익을 나누어 갖는 방식이었어요. 이때 상인들은 자신이 돈을 얼마나 냈는지 증서를 만들어 나누어 가졌어요. 이렇게 생겨난 것이 바로 주식이에요. 오늘날 기업은 대부분 주식회사인데 이와 같은 원리로 운영되고 있답니다.

똑똑한 경제

주식의 주인은 바로 주주

주식회사는 어느 한 명이 소유한 회사가 아니에요. 여러 주주가 모여서 만든 회사로, 주주들은 주식을 나누어 갖고 있지요. 다음 설명 중 주식회사에 대해 틀린 것을 골라 보세요.

ㄱ. 1602년 네덜란드에서 동인도회사가 설립되면서 주식회사라는 개념이 처음 생겨났어.
ㄴ. 주식의 주인인 주주는 자신이 낸 돈의 비율만큼 수익을 가져갈 수 있어.
ㄷ. 주식회사의 회장은 회삿돈을 마음대로 쓸 수 있어.
ㄹ. 여러 명이 돈을 모아 만든 게 주식회사야.

ㄷ 팜

 주주는 주식의 주인이라는 뜻이에요. 주식은 다른 사람에게서 살 수도 있고 팔 수도 있어요. 인기가 좋은 주식은 비싼 값에 팔렸지요. 17세기 유럽에서 가장 인기 있었던 주식은 향신료를 실어 나르던 동인도회사의 주식이었어요.

최저 임금 제도가 왜 중요한가요?

• **최저 임금 제도** 국가가 낮은 임금의 근로자를 보호하기 위해 법으로 임금의 최저액을 정해 놓은 제도를 말한다.

교과서 6학년 1학기 3단원 우리나라의 경제 발전 **핵심 용어** 최저 임금 제도

일한 만큼의 대가를 받지 못한다면?

사람들은 일을 하고 그 대가로 임금을 받습니다. 받은 임금으로 의식주 생활을 하며 살아가요. 만약에 하루에 10시간 넘게 일을 하고도 점심 한 끼를 사 먹기도 어려우면 어떻게 될까요? 실제로 다른 나라에서는 이런 일이 일어나고 있어요. 아시아와 아프리카에 위치한 몇몇 나라에서는 하루 종일 일을 하고도 우리 돈으로 천 원 정도 되는 임금을 받고 있어요. 일한 것에 비해서 대가가 적다면 공정하지 않은 거겠지요.

최저 임금 제도를 지켜야 해요

근로자에게 임금은 아주 중요해요. 임금으로 생활에 필요한 것들을 구입할 수 있거든요. 우리나라를 포함한 많은 나라에서는 근로자들이 일한 만큼의 적당한 돈을 받을 수 있도록 법으로 정해 놓았어요. 근로자가 일한 만큼 최소한의 대가를 받아야 한다고 정한 제도가 바로 최저 임금 제도예요. 이 제도가 생긴 이유는 근로자를 고용한 고용주가 부당하게 임금을 적게 주는 것을 방지하기 위해서예요. 우리나라도 1989년 정부에서 최저 임금을 법으로 정했어요. 최저 임금은 그 이상을 주라는 것이지, 최저 임금만 주라는 법은 아니란 사실을 기억하세요!

우리나라의 최저 임금

2018년 최저 임금은 7,530원이었어요. 2019년 최저 임금은 8,350원으로 2018년에 비해 10.9%가 올랐어요. 2020년 최저 임금은 8,590원으로 2019년에 비해 2.9%가 올랐고 2021년에는 8,720원으로 전년에 비해 1.5%가 올랐어요. 이렇게 매년 최저 임금 인상률은 달라집니다.

 우리나라의 2021년 최저 임금은 시간당 8,720원, 2022년 최저 임금은 9,160원이에요.

돈이 아닌 다른 지급 수단이 있어요

- **수표** 은행 계좌에 예금을 한 사람이 발행하며 소지인은 수표에 적힌 액수를 받을 수 있다.
- **신용 카드** 신용 판매에 이용되는 카드.

교과서 4학년 2학기 2단원 필요한 것의 생산과 교환 **핵심 용어** 수표, 신용 카드

아주 비싼 물건을 산다면?

우리는 문구점에서 노트나 연필을 살 때 돈을 내요. 오백 원, 천 원, 이만오천 원 등 현금으로 값을 치를 수 있어요. 하지만 상당히 비싼 물건을 살 때는 어떻게 해야 할까요? 자동차나 집, 값비싼 보석을 살 때 현금으로 계산하려면 엄청나게 많은 양의 현금이 필요할 거예요. 돈이 너무 무거워서 들고 다니기 불편해요. 게다가 돈을 안전하게 가지고 다니기도 힘들 거예요. 돈을 세는 시간도 많이 걸리겠지요.

편리한 지급 수단이 많아요

현금을 대신해 지급할 수 있는 편리한 지급 수단으로 수표와 신용 카드가 있어요. 수표는 많은 양의 현금 대신 사용할 수 있어요. 우리가 흔히 볼 수 있는 수표는 '자기앞수표'예요. 자기앞수표는 해당 은행 계좌에 돈이 있는 사람이 계좌에 들어 있는 잔액만큼 발행할 수 있어요. 수표는 일종의 약속과 같아요. 따라서 신용이 확실해야 수표를 만들어 주지요. 수표를 사용하기 위해서는 신분을 밝히고 연락처도 적어야 해요. 또 현금을 대신할 수 있는 지급 수단으로 '신용 카드'가 있어요. 신용 카드는 물건을 사거나 서비스를 이용할 때 현금처럼 사용할 수 있어요. 카드 이용 금액은 한 달에 한 번 정해진 날짜에 신용 카드 회사로 내면 되지요.

현금으로만 물건을 산다면?

똑똑한 경제

신용 카드는 아무나 만들 수 있을까요?

누구나 신용 카드를 만들 수 있는 건 아니에요. 신용 카드 회사는 카드를 만들려고 하는 사람을 꼼꼼히 평가해요. 이 사람이 돈을 갚을 능력이 되는지, 빚이 많지는 않은지 살펴요. 이것을 신용이라고 해요. 카드를 사용한 뒤 카드 회사에 돈을 갚지 않으면 카드 사용을 중지시키기도 해요.

 해외여행을 갔을 때도 신용 카드를 이용하면 편리하지요. 하지만 카드 수수료와 환율을 계산해 보았을 때 돈을 더 내야 할 수 있으니 꼼꼼히 따져야 해요.

통일 신라의 바다를 지킨 장보고

- **장보고** 해적을 무찌르고 국제 무역을 이끈 통일 신라 시대 장군.
- **해상 무역** 거래 물품을 선박으로 운송하는 무역. 통일 신라 시대에 활발.

교과서 5학년 2학기 1단원 옛사람들의 삶과 문화 　**핵심 용어** 장보고, 해상 무역

통일 신라 시대에도 무역을 했어요

과일이나 곡식, 신발, 의약품, 문구류 등은 외국에서 수입한 것들이 많아요. 요즘은 멀리 떨어진 나라와도 쉽게 무역을 할 수 있어요. 우리나라는 언제부터 다른 나라와 활발하게 무역을 했을까요? 바로 통일 신라 시대예요. 고구려·백제·신라의 삼국 시대 이후 신라가 세 나라를 통일한 시대이지요. 통일 신라는 한강 지역을 차지한 뒤 당나라와 무역을 시작했어요. 다른 나라 사람들과 무역을 하기 위해 당나라에 가서 마을을 이루어 살기도 했어요. 신라인들이 모여 사는 곳을 '신라방'이라 했지요.

해적을 무찌르고 바다를 지킨 장보고

통일 신라는 이웃 나라들과 활발하게 무역을 했지만 골칫거리가 있었어요. 바로 해적들이었지요. 해적들은 신라 사람들을 잡아서 당나라에 노예로 팔아 넘겼어요. 또 무역을 위해 값진 물건을 싣고 가는 배도 약탈했지요. 이를 가슴 아프게 지켜본 사람이 있었어요. 바로 장보고였어요. 장보고는 당나라로 건너간 뒤에 군인이 되었다가 완도 청해진으로 돌아와 청해진 대사로 임명되어 군사들을 훈련시켰지요. 그리고 바다를 다니며 해적들을 모두 소탕했어요. 통일 신라는 멀리 서아시아 국가들과도 무역을 시작했어요. 장보고 장군이 바다를 지킨 덕분에 무역이 활발해졌어요. 결국 통일 신라의 문화와 경제도 발전할 수 있었답니다.

해적들이 달아난다!

똑똑한 경제

통일 신라의 무역 활약상!

다음 중 통일 신라 시대 무역에 대한 설명으로 틀린 것을 골라 보세요.

① 통일 신라 시대에는 당나라를 비롯한 서남아시아 국가들과도 활발한 무역을 했어요.
② 장보고는 완도 청해진에서 대사가 된 후 선박을 약탈하는 해적들을 무찔렀어요.
③ 신라인들은 한강 주변에 '신라방'을 만들어 여러 나라와 무역을 했어요.

 신라 38대 왕의 무덤인 원성왕릉을 지키는 여러 석상 중 서남아시아 사람을 본뜬 것으로 추정되는 석상이 발견됐어요. 서남아시아 사람들이 신라에 왔다는 흔적이지요.

튤립으로 벼락부자를 꿈꿨다고요?

• **투기** 기회를 엿보아 더 큰 이익을 보려고 하는 것. 17세기 네덜란드 사람들은 튤립에 투기를 해 더 많은 돈을 벌려고 했다.

교과서 6학년 2학기 1단원 세계 여러 나라의 자연과 문화 **핵심 용어** 투기

튤립의 나라 네덜란드

네덜란드 하면 떠오르는 것이 있나요? 아마 풍차나 예쁜 튤립이 생각날 거예요. 지금은 세계 여러 나라에 튤립이 많아요. 튤립의 원산지는 사실 네덜란드가 아니라 터키랍니다. 17세기 경제적으로 풍요로웠던 네덜란드는 아시아나 아메리카와 해상 무역을 활발하게 했어요. 해상 무역을 통해 터키에 있던 튤립도 유럽에 들여온 것이지요. 튤립의 가격은 다른 꽃보다 비쌌지만 네덜란드 사람들은 처음 본 튤립의 아름다움에 반했지요. 귀족들은 너 나 할 것 없이 튤립을 사다가 정원을 꾸몄습니다.

튤립에 투기를 했던 사람들

시간이 갈수록 튤립의 인기는 높아졌어요. 귀족들은 더욱 아름답고 독특한 모양의 튤립을 찾으려 애를 썼지요. 일반 사람들도 튤립에 관심을 보였어요. 튤립 가격은 하루가 다르게 올라갔어요. 심지어 어떤 튤립은 집을 몇 채나 주고 사야 할 정도로 가격이 비싸졌어요. 이렇게 가격이 오른 튤립은 사람들에게 더는 아름다움을 즐기는 존재가 아닌 돈을 불릴 수 있는 방법이 되어 버렸답니다. 사람들은 전 재산 또는 은행에서 빌린 돈으로 튤립을 미리 사 두었다가 값이 더 올라가면 팔 생각으로 튤립을 사들였어요. 네덜란드 전 국민이 튤립 가격이 오르기만을 기다렸고 투기 열풍이 불었습니다.

똑똑한 경제

튤립에 투기했던 사람들은 어떻게 됐을까요?

어떤 사람은 집을 팔아서 튤립을 사고 또 누군가는 은행에 돈을 빌려 튤립을 사기도 했어요. 하지만 그로부터 3년 뒤 튤립의 가격이 떨어졌어요. 튤립을 사려는 사람이 없어지고 가격도 살 때보다 팔 때 가격이 더 저렴해 결국 팔지 못하고 손해를 보게 되었지요. 튤립 투기 열풍이 지난 뒤에는 은행에 빚을 지거나 집을 팔아 전 재산을 투자한 사람들 모두 빚더미에 앉게 되었어요.

 과도한 투기 열풍은 모든 사람에게 피해를 주어요. 처음에는 새롭고 획기적인 상품에 모두 열광하지만 열기가 식으면 거품이 꺼지듯 모두 사라지고 말아요.

시대별로 발달한 우리나라의 산업은?

> **중화학 공업** 배나 자동차 등 무거운 제품을 만드는 중공업과 석유 화학 공업을 함께 일컫는다. 우리나라는 1970년대부터 중화학 공업이 발달했다.

교과서 6학년 1학기 3단원 우리나라의 경제 발전 **핵심 용어** 중화학 공업

산업의 발달로 생활이 편리해졌어요

비행기를 타고 해외여행을 가거나 스마트폰으로 외국에서 파는 신발을 주문할 수 있어요. 삶이 나날이 풍족해지고 있지요. 오늘날 우리 생활이 편리하고 풍족할 수 있는 이유는 오랜 시간에 걸쳐 다양한 산업이 발달했기 때문이에요. 산업은 시대별로, 지역별로 다르게 발달했어요. 우리나라는 어떤 산업이 발달했을까요?

우리나라는 산업이 발달했어!

산업은 어떻게 발달했을까요?

대한민국은 건국 이후 미국 주도의 경제 원조에 의존해, 산업 발전을 위한 기반이 빠르게 만들어지진 못했어요. 1960년 이전에는 자연을 이용한 산업이 발달했어요. 농업, 임업, 어업이 중심이었지요. 6.25 전쟁이 끝나고 1960년대에는 기술과 자본은 부족했지만 일할 수 있는 사람들은 많았어요. 노동력이 풍부했던 시대지요. 이때는 의류나 신발을 만드는 섬유 산업과 시멘트·비료·정유 산업이 발달했어요. 시간이 지나 기술과 자본을 갖춘 1970년대는 더 정교한 작업이 가능해졌어요. 배나 자동차 같은 기계를 만드는 중화학 공업이 발달할 수 있었지요. 1990년도에 들어서면서 컴퓨터와 반도체, 정보 통신 산업이 발달했어요. 2000년대 이후 오늘날에는 영화, 의료, 관광, 우주 산업 등 서비스업과 첨단 산업이 발달했습니다.

똑똑한 경제

어떤 산업이 발달했을까요?

6.25 전쟁 이후 우리나라는 어떤 산업이 발달했는지 살펴보세요.

- 1960년대 : 섬유·시멘트·비료·정유 산업
- 1970년대 : 배, 자동차를 만드는 중화학 공업
- 1990년대 : 컴퓨터·반도체·정보 통신 산업
- 2000년대 이후 : 영화·의료·관광·우주 산업

우리나라 산업은 농업과 어업 중심에서 공업과 서비스업 중심으로 변화했어요.

우리나라의 경제는 어떻게 성장했나요?

- **경제 성장** 국민경제의 능력이 커지는 일. 국민소득과 국민총생산 같은 국민경제의 기본적 지표가 높아지는 것을 말한다.

교과서 6학년 1학기 3단원 우리나라의 경제 발전 핵심 용어 경제 성장

빠른 경제 성장을 이룬 우리나라

6.25 전쟁을 겪은 우리나라는 세계에서 못사는 나라로 꼽히곤 했습니다. 전쟁으로 많은 사람이 죽고 삶의 터전이 폐허가 된 데다가 먹을 것도 많지 않았지요. 그랬던 우리나라는 세계가 놀랄 정도로 빠르게 경제가 발전했어요. 오늘날의 생활 모습은 꽤 달라졌지요. 1960년대에는 흑백 TV를 이용했는데 이제 컬러 TV는 물론이고 스마트폰으로 언제 어디서든 영화와 드라마를 볼 수 있지요.

옛모습과 달라진 오늘날

경제가 성장하면서 사람들이 사는 집도 많이 달라졌어요. 초가집이나 기와집에서 살았는데 이제는 대부분 아파트나 주택에서 살아요. 옛날에는 작은 울타리나 돌담을 쌓아 집을 지켰다면 요즘엔 보안을 책임지는 사람을 고용하거나 최첨단 장비를 이용해 치안을 유지해요. 교통수단 역시 변화했어요. 더 빠르고 안전해졌을뿐더러 개인이 타고 다니는 자동차 수도 엄청나게 많아졌지요. 학교는 어떤가요? 옛날에는 학생 수가 많아 교실이 좁거나 부족했어요. 한 반에 60명, 70명 이상이 함께 공부하고 심지어 낮에 공부하는 학생, 밤에 공부하는 학생으로 나누어 수업을 들었어요. 오늘날은 한 반에 20명 안팎의 학생들이 모여 공부해요. 교실 환경도 디지털 교육에 맞게 바뀌는 등 변화해 왔답니다.

1968년

2021년

똑똑한 경제

자동차 등록 현황을 보면 경제 발전을 엿볼 수 있어요!

다음 그래프는 '자동차 등록 현황'입니다. 그래프를 통해 우리나라 경제 성장을 가늠해 볼 수 있어요. 경제가 성장하고 소득이 늘어나면서 자동차를 이용하는 사람이 늘었기 때문입니다.

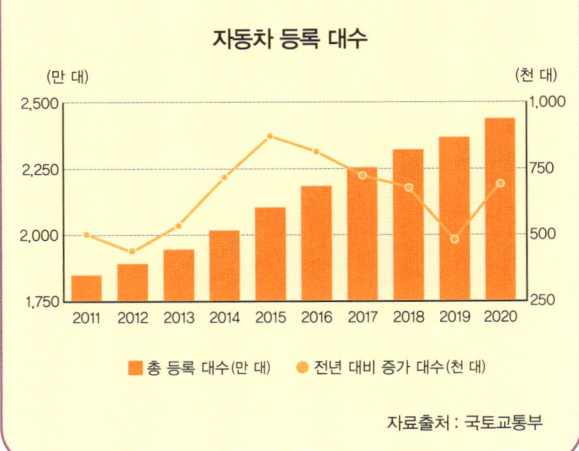

자동차 등록 대수

자료출처: 국토교통부

 1970년대에 쓰던 전화기는 상대방과 바로 통화를 할 수 없었어요. 먼저 전화국에 전화를 걸어 교환원을 거쳐야 상대방과 통화를 할 수 있었어요.

1997년 경제 위기는 왜 일어났나요?

- **외환** 다른 나라와 거래할 때 쓰는 돈과 같은 수단을 말한다.
- **외환 위기** 거래에 필요한 외환이 없어 국가 경제에 큰 타격을 주는 현상.

교과서 6학년 1학기 3단원 우리나라의 경제 발전 **핵심 용어** 외환, 외환 위기

나라에 위기가 닥쳤어요

세계 여러 나라는 혹시 모를 상황에 대비해 비상금을 가지고 있어요. 비상금은 보통 달러로 가지고 있는데 그것을 외환 보유액이라고 해요. 그런데 1997년에 우리나라가 외환 관리를 잘하지 못하자 우리나라 기업들에 돈을 투자한 외국인들이 갑자기 투자금을 거두어들였어요. 게다가 급격하게 이룬 경제 성장으로 생긴 문제들이 곳곳에서 터졌어요. 우리나라는 외환 보유액으로 해결하려고 했지만 돈이 턱없이 부족했어요.

IMF에 돈을 빌렸어요

외환 위기가 닥치자 큰 기업 몇 곳이 문을 닫고 말았어요. 이어 작은 기업들도 줄줄이 문을 닫아야 했지요. 거리에는 직장을 잃은 실업자들로 넘쳤고 물건을 살 사람들이 없자 상점은 문을 닫고 말았어요. 우리나라는 국제통화기금인 IMF에 도움을 요청할 수밖에 없었어요. IMF는 경제 사정이 좋지 않은 나라에 돈을 빌려 주는 국제금융 기구예요. 은행 같은 곳이지만 IMF는 개인이 아닌 국가를 상대한다는 점에서 다르지요. 결국 우리나라는 IMF에 돈을 빌려 급한 일을 해결했어요. 하지만 IMF는 우리나라에 돈을 빌려 주는 대가로 구조 조정 같은 여러 경제 대책을 요구했어요.

똑똑한 경제

전 국민의 '금 모으기 운동'

국민들은 아기 돌반지, 결혼 예물 등 집에 있는 금을 나라에 파는 '금 모으기 운동'을 했어요. 우리나라의 빚이 약 304억 달러였는데 금 모으기에 참가한 국민 351만 명이 모두 227톤의 금을 모았어요. 달러로 환산하면 약 21억 3천만 달러어치였지요. 우리 국민의 금 모으기 운동, 정부와 기업, 국민의 노력 등으로 우리나라는 빠른 시간에 외국에 진 빚을 갚을 수 있었어요.

 1997년 외환 위기를 겪은 우리나라는 2001년이 되어서야 IMF에 진 빚을 다 갚고 위기를 극복했어요.

보험을 꼭 들어야 하나요?

- **보험** 경제적 손해에 대비해서 일정한 돈을 모아 놓았다가 사고 당한 사람에게 일정 금액을 주는 제도.
- **재해** 태풍, 홍수 화재 등의 피해.

교과서 3학년 1학기 3단원 교통과 통신 수단의 변화 핵심 용어 보험, 재해

갑자기 예상치 못한 일이 발생한다면?

누구나 살면서 예상하지 못했던 일을 겪을 수 있어요. 갑작스러운 교통사고와 같은 각종 사고를 겪거나 질병에 걸릴 수도 있지요. 홍수, 폭우, 태풍 같은 자연재해로 피해를 볼 수도 있어요. 우리가 뉴스에서 볼 수 있을 법한 일들은 사실 우리도 언젠가 겪을 수 있습니다. 이러한 일들이 생긴다면 우리는 많은 피해를 볼 수 있어요. 집을 새로 지어야 할 때나 병에 걸렸을 때는 돈이 많이 들지요. 이렇게 많은 돈을 갑자기 준비하기는 힘들 거예요. 그래서 생긴 것이 바로 보험이랍니다.

미래를 위해 보험에 가입해요

보험은 미래에 질병이나 사고가 발생했을 때 생기는 경제적 피해를 보상해 주는 제도예요. 그래서 사람들은 보험에 미리 가입해 매달 일정한 금액의 보험료를 보험 회사에 냅니다. 교통사고와 관련된 보험에 가입한 사람은 나중에 교통사고를 당했을 때 생기는 재산상 피해 금액을 보험 회사로부터 되돌려 받을 수 있어요. 보험의 종류는 다양해요. 크게 생명 보험과 손해 보험으로 나눌 수 있어요. 생명 보험은 여러 가지 사고로 다치거나 질병에 걸렸을 때 보상받기 위한 보험이에요. 손해 보험은 교통사고나 화재 등으로 생기는 피해를 보상해 주어요. 이 외에도 어린이 보험, 치아 보험, 교육 보험 등이 있습니다.

똑똑한 경제

위험에 처했을 때는?

다음 빈칸에 들어갈 용어를 적어 보세요.

미래에 질병이나 사고가 발생했을 때를 대비해 경제적 피해를 보상해 주는 제도를 (　　)이라고 한다.

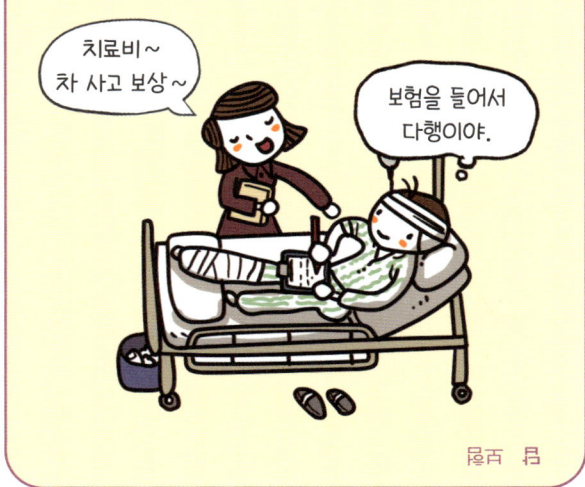

정답 보험

 유럽은 14세기부터 발달한 항해술을 기반으로 많은 해상 무역이 이루어지면서 해상 보험을 만들었어요.

중상주의 경제 정책을 쓴 이유는?

교과서 6학년 1학기 2단원 우리나라의 정치 발전 핵심 용어 중상주의

• **중상주의** 국가가 부를 늘리기 위해 상업을 중요시하면서 수출은 늘리고 수입은 억제하는 경제 정책이다.

중상주의 정책이란?

나라와 나라 사이에 물건을 사고파는 무역도 수입과 수출이 적절히 이루어져야만 각 나라의 경제가 발전하지요. 그런데 15세기에서 18세기 후반까지 유럽 국가 대부분이 수출은 늘리면서 수입은 억제하는 정책을 펼쳤어요. 이것을 중상주의라고 해요. 이 시기에는 모든 사람이 금과 은 등의 화폐를 가장 귀하게 여겼어요. 금과 은이 모여야 나라가 부강해진다고 여겼지요. 중상주의는 금과 은 등을 외국으로 빠져나가지 못하게 만들기 위해 사용한 정책이에요.

중상주의로 왕의 권력을 강화했어요

금과 은을 모으기 위해서 수입해 사용하던 물건도 직접 만들어 썼어요. 수입품에는 관세를 높게 매겨 수입품을 팔리기 어렵게 만들었지요. 중상주의는 국가가 돈을 많이 벌기 위해 나라의 경제 전체를 통제하고 간섭하는 정책이었어요. 상업 활동을 활발히 하도록 권하며 상인들을 관리하고 세금도 직접 받았어요. 하지만 번 돈은 대부분 왕의 힘을 강하게 하는 데 사용되었어요. 농노들은 정당한 대가를 받지 못한 채 일을 해야 했고 사람들은 더 좋은 상품을 선택할 수 있는 기회를 잃었어요. 중상주의 정책으로 왕권은 강화되었지만 경제 발전은 지연되는 결과를 낳았답니다.

16세기

수입 안 돼. 수출만 할 거야!

똑똑한 경제

중상주의 정책으로 어떤 변화가 있었을까요?

다음 보기 중에서 중상주의 정책으로 생기는 현상이 아닌 것을 골라 보세요.

① 중상주의 정책을 쓰면 다른 나라에서 들어오는 물건을 구할 수 없다.
② 중상주의로 국내의 상업 활동이 활발해진다.
③ 중상주의 정책으로 무역이 활발해진다.
④ 중상주의 정책으로 왕의 권력이 강해진다.

답 ③

프랑스 루이 14세 때 정치가였던 콜베르는 중상주의 정책을 잘 활용한 인물이에요. 콜베르는 외국의 기술자들을 불러와 무기, 유리 제품, 모직물 등을 만들게 했어요. 또 제품의 생산량이나 가격 등을 국가가 모두 관리하게 했지요.

석유 값이 많이 올라서 생긴 일

- **석유 파동** 1973년과 1978년 두 차례 발생한 석유 공급 부족과 가격 폭등으로 세계 경제가 혼란과 어려움을 겪은 일을 말한다.

교과서 6학년 2학기 1단원 세계 여러 나라의 자연과 문화 **핵심 용어** 석유 파동

중요한 에너지 자원인 석유

석유는 우리 삶에 유용한 에너지 자원입니다. 아주 오래전 바다 생물들이 땅속에 묻혀 퇴적물이 되고 퇴적물이 계속 쌓여 열과 압력을 받았어요. 그렇게 해서 만들어진 것이 바로 석유입니다. 석유는 사우디아라비아나 쿠웨이트가 있는 서남아시아 지역에서 집중적으로 나요. 우리나라가 사용하고 있는 석유는 서남아시아 지역에서 수입한 거예요. 만약 석유를 제대로 수입하지 못하면 어떻게 될까요? 실제로 1973년과 1978년에 석유 사용이 어려웠던 적이 있어요.

두 차례 일어난 석유 파동

1948년에 유대인들이 팔레스타인인들을 몰아내고 이스라엘이라는 나라를 세웠어요. 이스라엘 건국을 반대하던 주변 이슬람 국가들은 이스라엘과 전쟁을 벌였어요. 이스라엘은 미국의 도움으로 전쟁에서 이겼어요. 주변 이슬람 국가들은 이스라엘 편을 든 미국에게 화가 났어요. 그래서 석유의 값을 조정하는 방법으로 미국에 항의하기 위해 '아랍석유수출국기구'를 만들었답니다. 이 기구에 가입한 국가들은 세계로 수출되는 석유 값을 무려 4배나 올렸지요. 이것을 석유 파동이라고 합니다. 석유 가격이 오르자 물가가 덩달아 올랐고 경제는 무척 힘들어졌어요. 미국의 경제뿐 아니라 세계 여러 나라의 경제도 어려워졌어요.

똑똑한 경제

30년 뒤에 석유가 사라진다고요?

지금처럼 석유를 많이 사용하다가는 언젠가 사라질 것입니다. 30년 후인 2050년에 석유가 모두 고갈될 것이라는 예상도 있어요. 그런데 셰일 오일이 개발되고, 채굴 기술이 발전하면서 석유 매장량도 늘고 있는 상황입니다. 물론 한정된 자원이라는 사실에는 변함이 없으니 석유, 천연가스 등 천연자원을 대체할 대체 에너지 개발에 힘을 쏟아야 해요.

 대체 에너지로는 원자력, 태양열, 수력, 지열, 풍력 외에도 나무나 풀, 음식물 쓰레기를 에너지원으로 사용하는 바이오매스 에너지가 있습니다.

창문 개수로 세금을 매겼다고요?

• **창문세** 1696년에 영국에서 시행된 세금 제도로 창문 수에 따라 세금이 결정되었다. 프랑스에서는 창문의 크기에 따라 세금이 매겨졌다.

교과서 6학년 2학기 1단원 세계 여러 나라의 자연과 문화 핵심 용어 창문세

유럽의 창문이 작은 이유는?

영화나 사진으로 유럽 도시의 건물들을 본 적 있나요? 아주 오래전에 지어진 건물들은 예스러운 모습을 잘 간직하고 있습니다. 그런데 자세히 살펴보면 옛 건축물의 창문이 아주 작아요. 심지어 어떤 건물은 창문이 아예 없는 것도 있지요. 건물이라면 당연히 창문이 나 있어 실내로 햇볕이나 바람을 들어오게끔 해야 하는데 말이지요. 왜 창문이 없을까요? 그것은 바로 세금 때문이었어요. 세금과 창문은 어떤 관계가 있을까요?

창문 개수에 따라 세금을 냈어요

1696년 영국의 왕이었던 윌리엄 3세는 잦은 전쟁으로 돈이 필요했어요. 당시에는 벽난로가 있으면 세금을 매기는 난로세가 있었어요. 하지만 난로세를 받기 위해 일일이 집에 들어가서 확인해야 하는 불편함이 있었지요. 그래서 생각한 게 바로 창문이었어요. 밖에서 창문의 개수를 파악해 세금을 매길 수 있어 편리했어요. 이것을 '창문세'라고 합니다. 당시에는 유리가 무척 비쌌기 때문에 부자일수록 창문을 많이 만든다고 생각해서 만든 정책이었어요. 사람들은 세금이 내기 싫어 창문을 아예 없애 버렸어요. 비슷한 시기 프랑스도 유사한 세금 정책이 있었어요. 창문 크기가 크고 개수가 많으면 더 많은 세금을 내야 했지요. 이때부터 프랑스도 창문 크기를 작게 만들었어요.

똑똑한 경제

창문이 건강에 미치는 영향

영국에서 실시한 창문세는 가구당 창문이 6개가 넘으면 세금을 내야 했어요. 창문 개수가 7~9개인 집은 2실링, 10~19개인 집은 4실링의 세금을 내야 했지요. 창문세 때문에 창문을 만들지 않게 되자, 당시 영국 사람들은 햇볕을 제대로 쬐지 못해 비타민D 부족으로 우울증을 호소하는 등 건강이 안 좋아졌대요.

 난로세가 있을 때는 사람들이 세금을 내지 않기 위해 난로를 없애기도 했어요.

보이지 않는 손이 경제를 이끈다고요?

• **애덤 스미스** 경제학의 아버지라고 불린다. 자본주의와 자유 무역의 이론적 기초를 제공했다. 국가 경제는 '보이지 않는 손'에 의해 작동된다고 했다.

교과서 6학년 1학기 3단원 우리나라의 경제 발전 **핵심 용어** 애덤 스미스

자유와 경쟁이 필요한 이유는?

우리는 매일 여러 가지 상품과 서비스를 소비합니다. 학교와 학원에 가고 친구들과 간식을 사 먹고 텔레비전에서 좋아하는 방송도 보고 책도 읽어요. 이렇듯 우리의 일상은 소비 활동으로 이루어져 있어요. 마음껏 소비를 하며 풍부하고 편리한 삶을 살 수 있는 이유는 경제 활동이 자유롭기 때문이에요. 판매자는 자유롭게 경쟁하면서 각자 최선의 상품을 만들고 소비자는 좀 더 좋은 물건과 서비스를 이용하려고 노력해요. 이처럼 '자유와 경쟁'이 있어야 상품과 서비스가 소비자에게 알맞은 가격에 공급될 수 있답니다.

보이지 않는 손이 경제를 이끌어요

애덤 스미스는 18세기 영국의 정치 경제학자이자 철학자예요. 애덤 스미스는 우리가 맛있는 빵과 신선한 채소를 먹는 것, 질 좋은 제품을 사용하는 것처럼 활발한 경제 활동을 하는 이유를 사람들이 모두 자신의 이익을 추구하기 때문이라고 보았어요. 이러한 행동을 '보이지 않는 손'이라고 했지요. 누가 시키지 않아도, 국가가 개인의 경제 활동에 간섭하지 않아도 경제가 스스로 잘 돌아가는 이유는 '보이지 않는 손'이 있기 때문이라고 한 거예요. 이러한 경제 사상은 오늘날까지 이어지고 있답니다.

역시 보이지 않는 손이 작동하고 있군!

똑똑한 경제

애덤 스미스의 경제학 이론

다음 이론 중 애덤 스미스의 경제학 이론과 맞지 않은 것을 골라 보세요.

ㄱ. 국민이 윤택한 삶을 살기 위해선 자유와 경쟁이 필요하다.
ㄴ. 모두가 각자 이익을 원하기 때문에 더 좋은 물건이 생산된다.
ㄷ. 경제를 위해서는 국가가 적극적으로 개입해야 한다.
ㄹ. 보이지 않는 손이 있어야 사회와 국가에 이익이 생긴다.

ㄱ ㄹ

애덤 스미스가 살던 18세기 유럽은 국가가 경제에 적극적으로 개입하는 '중상주의' 정책을 실시했어요. 애덤 스미스는 중상주의를 비판하며 국가가 경제에 개입하지 말고 단지 심판 역할에 충실해야 한다고 주장했어요.

사람을 사고팔았다고요?

- **노예 무역** 16~18세기 노예를 상품처럼 사고파는 무역 형태.
- **럼주** 사탕수수나 당밀의 즙을 발효시켜 만든 술을 말한다.

교과서 6학년 2학기 1단원 세계 여러 나라의 자연과 문화   **핵심 용어** 노예 무역, 럼주

사람을 물건 취급하던 시절이 있었어요

사람을 사고팔아도 될까요? 당연히 안 될 일이에요. 사람이 만든 물건이나 사람이 제공하는 서비스, 노동력은 사고팔 수 있지만 사람 자체는 사고팔 수 없습니다. 그런데 아주 오래전 16세기 유럽에서는 사람을 사고팔았어요. 건강한 성인 남자 한 명의 몸값은 럼주 4.5리터의 가격 정도였어요. 아이들은 여러 명씩 묶어 물건과 교환했지요. 어쩌다가 사람을 물건처럼 사고팔게 되었을까요?

사람을 노예로 부렸어요

아메리카 대륙이 유럽에 알려진 이후, 부자가 되고 싶었던 유럽인들은 아메리카 원주민에게 금과 은을 캐라고 시켰어요. 유럽인들이 옮긴 전염병과 고된 노동에 원주민들이 하나둘씩 죽어 갔어요. 그러자 유럽인들은 식민지로 만든 아프리카 국가의 사람들을 강제로 배를 태워 아메리카로 데려와 노예로 부렸어요. 담배, 커피, 사탕수수 농장을 지어 일을 시켰지요. 16~18세기 동안 아프리카에서 노예로 팔려 간 사람들은 약 1,500만~4,000만 명이나 됩니다. 어른, 아이 할 것 없이 닥치는 대로 잡아 온 것이지요. 이렇게 노예 무역으로 팔려 온 사람들은 외롭고 척박한 환경 속에서 고된 일을 하다가 죽음을 맞이했답니다.

똑똑한 경제

피부색이 중요한가요?

다음 그림은 1860년 노예 제도 폐지 운동가들이 만든 '나 역시 인간, 그리고 형제가 아닙니까?'라는 제목의 포스터입니다. 여러분은 이 포스터를 보면 어떤 생각이 떠오르나요? 생각을 적어 보세요.

 처음으로 노예 무역을 시작한 나라는 포르투갈이었어요. 포르투갈이 노예 무역으로 많은 돈을 벌자 영국, 프랑스, 네덜란드가 노예 무역에 뛰어들었어요.

백성을 위한 세금 제도 개혁이 있었다고요?

- **대동법** 조선 중기와 후기에 여러 가지 특산물 대신 쌀로 세금을 내도록 한 납세 제도를 말한다.
- **부정부패** 바르지 못하고 타락한 것.

교과서 5학년 2학기 1단원 옛사람들의 삶과 문화 핵심 용어 대동법, 부정부패

임진왜란 후 나라가 황폐해졌어요

1592년 임진왜란이라고 하는 큰 전쟁이 일어났어요. 7년간의 오랜 전쟁이 끝난 뒤 한반도는 무척 황폐해졌어요. 당시 우리나라 사람 대부분 농사를 짓고 살았는데 전쟁 이후에 땅의 약 70%가 못 쓰게 될 정도였지요. 인구도 많이 줄고 살아남은 백성들 마저 먹고살 방법이 없었어요. 세금도 거두지 못해 국가 운영도 어려워졌지요. 선조는 문제를 제대로 처리하지 못한 채 세상을 떠났고 뒤를 이어 광해군이 왕이 되었어요. 광해군은 황폐해진 나라를 되살리고 싶었어요. 어떻게 하면 백성들이 굶지 않고 살 수 있을까 생각했어요.

백성들을 위한 대동법

광해군은 먼저 세금 정책을 손보기로 했어요. 당시 백성들은 세금을 지역의 특산물로 내야 했어요. 자연재해가 생기더라도 특산물은 꼭 내야 해서 상인에게 비싼 돈을 주고 구매해 세금을 냈지요. 또한 정부와 농민 사이에 부정부패를 일삼는 관리들이 많아 농민들은 고통스러웠지요. 이에 광해군은 특산물 대신 쌀이나 동전을 세금으로 내게 했어요. 토지가 많은 사람은 더 많이 내고, 토지가 없는 농민은 세금을 내지 않게 되었지요. 이를 대동법이라 합니다. 하지만 땅을 많이 가진 지주들이 반대해 전국적으로 시행되는 데 무려 100년이라는 긴 시간이 걸렸어요.

똑똑한 경제

상업을 발달시킨 대동법?

쌀로 세금을 내면서 사람들이 쌀을 사고팔게 되어 상업이 발달했어요. 이전까지 물건 거래는 대부분 물건과 물건을 바꾸는 물물 교환 형태로 이루어졌는데, 이제는 화폐가 쓰이게 된 것이지요. 이것을 상품 화폐라고 하는데 대동법은 상품 화폐 경제가 발달하는 계기가 되었답니다.

 대동법 이후 농민들은 신분 제도에 불만을 점점 품었어요. 사람은 누구나 똑같고 그에 따라 대접도 똑같아야 한다는 생각이 싹트게 된 거지요. 대동법은 조선 시대 신분 제도의 문제점을 알리기도 했어요.

지역마다 발달한 산업이 다른 이유는?

• **산업** 사람이 생계를 이어가기 위해 하는 생산적인 활동. 농업, 수산업, 임업, 공업, 서비스업 등이 있다.

교과서 5학년 1학기 1단원 국토와 우리 생활 핵심 용어 산업

자연환경의 모습이 다양해요

여행을 떠나기 위해 차를 타고 고속도로를 달릴 때 창밖을 본 적이 있지요? 창밖에는 멋진 산이 보였다가 아파트 단지가 보이고 시원한 바다도 보여요. 이처럼 우리가 가는 곳마다 자연환경의 모습이 많이 달라요. 지역마다 발달한 산업도 다르지요. 산업은 그 지역의 자연환경에 따라 정해져요. 바닷가 지역은 어업이나 중화학 공업 등이 발달하고 넓은 평야가 있는 곳은 농업이, 숲이 우거진 곳은 임업이 발달합니다. 석탄과 석회석이 많은 지역은 광업이나 공업이 발달해요.

여러 산업이 발달했어요

농업은 기름진 땅을 이용해 다양한 농작물을 심어 수확하는 산업입니다. 우리나라는 사계절이 뚜렷해서 계절별로 다른 농작물을 재배할 수 있어요. 주로 과일이나 채소 등을 재배하는데 물이 풍부한 지역은 벼를 재배해요. 우리가 사용하는 가구나 집의 원료가 나는 산림을 경영하는 산업은 임업이에요. 임업은 숲을 이용해 목재나 버섯 등 임산물을 수확해요. 원료를 가지고 공장에서 가공해서 자동차나 기계를 만드는 산업은 공업이라고 해요. 이 밖에도 물고기를 잡아 기르며 가공하는 수산업, 가축을 키워 고기나 우유를 얻는 목축업, 사람들의 삶을 편리하게 해 주는 서비스업 등이 있어요.

똑똑한 경제

우리 지역 산업 조사하기

우리 지역은 어떤 산업이 발달했는지 볼까요?

• 우리 지역의 자연환경은 어떤가요?
  평야가 많은가요?
  산이 많은가요?
  건물이 많은가요?

• 사람들은 주로 어떤 일을 하나요?
  엄마와 아빠가 하는 일은요?
  옆집 어른이 하는 일은요?

 산업은 시대별로 다르게 발달해 왔어요. 우리나라는 1960년대에는 경공업, 1970년대에는 중화학 공업, 1990년대에는 전자 산업, IT 산업이 발전해 왔답니다.

산업 혁명이 일어난 이유는?

• **산업 혁명** 18세기 영국에서 시작된 급격한 사회경제적 변화를 말한다. 산업 구조가 농업에서 공업 중심으로 바뀌었다.

교과서 6학년 2학기 1단원 세계 여러 나라의 자연과 문화 **핵심 용어** 산업 혁명

증기 기관의 탄생

우리가 쓰는 물건을 노트에 쭉 적어 보세요. 연필, 가방, 책상, 신발 등 많지요. 이처럼 우리가 다양한 물건을 쓰고 편리하게 생활할 수 있는 이유는 기계를 통한 대량 생산이 가능하기 때문이에요. 18세기 영국의 기계 기술자 제임스 와트가 기존 증기 기관을 개량해서 실용화했어요. 이 증기 기관 덕분에 면직물을 한번에 많이 생산할 수 있게 되었어요. 여러 사람이 하던 일을 기계 하나가 짧은 시간 안에 뚝딱 해냈지요.

이처럼 기술의 발전으로 다양한 기계가 발명되고 생산성이 높아져 많은 돈을 벌 수 있게 되자 농사를 짓던 사람들도 공장에서 일을 하며 공업 중심의 사회로 바뀌었어요. 이를 산업 혁명이라고 합니다.

영국에서 산업 혁명이 일어난 이유?

산업 혁명은 영국에서 처음 일어났어요. 왜 영국이었을까요? 영국은 18세기에 급격하게 발달한 기술로 많은 공장을 세워 공업이 빠르게 발전했어요. 석탄이 풍부하고 물건을 나를 수 있는 운하망과 도로, 항구도 잘 갖추어져 있었어요. 또한 영국은 다른 나라와의 전쟁에서 승리를 거둬 많은 식민지를 가지고 있었어요. 식민지 무역을 통해 많은 양의 자본을 들여오고 생산한 물건도 쉽게 팔 수 있었지요. 이후 산업 혁명은 영국을 넘어 유럽 전역으로 퍼져나가 빠른 경제 성장을 일으켰답니다.

똑똑한 경제

우연한 발견, 와트의 증기 기관

영국의 제임스 와트는 추운 겨울 어느 날 따뜻한 난로 옆에 앉아 있었어요. 그리고 난로 위에 올려 놓은 주전자에서 수증기가 나오는 것을 보았어요. 방 안에 가득 찬 수증기를 보고 제임스 와트는 좋은 생각이 떠올랐어요. 수증기가 그냥 식어 사라지는 것을 보고 기존에 있던 증기 기관의 나쁜 점을 보완할 방법을 생각해 냈지요. 이렇게 와트가 개량한 증기 기관은 산업 혁명의 밑거름이 되었어요.

증기 기관

 산업 혁명 시절에는 기계와 분업을 통해 생산량이 늘어났어요.

기계를 부수는 운동이 일어났다고요?

• **러다이트 운동** 19세기 영국에서 일어난 노동 사회운동. 일자리를 잃은 노동자들이 기계를 부수며 자본가에 대한 불만을 표시하였다.

교과서 6학년 2학기 1단원 세계 여러 나라의 자연과 문화　**핵심 용어** 러다이트 운동

기계의 발명과 노동자들

18세기 영국에서 시작된 산업 혁명으로 다양한 기계가 발명되었어요. 기계들은 사람이 할 일을 대신해 주었지요. 또 사람 여럿이서 할 일을 기계 하나가 짧은 시간에 해냈지요. 기계로 많은 물건을 만들 수 있게 되면서 비싸서 못 샀던 물건이 저렴해지는 등 다양한 변화가 생겼어요. 사람들의 삶이 더욱 편리해졌답니다. 그런데 모든 사람이 기계를 반긴 것은 아니었어요. 사람들이 해야 할 일을 기계가 대신하게 되자 노동자가 필요 없게 되었어요. 노동자들은 직업을 잃게 되었지요.

기계를 부수는 러다이트 운동

19세기 영국에서는 직장을 잃고 경제적으로 어려움을 겪는 노동자가 길거리에 넘쳐 났어요. 사람들은 자신의 일자리를 빼앗은 기계를 없애 버려야 한다고 생각했지요. 처음에는 양말 공장에서 일하다가 직업을 잃은 사람들이 모여서 양말을 만드는 기계를 부쉈어요. 이후 이 소식을 들은 다른 공장에서 직업을 잃은 사람들도 옷감 공장으로 달려가 기계를 부쉈어요. 이것을 러다이트 운동이라고 합니다. 기계 때문에 사람의 중요성이 사라지자 기계를 가진 사람들에 대한 저항의 마음이 담긴 운동이지요.

증기 기관

똑똑한 경제

기계를 부수는 운동은 계속되었나요?

영국의 러다이트 운동은 작은 지역에서 시작해 영국 전역으로 퍼지기 시작했어요. 운동이 점점 커지자 영국 정부는 1813년 러다이트 운동을 이끌었던 노동자 17명을 사형했어요. 이후 기계를 부수는 운동은 이전처럼 조직적으로 일어나지 못했답니다.

 러다이트 운동은 이 운동을 주도했다고 알려진 N. 러드의 이름을 딴 것이에요. 하지만 지도자 N. 러드는 정부에게 들키지 않기 위해 비밀 조직에서 만든 인물이랍니다.

제주 백성을 살린 거상 김만덕

교과서 5학년 2학기 1단원 옛사람들의 삶과 문화　**핵심 용어** 김만덕

- **김만덕** 조선 후기 많은 돈을 번 여성 사업가이자 사회 활동가. 유통업을 통해 많은 돈을 벌고 전 재산을 제주 백성들을 위해 썼다.

김만덕은 누구일까요?

조선 시대에는 남녀차별이 심했어요. 여자라는 이유로 자유롭게 활동하기도 어려웠고 경제 활동을 한다는 것도 불가능했어요. 특히 제주도는 남녀차별이 더 심했는데 여자들은 제주도를 벗어나 육지로 갈 수조차 없었어요. 그런데 조선 시대 제주도 여인이었던 김만덕은 처음으로 육지로 건너왔어요. 김만덕은 육지로 건너와 임금이 있는 궁궐과 금강산을 구경했지요. 여성이라는 이유로 많은 차별을 주었던 조선 시대, 김만덕에게는 어떤 일이 있었던 걸까요?

조선 시대 최고의 상인, 김만덕

어렸을 때 전염병으로 부모를 잃은 김만덕은 기생이 되었어요. 장사를 하고 싶던 김만덕은 기생 신분에서 벗어나 제주도 특산물을 육지 상인에게 팔았어요. 곧 탁월한 장사 기술로 큰돈을 벌게 되었지요. 그러던 어느 날 제주도에 큰 자연재해가 발생했어요. 먹을거리가 없어진 제주도에서 많은 사람이 굶어 죽게 되자 김만덕은 기꺼이 자신의 전 재산을 내놓았어요. 그리고 쌀을 사 제주 백성들에게 나누어 주었지요. 이 소식을 들은 정조 임금은 김만덕의 소원을 들어주기로 했어요. 궁궐과 금강산 구경을 하고 싶다는 소원을 이루어 주었지요. 또 정조 임금은 김만덕의 선행을 기록하라고 명령했어요. 그 책이 바로 《만덕전》이랍니다.

똑똑한 경제

노블레스 오블리주를 실천한 김만덕

장사를 하며 큰돈을 번 김만덕은 제주 백성이 굶어 죽자 자신의 전 재산을 내놓았어요. 높은 사회적 신분을 가진 사람들이 이러한 행동을 할 때 '노블레스 오블리주'를 실천했다고 해요. 로마 시대 왕과 귀족들이 혜택을 많이 누리는 만큼 그렇지 못한 사람들을 도왔던 정신에서 비롯된 말이지요. 남을 돕는다는 건 생각보다 어려운 일이랍니다. 우리는 어떤 방식으로 이웃을 도울 수 있을지 생각해 보세요.

 김만덕은 전복, 미역, 귤 등 제주도 특산물과 육지 물품을 교역하는 유통업을 하며 큰돈을 벌었어요.

조선 시대에는 아무나 장사할 수 없었다고요?

• **금난전권** 나라에서 허가받은 육의전과 시전 상인은 장사를 할 수 있게 하고 일반 백성들은 장사를 못하게 금지한 권리.

교과서 5학년 2학기 1단원 옛사람들의 삶과 문화 핵심 용어 금난전권

조선 시대에 물건을 팔려면?

지금은 누구나 국가에서 정한 법을 잘 따르고 세금을 제대로 낸다면 원하는 상품을 소비자에게 팔 수 있지요. 하지만 조선 시대는 달랐어요. 조선 시대는 농업을 가장 중요하게 여기고 상업을 천하게 여겼지요. 또 상업 활동을 통제해 많은 사람이 물건을 파는 일을 할 수 없었어요. 국가로부터 허락을 받고 여섯 종류의 물건만 파는 육의전과 시장 거리에 있던 큰 가게인 시전만이 독점적으로 장사를 할 수 있었지요.

금난전권으로 상업 활동을 막았어요

조선 후기에는 수공업과 상업의 발달로 판매할 물건이 많아지면서 시장에 사람들이 몰렸어요. 이들은 국가의 허락을 받지 않은 상인들로 '난전'이라 불렸어요. 오늘날의 노점상처럼 여기저기 다니며 자유롭게 물건을 팔았지요. 그러자 육의전과 시전 상인들이 가만히 있지 않았어요. 이들의 활동을 막고 싶었어요. 그래서 나라에 난전을 금지하는 권리를 요구했어요. 이것을 금난전권이라고 해요. 당시 궁궐에서는 육의전과 시전 상인들에게서 필요한 물품을 받고 있었기 때문에 섣불리 이들의 요청을 거절할 수가 없었어요. 결국 육의전과 시전 상인들에게 금난전권을 주었지요. 이후 육의전과 시전 상인들은 금난전권을 이용한 독점적인 상업 활동으로 막대한 이익을 챙겼답니다.

똑똑한 경제

금난전권이 조선 후기 시장 경제에 미친 영향

육의전은 면주전, 면포전, 선전, 어물전, 지전, 포전까지 여섯 종류의 큰 상점을 말해요. 이 상점에서는 모시, 명주, 무명, 비단, 종이, 생선 등을 팔았지요. 육의전과 시전 상인들은 금난전권으로 시장을 독점하면서 엄청난 돈을 벌어들였습니다. 하지만 난전들이 시전에서 구할 수 없는 물건까지 팔면서 시전은 서서히 몰락했답니다.

비단, 무명, 모시, 종이, 어물, 명주 등 귀한 물건을 파는 상인을 일반 시전과 구분하기 위해 육의전이라고 했어요.

세금이 많아서 독립을 했다고요?

• **보스턴 차 사건** 1773년 미국 식민지인들이 본국이었던 영국으로부터 차 수입을 막기 위해 차 상자를 바다로 던진 사건.

교과서 6학년 2학기 1단원 세계 여러 나라의 자연과 문화 핵심 용어 보스턴 차 사건

잦은 전쟁으로 돈이 필요했던 영국

국민이라면 누구나 나라에 세금을 냅니다. 세금을 내야 국민을 위한 복지 정책을 세우며 국가 운영을 할 수 있지요. 그런데 갑자기 국가에서 세금을 확 올리면 어떨까요? 게다가 세금을 냈는데도 시설이나 복지가 바뀐 게 하나도 없다면요? 18세기 중반 영국을 떠나 북아메리카에 정착한 영국인들도 그러한 상황에 놓여 있었어요. 당시 영국은 이웃 나라들과 잦은 전쟁을 치러 많은 빚을 졌어요. 그 빚을 식민지로 삼은 북아메리카에 사는 사람들이 낸 세금으로 갚으려 했지요. 심지어 설탕법도 만들고, 인쇄물에도 인지를 붙여 인지 세금을 내도록 했지요.

차 상자를 바다에 버려라!

세금 인상에 설탕법, 인지세법까지 북아메리카 국민들의 불만이 높아졌어요. 더욱이 영국 의회에 아메리카 대표도 참여시켜 주지 않고, 세금을 내도 이득이 없었지요. 북아메리카 국민들이 반발하자 영국은 인지세법을 없앴어요. 그런데 얼마 후 북아메리카로 수입되는 차에 세금을 내게 하는 정책을 만들었어요. 화가 난 북아메리카 사람들은 인디언처럼 변장한 후 미국 보스턴 항구에 세워져 있던 선박으로 갔어요. 그리고 배에 실려 있던 차 상자들을 모조리 바다로 던져 버렸어요. 이를 보스턴 차 사건이라 한답니다.

계속 이렇게 살 순 없어. 독립할 거야!

똑똑한 경제

영국 정부가 만든 세금 정책은?

다음은 영국 정부가 북아메리카 식민지로 수입되는 물품에 대해 만든 세금 정책이에요. 괄호 안에 들어갈 세금 정책의 이름을 적어 보세요.

• 포도주나 커피 등에 들어가는 설탕의 수입에 대해 관세를 내게 한 법 (   )
• 식민지에서 발행되는 인쇄물에 인지를 붙이도록 한 법 (   )

답: 설탕법, 인지세법

 보스턴 차 사건은 미국인들의 독립에 대한 열망을 보여 준 사건으로 기록되고 있어요.

세금을 많이 걷으면 어떻게 될까요?

- **소금세** 9세기 당나라는 소금에 세금을 붙여 사고팔게 했고, 살기 어려워진 백성들이 황소의 난을 일으켰다.
- **봉기** 떼 지어 세차게 일어나는 것.

교과서 6학년 2학기 1단원 세계 여러 나라의 자연과 문화   **핵심 용어** 소금세, 봉기

세금을 많이 걷는다면?

세금은 아주 오래전부터 거두었어요. 백성들은 먹고살기 힘들어도 나라에 꼬박꼬박 세금을 내야 했지요. 특히 백성들이 꼭 써야 하는 물품에 세금을 높게 매겨 거두어 갔어요. 만약 터무니없이 많은 세금을 백성들한테 내라고 하면 어떨까요? 9세기 당나라는 세금을 너무 많이 거두어 놓긴 반란이 일어나기도 했어요. 어떤 일이 일어났던 것일까요?

나라를 망하게 한 소금세

당나라는 15세가 넘으면 나라로부터 토지를 받았어요. 토지를 받은 이들은 나라에 세금을 내야 했지요. 그런데 농민들이 토지를 버리고 도시로 떠나기 일쑤였어요. 세금이 부족해진 당나라는 백성들에게 꼭 필요한 소금에 세금을 매기기로 했어요. 소금의 판매도 정부가 맡아서 했지요. 원래 10전에 팔던 소금에 엄청난 세금을 붙여 300전에 팔았어요. 소금 값이 너무 오르자 소금을 몰래 파는 불법 시장이 생겨나고 다양한 사회적 갈등이 생겨났어요.

이러한 혼란 속에서 작은 마을에 살던 황소라는 소금 장수가 몰래 소금 판매를 시도했어요. 백성들에게 소금을 싼값에 팔기 위해서였지요. 정부는 이 사실을 알고 이 일에 함께한 이들을 처형하거나 엄중한 처벌을 했어요. 화가 난 황소와 백성들이 전국적으로 봉기를 일으켰어요. 당나라는 결국 황소의 난을 계기로 907년에 망하고 말았어요.

당나라 때 소금을 한꺼번에 많이 구입해 더 높은 가격에 되팔았던 상인들이 있어요. 이 때문에 백성들의 삶은 더 힘들어졌어요.

조선 시대에 널리 쓰인 화폐는?

교과서 5학년 2학기 1단원 옛사람들의 삶과 문화 핵심 용어 상평통보

• **상평통보** 조선 시대 인조 11년에 만들어진 화폐로 조선 후기까지 약 200년 동안 사용되었다. 상평통보는 전국에서 사용된 최초의 화폐다.

화폐는 언제부터 사용했을까요?

오늘날은 전자화폐나 신용 카드 등을 많이 쓰지만 여전히 화폐도 많이 씁니다. 화폐는 언제부터 사용했을까요? 고려 시대에도 화폐는 있었지만 백성들은 물물 교환을 하지 화폐를 잘 사용하진 않았어요. 조선 시대는 농업을 중시 여겼어요. 농사짓는 것을 하늘이 내려 준 일이라고 했지요. 장사는 천한 일이라고 여겼습니다. 하지만 조선 후기로 접어들면서 손으로 물건을 만드는 수공업이 활기를 점점 띠었답니다. 또한 나라에서 비교적 자유롭게 물건을 팔 수 있게 하자, 사람들은 더 편리한 교환 수단인 화폐를 많이 사용했어요.

화폐 사용으로 상업이 더 발달했어요

금난전권이 폐지되면서 누구나 장사를 할 수 있게 되자 일반 백성들도 집에서 만든 물건을 가지고 나와 팔았어요. 이들이 모여 시장이 만들어졌는데 그 시장을 '장시'라고 해요. 18세기 장시는 약 1,000여 개 정도로 활발히 열렸어요. 사람들은 정해진 날짜와 장소에 모여 물건을 사고팔았는데 대부분 5일에 한 번씩 장이 열렸어요. 사람들은 장시에서 물건을 거래할 때 가지고 다니기 편리한 동전인 화폐를 사용했어요. 이 화폐를 '상평통보'라고 하는데 흔히 엽전이라고도 해요. 상평통보를 사용하면서 장시는 더욱 활기를 띠고 조선 후기 상업도 발달하게 되었지요.

똑똑한 경제

조선 시대 전국에서 사용되었어요

다음 내용을 보고 괄호 안에 들어갈 말을 적어 보세요.

조선 시대에는 농업을 중시 여겼어요. 하지만 조선 시대 후기 백성들은 (　　　)에서 자유롭게 물건을 사고팔았어요. 물건을 거래할 때는 엽전이라고도 하는 (　　　)라는 화폐를 사용했지요.

답: 장시, 상평통보

 상평통보가 처음 나왔을 때 사람들이 잘 사용하지 않자 나라에서는 화폐 사용을 위해 세금을 상평통보로 받았어요.

불매 운동으로 독립을 이루었다고요?

• **비폭력 불복종 운동** 인도 민족운동가 간디가 영국 식민지 기간 인도의 독립을 위해 펼친 영국 상품 불매, 납세 거부, 평화적 파업 운동 등을 말한다.

교과서 6학년 2학기 1단원 세계 여러 나라의 자연과 문화 핵심 용어 비폭력 불복종 운동

영국 식민지 시절의 인도

인도의 지폐를 보면 간디의 초상이 그려져 있어요. 인도에서 사용하는 다양한 단위의 지폐에 모두 간디의 모습이 그려져 있지요. 인도인은 간디를 위대한 영혼, 인도 건국의 아버지라고 부르며 좋아해요. 간디를 존경하는 마음을 화폐에 담은 것이지요. 간디가 이렇게 사랑받는 것은, 인도가 영국의 식민지였을 때 간디가 독립 운동을 펼쳤기 때문이에요. 18세기부터 영국은 인도를 지배했어요. 영국은 제1차 세계 대전 때 인도에게 전쟁에 참여하면 나라를 돌려주겠다고 했지만 약속을 지키지 않고 오히려 독립운동하는 사람들을 탄압했어요.

비폭력 불복종 운동으로 독립을 이끈 간디

간디는 영국으로부터 인도를 되찾기 위해 독립운동가가 되었어요. 당시 경제적 어려움을 겪고 있던 영국은 인도인에게 세금을 걷기 위해 소금을 비싼 값에 파는 '소금법'을 만들었어요. 영국이 파는 소금을 사지 않기 위해 간디는 소금 행진을 했어요. 간디와 간디를 따르는 사람들은 무려 25일간을 쉬지 않고 걸었어요. 간디는 영국을 둘리치기 위한 폭력적인 방법은 반대했기 때문에 영국 상품 불매, 세금 납부 거부, 평화적 파업 등 비폭력 불복종 운동을 했지요. 비폭력 불복종 운동은 훗날 인도 독립을 이끌었어요.

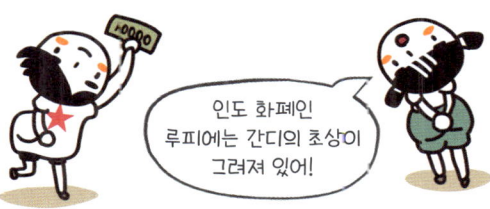

인도 화폐인 루피에는 간디의 초상이 그려져 있어!

똑똑한 경제

세계로 퍼져 나간 간디의 비폭력 불복종 운동

간디는 인도의 독립을 위해 비폭력 불복종 운동과 더불어 영국을 경제적으로 압박하는 방법을 사용했습니다. 영국 상품 불매 운동이나 세금 납부 거부, 평화적인 파업 등이 있지요. 간디가 했던 비폭력 불복종 운동은 세계로 퍼져 식민지 여러 나라에 영향을 주었어요.

소금 행진을 하고 있습니다.

 인도의 화폐 단위는 '루피'예요. 1루피는 우리 돈 약 16원 정도예요. (2021년 12월 기준)

비단길로 무역을 했어요

교과서 6학년 2학기 1단원 세계 여러 나라의 자연과 문화 핵심 용어 비단길

• **비단길** 고대 중국과 로마, 중앙아시아, 서아시아 등이 무역을 하던 교역로. 비단, 종이, 화약 제조 기술을 비롯 종교, 정치, 문화가 전해진 길이다.

옛날에는 어떻게 무역을 했을까요?

오늘날은 배나 비행기로 다른 나라의 물건을 쉽게 수입하고 수출할 수 있습니다. 아주 먼 옛날에는 나라끼리 어떻게 무역을 했을까요? 옛날 로마인은 동쪽 끝 어딘가 황금이 가득한 나라가 있다고 생각했어요. 동쪽 끝 어딘가는 한나라를 가리켜요. 한나라 역시 서쪽 사막 너머 새로운 나라가 있다고 생각했어요. 그러다가 한나라 무제 때, 장건이라는 사람을 계기로 교역로가 개척되었어요. 이 길이 바로 비단길입니다.

정치, 경제, 문화가 비단길에서 만났어요

비단길은 중국과 서역이 무역을 하던 길이에요. 서역은 우즈베키스탄, 카자흐스탄 등 중앙아시아에 있는 나라들이에요. 비단길은 서역을 넘어 지중해까지 연결되었어요. 또 중국을 넘어 통일 신라까지 이어진 무역로였지요. 서역 사람들은 통일 신라까지 오기도 했는데 주로 비단과 도자기 등을 가지고 갔어요. 이때 비단길을 통해 한나라 때 발명된 제지 기술도 유럽으로 건너가 유럽의 인쇄술을 발달시켰답니다. 이처럼 비단길은 물건만 오고 간 게 아니에요. 한나라와 통일 신라의 스님들은 비단길을 통해 인도로 가서 부처님의 가르침을 배웠어요. 인도 승려들도 부처님의 가르침이 적힌 경전을 들고 중국에 들어왔지요. 이처럼 비단길은 정치, 경제, 문화를 이어 준 교역로예요.

똑똑한 경제

비단길을 통해 들어온 유리그릇

신라 왕의 무덤 황남대총과 천마총, 금관총 등에서는 연녹색, 코발트 색깔의 유리그릇과 유리구슬이 많이 발굴되었어요. 유리그릇은 왕실 식기와 장식으로, 유리구슬은 왕족의 몸에 휘감는 장식용으로 사용했어요. 유리 제품들은 서역에서 온 것으로 비단길을 통해 인도와 중국을 거쳐 낙타에 실려 온 제품들이에요.

 비단길은 실크로드라고도 해요. 총길이가 약 6,400킬로미터나 되지요.

고대 무역을 주름잡던 이슬람 상인

> • **이슬람 상인** 유럽과 아시아, 아프리카 등을 다니며 무역 활동을 하던 사람들. 이슬람 상인들은 육지와 바닷길을 다니며 활발한 무역 활동을 했다.

교과서 6학년 2학기 1단원 세계 여러 나라의 자연과 문화 **핵심 용어** 이슬람 상인

다른 나라와 무역하려면 큰 배가 필요했어요

오늘날은 세계 많은 나라가 서로 무역을 하고 있습니다. 그렇다면 언제부터 지금처럼 무역이 활발하게 이루어졌을까요? 또 누구 때문이었을까요? 비행기나 크고 단단한 배를 만드는 기술이 없던 시절에는 깊고 험한 바다를 건너 다른 나라로 간다는 것은 아주 어려운 일이었어요. 자칫하다가는 폭풍우를 만나 배가 난파되기 일쑤였지요. 안전하게 다른 나라에 가기 위해서는 폭풍우에도 견딜 수 있는 튼튼한 배가 필요했어요.

세계를 누빈 이슬람 상인들

아주 오랜 옛날, 통일 신라 시대 8세기경 서남아시아 지역에 이슬람 상인들이 있었어요. 이슬람 상인들은 일찍부터 과학기술이 발달해 배 만드는 기술이 아주 뛰어났지요. 이들은 튼튼하고 큰 배를 만들어 많은 물건을 실어 나르며 다른 나라와 무역을 주도했어요. 이 시기 이슬람 상인들은 서쪽으로는 유럽과 북아프리카, 동쪽으로는 인도와 당나라, 동남아시아를 거쳐 한반도 신라까지 오게 되었지요. 이슬람 상인들은 다른 나라와 무역을 하며 자신들이 가지고 있던 문화와 기술을 나누기도 했어요. 말 그대로 세계를 누비며 무역 활동을 펼쳤지요.

똑똑한 경제

1, 2, 3… 아라비아 숫자는 누가 발견했을까요?

아라비아 숫자는 원래 인도에서 만들어졌어요. 하지만 인도인이 퍼뜨린 게 아니라 수에 능하고 장사를 잘하는 이슬람 상인들 덕분에 세계에 널리 퍼지게 되었답니다. 아라비아 숫자는 '인도-아라비아 숫자'라고도 한답니다.

 이슬람 상인들은 서아시아에 살았기에 서아시아 지역을 일컫는 아라비아를 따서 아라비아 상인이라고도 하요.

세계 경제가 흔들렸던 이유는?

• **세계 경제 대공황** 1929년 주식 폭락, 과잉 생산, 실업자 증가로 미국 경제가 어려워지자 유럽과 이웃 나라들의 경제까지 안 좋아지게 된 것을 말한다.

교과서 6학년 2학기 1단원 세계 여러 나라의 자연과 문화　**핵심 용어** 세계 경제 대공황

제1차 세계대전 후 미국 경제는?

경제는 많은 것들이 연결되어 있어서 작은 것이라도 잘못되면 다른 것에 영향을 줄 수 있습니다. 더구나 세계화 시대 이후 더욱 가까워진 만큼 영향도 빠르게 받지요. 1929년 세계 경제가 한꺼번에 어려웠던 적이 있었어요. 한 나라의 경제 위기에서 시작되었는데, 바로 미국이었지요. 제1차 세계대전 후 미국 경제는 눈부신 속도로 발전했습니다. 넉넉해진 미국인들의 관심사는 온통 주식이었어요. 짧은 시간에 돈을 더 벌고 싶었던 거지요.

전 세계를 뒤흔든 대공황

사람들은 누구나 주식에 투자했고 짧은 시간 안에 수익을 얻었어요. 하지만 무분별하게 투자하는 바람에 주식의 가치가 실제보다 부풀려졌습니다. 사람들이 거품이라고 느끼게 되었을 때는 이미 때가 늦었어요. 주식의 가치가 하루아침에 떨어지고 개인 투자자뿐 아니라 기업들도 파산하고 말았어요. 금융 구조가 거미줄처럼 연결되어 있어 은행마저 파산에 이르렀어요. 은행에 맡긴 돈을 받지 못한 사람들은 소비를 할 수 없었고 소비가 없자 제품을 생산하던 기업들이 문을 닫았지요. 그러자 실업자가 생겨났고 피해가 눈덩이처럼 커졌어요. 미국 증권시장이 폭락하자 곧 세계 증권시장의 폭락으로 이어졌어요. 이 시기를 세계 경제 대공황이라고 합니다.

똑똑한 경제

경제 대공황이 일어난 이유는?

1929년 미국에서 경제 대공황이 일어나게 된 이유는 무엇일까요? 골라 보세요.

ㄱ. 제1차 세계대전 후 사람들이 은행에 예금을 많이 했다.
ㄴ. 미국의 빠른 경제 성장으로 소비가 많았다.
ㄷ. 많은 사람이 무분별하게 주식 투자를 했다.

 1930년 과학기술의 발달로 생산량이 늘었어요. 이 때문에 기업들의 경쟁이 치열해지고 기업들은 이익을 독차지하기 위해 독점 기업을 운영하며 가격을 마음대로 조정했어요. 이 때문에 대공황이 더욱 심해졌어요.

고려 시대에 무역이 활발했다고요?

• **벽란도** 고려 시대의 무역항으로 황해도 예성강 하류에 있다. 벽란도에 송나라와 일본 상인은 물론 동남아시아, 서아시아 상인들도 드나들었다.

교과서 5학년 2학기 1단원 옛사람들의 삶과 문화 핵심 용어 벽란도

벽란도에서 교역을 했어요

우리나라는 일찍부터 다른 나라와 교역을 했어요. 지금과 다르게 교통이 발달하지 않았던 고려 시대에도 이웃한 송나라와 일본 상인은 물론 먼 동남아시아와 아라비아 상인과도 교역을 했습니다. 다른 나라와 무역을 했던 곳은 벽란도라고 하는 포구였어요. 벽란도는 고려의 수도인 개경과 가까웠고 수심이 깊어 배가 지나다니기 좋았어요. 이 때문에 무역항으로 크게 발전할 수 있었답니다.

어떤 물건을 수출하고 수입했을까요?

고려는 주로 종이나 인삼, 나전칠기 등의 물품을 수출했어요. 다른 나라에서는 약재나 비단, 농기구, 은 등을 수입했지요. 벽란도에는 주로 송나라 상인들이 왔어요. 송나라 상인들은 비단과 서적 등을 팔고 고려에서 인삼이나 나전칠기 등을 사 갔지요. 송나라 상인들 말고도 멀리서 온 아라비아 상인들도 많았어요. 고려 사람들은 아라비아 상인들을 '대식'이라 불렀는데 이들은 고려에 주로 향신료와 수은 등을 팔았어요. 특히 아라비아 상인들이 고려를 '꼬레아'라고 불러 서양에 우리나라가 코리아라는 이름으로 널리 알려지게 되었어요.

똑똑한 경제

고려의 수출품과 수입품

고려는 송나라와 아라비아 외에도 요나라, 거란, 여진, 일본 등 다양한 나라와 무역을 했어요. 고려는 다른 나라에 인삼, 나전칠기, 갓, 모시 등을 수출하고, 비단, 은, 서적 등을 수입했지요. 또 어떤 상품을 수입하고 수출했는지 조사해 보세요.

 국제 무역항인 벽란도에 배가 드나들기 쉬웠던 이유는 밀물 때문이었어요. 밀물이 배를 포구 쪽으로 오게 해 쉽게 정박할 수 있었어요.

경제 성장을 위해 누가 노력했나요?

• **우리나라 경제 성장** 우리나라는 6.25 전쟁 이후 빠르게 성장하였다. 근로자, 기업, 정부가 맡은 역할에 최선을 다해 성장할 수 있었다.

교과서 6학년 1학기 3단원 우리나라의 경제 발전 **핵심 용어** 우리나라 경제 성장

한강의 기적

1950년에 6.25 전쟁이 일어났어요. 전쟁으로 많은 사람이 죽고 다쳤어요. 살아 있는 사람들도 몹시 가난해졌지요. 끼니를 때우기도 어려웠어요. 하지만 우리나라는 다른 나라보다 훨씬 빠른 속도로 경제 위기에서 벗어났어요. 짧은 시간 안에 위기를 극복해 경제 발전을 이룬 우리나라를 보고 다른 나라들은 한강의 기적이라고 부릅니다. 그렇다면 우리나라는 어떻게 한강의 기적을 이룰 수 있었을까요?

모두 힘을 합쳐 경제를 발전시켰어요

우리나라는 경제 발전을 위해 근로자, 기업, 정부가 자신이 맡은 역할에 최선을 다했어요. 가정에서는 소비를 줄이고 저축을 늘려 나라의 힘을 키웠지요. 근로자들은 일터에서 밤낮없이 열심히 일을 했고, 기업들은 해외에서 외화를 벌기 위해 꾸준히 연구와 개발을 했지요. 정부는 1962년부터 1986년까지 5년 단위로 경제계획을 추진하자는 '경제 개발 5개년 계획'을 세우고 도로, 항만 등 대규모의 시설물을 건설했어요. 모두의 노력 덕분에 전쟁 전에 67달러밖에 되지 않던 국민소득이 2007년에는 2만 달러를 넘어 300배 정도 증가했어요. 이런 결실은 산업 현장에서 묵묵히 제 역할을 했던 사람들이 있었기에 가능한 일이었어요.

똑똑한 경제

경제 발전의 주역

경제가 발전하도록 근로자, 기업, 정부 등은 각자의 자리에서 최선을 다했어요. 각자 어떤 일을 했는지 다음을 보고 알맞게 연결해 보세요.

ㄱ. 경제계획을 세우고 도로 등의 시설물을 건설했어요.   ① 근로자

ㄴ. 일터에서 밤낮없이 열심히 일 했어요.   ② 기업

ㄷ. 새로운 제품을 연구하고 개발 했어요.   ③ 정부

기술을 개발하고

교통을 편리하게!

답 ②-ㄱ, ①-ㄱ, ③-ㄴ

 1970년에는 처음으로 우리나라가 만든 배를 수출했어요. 우리나라의 배를 만드는 기술은 세계적으로 가장 우수해 조선 산업을 발전시켰답니다.

원시 시대에도 경제생활을 했다고요?

> • **신석기 혁명** 신석기 혁명 사냥과 채집 생활을 하던 구석기 시대를 지나 신석기 시대에 농경이 등장한 일을 말한다.

교과서 5학년 2학기 1단원 옛사람들의 삶과 문화 **핵심 용어** 신석기 혁명

구석기 시대에는 사냥으로 먹을 것을 구했어요

아주 옛날 구석기 사람들의 삶은 어땠을까요? 동굴 속에서 생활하면서 필요한 식량은 동물을 사냥해서 먹거나 강에서 물고기를 잡아먹으면서 살았어요. 또 숲에서는 과일을 따 먹으며 필요한 영양분을 보충했지요. 남자들은 위험한 동물을 잡고 여자와 아이들은 과일을 따 왔어요. 이 시기에는 음식을 저장하는 방법을 몰라서 바로 먹어야 했어요. 구석기인들은 음식을 나누어 먹으며 나름대로 질서를 지키며 살았어요. 그런데 지구에 엄청난 일이 일어났어요. 바로 빙하기가 닥친 거예요.

신석기 시대부터 농사를 지었어요

빙하기로 지구가 얼어붙자 동물들이 사라지고, 인간들도 살기 힘들어졌어요. 그러다가 먹던 과일을 버린 곳에 나무가 자라고 다시 과일이 열린다는 사실을 알았어요. 사람들이 씨를 뿌려 과일이나 곡식을 직접 재배하게 된 거예요. 이렇게 사람들이 농사를 짓게 된 것을 '신석기 혁명'이라고 해요.

신석기 혁명은 사람들에게 엄청난 변화를 가져왔어요. 한곳에 머물러 지내는 정착 생활을 시작했지요. 식재료를 담을 수 있는 토기도 발명해 음식을 저장했어요. 신석기 혁명 이후 사유 재산과 계급 사회가 등장하고, 나라까지 생겼지요.

똑똑한 경제

구석기와 신석기의 차이점을 조사해 보세요!

구석기와 신석기는 생활에 차이가 있어요. 다음을 보고 괄호 안에 들어갈 알맞은 말을 적어 보세요. 또 어떤 차이가 있는지 찾아보세요.

구석기 시대 사람들은 동물을 사냥하거나 강에서 잡은 물고기, 숲에서 딴 과일들을 먹었어요. 이후 (　　)을(를) 짓게 되면서 한곳에 머물러 살았어요.

여기저기 옮겨 다니지 않아서 좋아.

 신석기 시대에 농사를 지으면서 흙으로 만든 그릇인 토기를 사용했어요. 토기 표면에 무늬를 그려 넣었어요. 서울 암사동에서 출토된 '빗살무늬토기'가 우리나라에서 발견한 가장 유명한 토기랍니다.

일한 만큼 가지자고 주장한 경제학자는?

- **실학** 실생활에 도움이 되는 학문. 조선 시대 18세기 전후로 생겨난 학문.
- **유배** 죄인을 먼 곳으로 귀양 보내다.
- **청탁** 남에게 부탁하는 것을 말한다.

교과서 5학년 2학기 1단원 옛사람들의 삶과 문화   핵심 용어 실학, 유배, 청탁

과학을 사랑한 발명가 정약용

조선 시대에도 무거운 돌을 들어 올리는 거중기, 한강을 손쉽게 건널 수 있게 만든 배다리 등 우수한 발명품들이 있었어요. 조선 최고의 실학자이자 과학자인 정약용이 개발한 것들이지요. 정약용은 정조 임금의 사랑을 받으며 학자로서 백성들을 위해 연구했어요. 조선 시대에는 학문을 중요하게 생각했기에 땅을 가진 대부분의 양반들은 글공부만 하며 백성들의 삶을 돌보지 않았어요. 백성들은 늘 양반들보다 가난했고 배고팠어요. 정약용은 백성들의 삶을 보며 늘 마음 아파했어요.

백성을 위한 경제학자 정약용

정약용은 백성들의 삶에 도움이 되는 학문을 연구했어요. 농사를 짓는 건 농민들이었지만 땅을 가진 건 대부분 양반 지주들이었지요. 농민들은 열심히 일해도 밥도 제대로 먹지 못했어요. 정약용은 직접 농사를 짓는 농민이 땅을 가져야 한다고 생각했어요. 당시 조선 사회는 무척 부정부패와 비리가 많았는데 토지개혁을 통해 일한 만큼 농작물을 가져야 한다고 했어요. 또 농업의 생산성을 높이기 위해선 일을 나누어서 하는 분업을 주장하기도 했어요. 조선이 부강한 나라가 되기 위해서는 제도를 바꾸고 도시와 상업을 발전시켜야 한다고 주장했고, 기술의 필요성도 강조했어요. 결국 양반들의 미움을 샀고 정조 임금이 죽자 유배를 당하고 말았어요.

똑똑한 경제

정약용의 《목민심서》

정약용이 지은 《목민심서》는 지방 관리들의 부정부패가 심했던 조선 시대 후기에 관리들의 잘못을 지적하고 관리들의 도리를 적은 책이에요. 책에는 농민들의 삶과 관리들의 비리 내용이 상세히 담겨 있어요.

 정약용은 전남 강진에서 18년간 유배 생활을 했어요. 유배 동안에도 열심히 책을 썼답니다.

부강했던 고조선 경제

- **고조선** 기원전 2333년 단군왕검이 세운 우리나라 최초의 국가이다.
- **홍익인간** 널리 인간을 이롭게 한다는 뜻으로 고조선의 건국이념이다.

교과서 5학년 2학기 1단원 옛사람들의 삶과 문화 핵심 용어 고조선, 홍익인간

우리나라 최초의 국가, 고조선

우리나라 최초의 국가는 고조선입니다. 한반도 일부와 만주 요령 지방에 세워진 고조선은 기원전 2333년에 단군이 세운 국가였어요. 고조선은 청동으로 도구를 만들어 사용했어요. 이후 철을 만들 수 있게 되자 철로 된 도구를 사용했습니다. 고조선은 철기를 사용하면서 세력을 키워 나갔어요. 단군은 널리 인간을 이롭게 한다는 홍익인간의 건국이념을 앞세워 백성들을 돌봤어요.

고조선은 경제적으로 부강했어요

고조선은 일찍부터 국가의 모습을 갖추고 있었어요. 제도와 법을 정해 나라의 틀을 잡았지요. 당시 고조선은 인간을 중시하는 홍익인간의 이념으로 나라를 다스려 백성을 중요하게 생각했어요. 덕분에 고조선 사람들은 중국 사람들보다 경제적으로 훨씬 안정된 삶을 살고 있었지요. 백성에게서 거두어들이는 세금도 수확량의 20분의 1만 거두었어요. 당시 세금이 많았던 중국과 비교되었지요. 또 백성에게 피해를 주지 않기 위해서 궁궐을 화려하게 짓지 않았어요. 고조선은 호랑이나 곰 같은 동물의 가죽이 특산물이었는데, 이를 중국에 수출해 큰 인기를 끌었답니다. 이처럼 고조선은 농사와 무역으로 나라의 경제를 일으켰고 상당한 수준의 문화와 국력을 갖추었어요.

똑똑한 경제

고조선 경제의 특징을 알아보아요

나라의 틀이 갖춰졌던 고조선은 어떤 경제적 특징이 있었을까요? 다음 중 고조선 경제의 특징을 모두 골라 보세요.

ㄱ. 일부 지배계층이 땅을 가지고 있어 백성들의 삶은 힘들었어요.
ㄴ. 백성들에게 거두는 세금이 많았어요.
ㄷ. 모피 같은 특산물을 중국에 수출했어요.
ㄹ. 농사와 무역이 발달한 안정적인 사회였어요.

답 ㄹ, ㄷ

고조선은 당시 연나라와 무역을 할 때 명도전이라는 화폐를 사용했어요.

소비를 강조한 조선 시대 실학자는?

• **박제가** 조선 후기 실학자인 박제가는 서양의 문물을 받아들이고 신분제를 폐지할 것을 주장했다. 또 상업과 무역을 키워야 한다고 강조했다.

교과서 5학년 2학기 1단원 옛사람들의 삶과 문화 **핵심 용어** 박제가

백성들을 살리는 길이 소비라고요?

조선 시대에는 농사를 중요시 여겼어요. 장사를 하거나 물건을 만드는 일은 천하게 생각했지요. 오늘날은 물건을 만들고 소비하면서 경제가 발전했지만 조선 시대까지만 해도 상업 활동을 업신여겼기에 경제 성장이 더뎠어요. 소비가 적당히 이루어져서 경제가 활기를 띠어야 하는데, 사람들은 필요한 물건을 스스로 만들어 사용하는 자급자족의 삶을 살았어요. 시장이 있었지만 다른 곳에서 물건을 거의 사지 않았어요. 조선 후기 실학자였던 박제가는 이런 상황을 눈여겨보면서 소비를 해야 경제가 살고 백성들이 풍족한 삶을 산다는 것을 알았어요.

소비의 중요성을 말한 박제가의 우물론

박제가는 조선 후기 대표 실학자예요. 박제가는 양반 가문에서 태어났지만 서자였기 때문에 신분 차별을 많이 받았어요. 박제가는 청나라를 방문해 새로운 문물을 접하고 상공업과 소비의 중요성을 깨달았어요. 박제가는 《북학의》라는 책에서 적당한 소비의 중요성을 이야기하며 "우물물은 퍼 쓸수록 맛이 있다."라고 하는 '우물론'을 주장했어요. 우물물은 쓰지 않으면 말라 버리기 때문에 계속 써야 한다는 뜻이지요. 우물물을 계속 써서 새로운 물이 생기게 하듯, 소비가 계속되어야 경제가 살아나고 사회가 건강해진다는 뜻이에요.

똑똑한 경제

박제가가 중요하게 생각했던 것은?

다음을 읽고 강조하는 것이 무엇인지 아래 보기에서 골라 보세요.

> 무릇 재물은 우물과 같다. 우물은 퍼서 쓸수록 자꾸 채워지는 것이고, 이용하지 않으면 말라 버리고 마는 것이다. 비단옷을 입지 않으니 나라 안에 비단 짜는 사람이 없어지게 된 것이고, 이 때문에 여공이 없어진 것이다.
> – 박제가 《북학의》 중

① 소비 ② 생산 ③ 절약 ④ 합리적 선택

① 답

 박제가(1750~1805년)는 화폐를 사용해 상공업을 발전시켜야 한다고 주장했어요. 또 봉건적인 신분 제도에 반대하는 실학사상을 전개했답니다.

4장

세상이 보이는 경제

무역으로 보이지 않는 전쟁을 하는 나라가 있어요. 경제 성장을 하며 심각한 환경 오염을 일으킨 나라도 있지요. 나라의 경제 상황을 보면, 그 나라의 자원이나 정치까지 알 수 있습니다. 나라뿐 아니라 세상이 돌아가는 커다란 흐름까지 살펴보게 돼요. 지금 경제는 어떻게 세상을 설명하고 있을까요? 경제가 말하는 세상을 함께 들여다볼까요?

식량이 남는데 굶는 사람이 있다고요?

• **애그플레이션** 농업(Agriculture)과 물가 상승(Inflation)의 합성어. 농산물의 가격이 올라 다른 물가까지 오르는 현상을 말한다.

교과서 6학년 2학기 2단원 통일 한국의 미래와 지구촌의 평화 핵심 용어 애그플레이션

5초에 한 명씩 어린이가 굶어 죽어요

전 세계에는 아직도 굶어 죽는 사람들이 많아요. 특히 어린아이들이 많지요. 통계에 따르면 5초에 한 명씩 굶어 죽는다고 해요. 원인은 영양실조 때문이에요. 전 세계 인구 중 무려 10%나 돼요. 100명 중 10명이 영양실조인 셈이지요. 지구에서 나는 식량이 부족하기 때문일까요? 사실은 아니에요. 세계에서 재배하는 곡물은 전 세계 인구가 다 먹고도 남아요. 곡물이 남는데 굶어 죽는 사람이 생기는 이유는 무엇일까요?

곡물 가격이 올라가면?

우리는 쌀, 밀가루, 감자, 옥수수 등의 농산물을 주식으로 해요. 농산물 가격이 오르면 덩달아 빵, 과자, 라면 등의 가격도 비싸져요. 이것을 '애그플레이션'이라고 해요. 농산물 가격이 오르면 아프리카나 아시아 등 몇몇 국가에서는 농산물을 살 수 없어요. 농산물 가격은 왜 오를까요? 가장 큰 이유는 바로 고기 소비 증가와 기후 변화예요. 고기 소비가 증가하면서 소나 돼지 등 가축에게 주는 곡물 공급량이 늘었어요. 농산물을 사고파는 회사가 곡물을 비싼 가격에 팔다 보니 전체적으로 농산물 가격이 올라요. 또 기후 변화로 곡물의 생산량이 줄어들어 곡물 가격이 오르기도 해요. 곡물이 남아돌면 가격이 떨어져 파는 게 오히려 손해기 때문에 남는 곡물을 바다에 버리기도 해요.

바다에 버리다니….

가격 때문에 이런 일이 일어나곤 한단다.

똑똑한 경제

우리가 도울 방법이 있을까요?

농산물 가격이 올라서 비싼 농산물을 사지 못해 굶는 사람이 많아요. 이런 문제가 발생하지 않도록 하기 위해서 우리는 어떤 노력을 해야 할까요? 맞는 것에 동그라미 하세요.

① 육식 위주의 식습관을 가져요.
② 시장에서 한꺼번에 음식을 많이 사요.
③ 음식을 먹을 때는 먹을 만큼만 덜어 먹어요.
④ 채식 위주의 식습관을 가져요.

답 ④, ③

석유 대신 옥수수, 사탕수수 등으로 만든 연료를 이용하는 것이 바이오 에너지예요. 많은 나라에서 바이오 에너지를 개발하면서 곡물의 가격이 오르기도 해요.

빚을 제때 갚지 못하면 어떻게 되나요?

- **모라토리엄** 나라 전체나 특정 지역에 긴급 사태가 발생해 국가 권력으로 빚을 일정 기간 연장시키는 일.
- **지방 자치 단체** 지방정부의 일종.

교과서 6학년 1학기 3단원 우리나라의 경제 발전 **핵심 용어** 모라토리엄, 지방 자치 단체

초고층 빌딩을 지은 후 남은 것은?

사람들은 돈을 빌리면 '언제까지 갚겠다'고 약속을 해요. 그리고 약속한 날짜 안에 빚을 갚지요. 하지만 제때 돈을 갚지 못하는 경우도 있습니다. 개인뿐 아니라 지자체나 나라가 돈을 쓰고 빚을 못 갚는 경우도 있지요. 두바이에는 세계에서 가장 높은 건물인 부르즈 할리파가 있어요. 사막 도시 한가운데 하늘을 찌를 듯한 건물은 높이 828m, 163층으로 이루어져 있어요. 이 건물은 짓는 데 돈이 많이 들어 빚을 져야 했지요. 완공이 된 이후에도 두바이는 엄청난 빚을 갚지 못했어요. 결국 두바이는 제때 빚을 못 갚겠다고 선언했어요. '모라토리엄' 선언을 한 것이지요.

건물을 짓느라 나랏돈이 떨어졌어.

당장 못 갚을 때는? 모라토리엄 선언

모라토리엄은 친구들끼리 돈을 빌리고 못 갚겠다고 하는 게 아니에요. 국가나 지방 자치 단체가 빌린 돈을 갚지 못할 때 선언하는 거예요. 빚을 안 갚겠다는 게 아니지요. 모라토리엄을 선언하면 어떻게 될까요? 처음에는 돈을 빌려 준 세계 금융기관들이 그 국가나 지방 자치 단체가 빚을 갚을 수 있도록 신경을 써요. 시간이 지난 뒤에 돈을 갚을 수 있을 것처럼 보이지 않으면 국가에 각종 요구를 하며 돈을 갚을 수 있도록 해요. 세금을 더 걷거나 기업들을 외국에 팔도록 강요하기도 하지요. 빚을 다 갚을 때까지 경제적 능력과 주권을 빼앗기는 것입니다.

똑똑한 경제

모라토리엄 선언을 한다면?

국가나 지방 자치 단체가 빚을 갚을 수 없을 때 모라토리엄 선언을 해요. 1982년에는 멕시코와 브라질이, 1998년에는 러시아, 2009년에는 두바이가 모라토리엄 선언을 했어요. 우리나라도 경기도 성남시가 2010년에 모라토리엄 선언을 했어요. 모라토리엄 선언을 하면 돈을 빌려 준 금융기관에서 해당 국가에 세금의 몇 퍼센트를 걷으라는 등 다양한 요구를 하기도 하지요.

멕시코   러시아   성남시

 만약 돈을 아예 못 갚겠다고 한다면 그건 '디폴트 선언'이라고 해요. 디폴트는 외국에서 빌려 온 모든 빚을 갚을 능력이 없는 경우예요. 한마디로 국가 파산이지요.

무역은 누가 먼저 했을까요?

- **무역** 나라 간에 상품을 사고팔거나 교환하는 일을 말한다.
- **수입** 외국 제품을 국내로 사들임.
- **수출** 국내 제품을 외국에 판매함.

교과서 6학년 2학기 1단원 세계 여러 나라의 자연과 문화 **핵심 용어** 무역, 수입, 수출

필요한 것을 얻기 위해 무역을 해요

집에 있는 물건들을 자세히 살펴보세요. 'Made In Italy'나 'Made In China' 등이 적혀 있을 거예요. 물건이 어디에서 만들어졌는지 알 수 있지요. 이렇듯 우리는 여러 나라에서 만든 물건들을 쓰고 있어요. 무역을 통해 우리나라로 수입한 것이지요. 물론 우리나라에서 만든 물건도 외국에 수출되고 있어요. 기술과 서비스도 무역을 통해 나라와 나라 사이를 이동해요. 그렇다면 사람들은 언제부터 무역을 했을까요?

15세기 유럽에서 시작한 무역

아주 먼 옛날 사람들은 자신이 가지고 있지 않은 물건을 이웃과 바꿔 사용했어요. 처음엔 옆집 사람과 교환했고 이후에는 멀리 사는 사람들과 바꿨어요. 사람들은 멀리 산과 바다 건너에는 어떤 물건이 있는지 호기심이 생겼지요. 이런 호기심으로 15세기 말 유럽인들은 직접 바다를 건너갔어요. 무역이 시작된 것이지요. 망원경이나 바다에 배를 띄우는 기술이 발전했기 때문에 무역을 할 수 있었어요. 유럽인은 아메리카 대륙이 있다는 사실을 알게 됐어요. 그리고 그곳에서 금, 은과 농사지은 담배, 면화 등을 가지고 왔어요. 인도에서는 향신료를, 아시아에서는 갖가지 진귀한 물건들을 가지고 왔어요. 자신들이 가지고 있던 무기는 다시 여러 나라에 팔았지요. 이렇게 무역이 시작되었답니다.

똑똑한 경제

우리 주위에서 찾을 수 있는 수입품을 조사해 보세요

우리 삶에는 알게 모르게 많은 수입품이 들어와 있습니다. 가장 가까운 것으로는 필통에 들어 있는 샤프나 펜이 있고, 방 안의 침대와 책상 등이 있지요. 먹는 음식으로 찾아본다면 더 쉽게 찾을 수 있을 거예요. 고깃집만 가도 뉴질랜드산이나 호주산 소고기, 중국산 고춧가루 등 여러 나라에서 온 제품들을 만날 수 있지요.

 우리나라는 9세기 통일 신라 시대 장보고가 완도에 청해진을 세우고 해적을 소탕하며 해상 무역을 이끌었어요.

공정 무역으로 함께 살아요

- **공정 무역** 개발도상국 생산자에게 정당한 대가를 주어 소비자가 더 좋은 물건을 살 수 있도록 하는 무역 형태를 말한다.

교과서 6학년 2학기 2단원 통일 한국의 미래와 지구촌의 평화 **핵심 용어** 공정 무역

축구공의 비밀

사람들은 경제 활동을 하며 생계를 이어가고 있어요. 안타깝게도 세계의 많은 사람들이 일한 만큼의 대가를 받지 못하고 있어요. 축구공을 만드는 아이들이 대표적인 사례예요. 축구공에 새겨진 브랜드 로고와 오각형, 육각형은 대부분 파키스탄과 인도의 어린이들이 붙인답니다. 성인보다 임금이 적은 아이들을 고용하는 것이지요. 아이들은 쉬는 시간 없이 하루 종일 일해도 하루에 고작 1~2달러, 우리나라 돈으로 2천 원 정도밖에 못 받습니다. 지금도 학교에 가야 할 어린이들이 일터에 앉아 오랜 노동을 하며 배고픔에 시달리고 있답니다.

모두가 잘사는 방법, 공정 무역

커피콩이나 카카오, 설탕 농장에도 많은 어린이들이 하루 종일 일을 하지요. 어린이들이 정당한 대가를 받게 하려면 소비자인 우리가 해당 기업에서 만든 물건을 이용하지 않고, 정당한 대가를 주고 생산한 물건만 구매하는 것이에요. 공정 무역으로 판매되는 커피나 초콜릿 등은 아동 노동으로 생산된 제품이 아니에요. 또 어린이들이 학교에 다닐 수 있는 자유권을 지켜 주지요. 소비자들이 근로자에게 정당한 대가를 주고 생산된 물건만 산다면 아동 노동을 택한 기업의 물건은 팔리지 않을 것이고, 이러한 기업도 나중엔 공정 무역을 택할 거예요.

똑똑한 경제

내가 할 수 있는 착한 소비, 공정 무역

공정 무역을 통해 판매되는 커피는 다른 커피보다 가격이 조금 비쌀 수 있어요. 정당한 노동의 대가가 소비자 가격에 포함되기 때문이에요. 무조건 가격이 저렴한 물건을 찾기보다 누군가 열심히 만든 물건에 정당한 값을 지불하는 착한 소비자가 되어 보는 건 어떨까요? 착한 소비로 또 어떤 것이 있을지 찾아보세요.

 근로자들은 인종과 국적, 종교, 나이, 성별에 따라 차별받으면 안 돼요. 일을 하더라도 정해진 시간이 넘으면 초과 수당을 받는 등 일한 만큼의 돈을 받을 수 있어야 해요. 또 공정 무역은 농약과 비료 등을 최소한으로 사용해 환경보호에도 신경 써야 합니다.

자유 무역이 불공평하다고요?

• **자유 무역** 각 나라가 관세나 무역 장벽 등 다른 정부의 간섭을 받지 않고 자유롭게 무역을 하는 형태를 말한다.

교과서 6학년 2학기 2단원 통일 한국의 미래와 지구촌의 평화   **핵심 용어** 자유 무역

많은 나라에서 자유 무역을 하고 있어요

우리가 먹고, 입고, 쓰는 여러 가지 물건은 외국에서 수입하기도 해요. 우리나라에서 만든 물건도 외국으로 수출되지요. 이렇게 서로의 물건을 수입하고 수출하는 무역 형태를 자유 무역이라고 해요. 자유 무역은 국가가 외국과의 무역에 간섭하지 않아요. 기업이나 개인이 자유롭게 무역을 할 수 있지요. 자유 무역을 하면 생산자는 원자재를 좀 더 저렴하게 구입할 수 있고 더 많은 곳에 물건을 판매할 수 있어요. 소비자 역시 좋은 물건을 저렴하게 구입할 수 있지요. 무역으로 새로운 기술을 배우기도 하고, 기업 간에 경쟁을 해서 국가 경제에도 도움을 줍니다. 이 때문에 많은 나라에서는 자유 무역을 하고 있어요.

한국 칠레 자유무역협정

자유 무역은 불공정하기도 해요

자유 무역이 모두에게 이득이 되진 않아요. 모두에게 똑같이 적용되는 규칙이 공정해 보이기도 하지만 사실 불공정하기도 합니다. 예를 들어 잘사는 나라의 기업과 못사는 나라의 기업이 컴퓨터를 만든다고 했을 때 더 좋은 부품을 쓸 수 있는 잘사는 나라의 기업이 만든 제품이 더 경쟁력이 있을 거예요. 즉 개발도상국의 제품은 선진국의 제품보다 경쟁력이 떨어지는 것이지요. 이런 일이 반복되다 보면 개발도상국은 경제를 발전시킬 기회조차 잡지 못하는 것이에요.

똑똑한 경제

자유 무역이 좋지만은 않아요

우리나라에서는 2004년에 맺은 자유무역협정인 FTA를 통해 농산물 시장이 개방되었어요. 칠레산 수입 포도가 들어왔는데, 국내에서 생산한 포도보다 훨씬 달고 씨가 없어 잘 팔렸답니다. 사람들이 수입 포도를 더 많이 찾자 국내의 포도 농가들은 생산량을 줄이고 포도를 재배하는 땅도 줄여 나갔답니다.

 자유 무역을 할 때는 수입품에 세금을 매기지 않습니다. 그러니 저렴하게 구입할 수 있지요.

보호 무역으로 자국의 산업을 지켜요

- **관세** 수입을 제한하기 위해 외국에서 들어온 물품에 세금을 매기는 것.
- **보호 무역** 자국 산업 보호를 위해 외국에서 들어오는 물건을 제한하는 것.

교과서 6학년 2학기 2단원 통일 한국의 미래와 지구촌의 평화 **핵심 용어** 관세, 보호 무역

자유 무역과 자국 산업 보호

우리나라는 외국에서 만든 다양한 물건을 국내로 수입해요. 석유나 전자 제품, 농수산물, 자동차 등의 물품들을 수입하고 있지요. 우리나라 제품이 있어도 수입하는 경우가 많아요. 물론 소비자인 우리는 다양한 제품 중 원하는 것을 고를 수 있어 좋아요. 하지만 수입한 제품이 성능도 좋고 가격도 저렴해 인기가 있다면 국내 산업이 어려워질 수도 있어요. 특히 선진국과 개발도상국의 구역에서 이런 문제를 자주 볼 수 있어요.

보호 무역이 필요해요

정부는 자국 산업의 발전을 위해 여러 가지 보호 정책을 펼쳐요. 이것을 보호 무역이라고 합니다. 보호 무역은 나라 간 무역을 할 때 정부가 나서서 다른 나라의 활동을 제한하는 것을 말해요. 예를 들어 수입하는 물품에 세금을 내게 하는 것이지요. 이것을 관세라고 합니다. 이 관세를 조절해 다른 나라의 물품이 자유롭게 들어오지 못하게 하는 것을 관세 장벽이라고 해요. 인위적으로 기술이나 환경, 통관 절차를 복잡하게 하는 것은 비관세 장벽이라 합니다. 여기에는 정해진 수량만 수입하게 하는 '수입 할당제'도 있지요. 여러 나라에서 자국의 경제를 발전시키기 위해 보호 무역을 합니다.

똑똑한 경제

보호 무역과 자유 무역

자국의 경제를 발전시키는 다양한 방법이 있습니다. 자국으로 들어오는 수입은 줄이고 해외로 보내는 수출을 늘려 경제를 발전시킬 수도 있지요. 이러한 보호 무역은 다른 나라와 자유롭게 하는 상품을 사고파는 자유 무역과는 반대되는 개념입니다.

보호 무역은 자국 산업을 보호하는 효과가 있는 반면 국가 간의 무역이 위축될 수 있고 소비자가 다양한 상품을 선택하는 데 제약을 주기도 해요.

가난한 사람에게만 돈을 빌려 준다고요?

- **담보** 돈을 빌리고 갚지 못할 때 대신 지급할 수 있는 것을 말한다.
- **보증인** 돈을 빌린 사람이 돈을 갚지 못할 때 대신 갚아주는 사람.

교과서 6학년 2학기 3단원 인권 존중과 정의로운 사회 핵심 용어 담보, 보증인

담보가 있어야 돈을 빌릴 수 있어요

은행은 돈을 보관하는 일 외에도 여러 가지 일을 합니다. 돈이 필요한 사람들에게 돈을 빌려 주는 업무도 하지요. 은행은 돈을 빌려 주기 전에 그 사람이 돈을 갚을 수 있는지 판단해요. 혹시나 돈을 갚지 못하는 상황에 대비해 담보나 보증인을 정하기도 하지요. 은행은 돈을 빌리려는 사람이 갚을 능력이 없다고 판단하면 돈을 빌려 주지 않아요. 은행은 빌려 준 돈에 대한 이자를 받아 운영하는 금융기관이기 때문이지요. 그런데 가난한 사람에게만 돈을 빌려 주는 이상한 은행이 등장했어요.

가난한 사람들에게 돈을 빌려 주는 그라민 은행

1983년 방글라데시의 유누스 교수는 돈을 빌리지 못해 어려움을 겪는 사람들을 보았어요. 교수는 가난한 사람들에게 자신이 가진 돈은 물론 은행에서 대출까지 받아 빌려 주기도 했어요. 담보나 보증도 요구하지 않았지요. 사람들은 비웃었어요. 빌려 준 돈을 돌려 받지 못할 것이라고 장담했지요. 하지만 돈을 빌린 사람들 모두 돈을 갚았어요. 교수가 빌려 준 돈은 150달러로 큰돈은 아니었지만 방글라데시에서는 장사 밑천을 마련할 수 있는 돈이었지요. 유누스 교수 덕에 많은 사람이 장사를 시작하고 가난을 벗어날 수 있었어요. 이렇게 시작한 게 바로 그라민 은행이에요.

 **똑똑한 경제**

그라민 은행에서 돈을 빌린 사람들

돈을 빌려 간 사람 중 90% 이상은 여성들이었어요. 빌린 돈으로 장사를 해 돈을 벌었어요. 사회적으로 활동에 제약을 받는 여성들은 그라민 은행 덕분에 경제 활동도 하며 이전보다 나은 삶을 살 수 있었어요. 이러한 공로를 인정받아 2006년 유누스 박사와 그라민 은행은 노벨 평화상을 받았어요.

 '그라민'은 시골 또는 마을을 의미하는 방글라데시 말이에요.

세계화 시대에 살고 있어요

• **세계화** 세계 여러 나라가 정치, 사회, 경제, 과학, 문화 등 다양한 분야에서 교류하며 영향을 주고받는 것을 말한다.

교과서 6학년 2학기 2단원 통일 한국의 미래와 지구촌의 평화 핵심 용어 세계화

세계는 하나의 마을이에요

우리는 대한민국에 살지만 칠레산 포도를 먹고 호주산 소고기를 먹어요. 미국 감독이 제작한 영화도 보고 영국에서 수입한 신발도 신지요. 인천 공항을 이용해 외국으로 여행도 가고 해외에 있는 여러 물건들을 인터넷으로 구매할 수도 있어요. 우리나라에 있더라도 문화, 산업, 교육 등의 다양한 분야에서 전 세계를 쉽게 접할 수 있지요. 세계가 마치 가까운 마을처럼 느껴지기도 해요. 이를 세계화 시대라고 합니다. 세계 여러 나라 사람들과 영향을 주고받으며 살아가는 시대예요.

지금은 세계화 시대

과거에는 나라와 나라 사이의 소통이나 거래가 잘 이루어지지 않았어요. 지금은 교통의 발달로 나라 간 오고 가기가 쉬워졌답니다. 인터넷을 비롯해 통신 수단이 발달하면서 지구 반대편에 있는 곳의 소식도 바로 들을 수 있지요. 교통과 통신의 발달로 세계화가 이루어진 것이에요.

1995년 WTO가 만들어지면서 국가 간 거래가 늘어났어요. WTO는 국가 간 무역을 활발하게 하고 지구촌 경제 질서를 유지해요. 세계는 WTO의 보호와 감시 아래 상품 거래와 더불어 자본과 노동력까지 자유롭게 오고 가며 무역을 하고 있지요. 자유로운 경쟁 덕에 더 좋은 제품과 서비스가 만들어져 소비자들의 만족도가 높아지고 있어요.

똑똑한 경제

세계화 시대에 살고 있는 우리

우리나라에서 생산된 물건만 사용하며 살아갈 수 있을까요? 불가능할 거예요. 여러분의 방을 한번 둘러보세요. 침대, 책상, 의자, 옷, 스마트폰, 태블릿 PC 등 외국 브랜드 제품이 많을 거예요. 우리는 세계화 시대에 살고 있기 때문에 인터넷을 통해 여행지를 살펴볼 수 있고, 해외에 사는 친구랑 영상통화도 할 수 있어요.

 세계무역기구인 WTO는 'World Trade Organization'의 약자랍니다. WTO의 본부는 스위스 제네바에 있어요.

세계화는 좋은 것 아닌가요?

교과서 6학년 1학기 3단원 우리나라의 경제 발전 핵심 용어 경쟁력

- **경쟁력** 어떤 시장에서 기업이나 국가가 물건이나 서비스를 판매할 때, 능력이나 매출 등을 비교하는 것을 말한다.

경쟁력 있는 산업만 살아남아요

세계는 하나의 마을처럼 가까워졌어요. 마치 국경이 없는 것처럼 자유롭게 이웃 나라를 오가기도 해요. 해외의 다양한 문화와 제품을 손쉽게 만날 수 있지요. 세계화가 진행되면 각 나라가 내세우는 산업이 더욱 발달할 수 있어요. 이것을 경쟁력 있는 산업이라고 합니다. 우리나라는 반도체나 철강이 경쟁력 있는 산업이에요. 우리나라를 대표하는 산업이지요. 미국의 경쟁력 있는 산업은 문화, 금융 등으로 세계화에 맞춰 더욱 발달했습니다. 각 나라는 세계 무대에서 더욱 경쟁력을 키우고 산업을 발달시켜 이득을 얻을 수 있어요. 이럴 때 어떤 문제점이 있을까요?

세계화로 생기는 문제점은?

각 나라에는 경쟁력이 좋은 산업만 있지 않아요. 우리나라의 농업과 축산업은 경쟁력이 부족합니다. 세계화가 진행되면서 외국에서 값싼 농축산 식품이 들어와 우리나라 농축산 산업의 경쟁력이 떨어지는 문제도 생겼어요. 국산 농축산물의 소비가 줄어들었지요. 그렇게 되면 산업이 소외되면서 발전하는 데 어려움이 있어요. 경쟁력이 있거나 나라를 대표할 만한 산업이 없는 나라들은 어떨까요? 원자재와 농산물 등을 싼값에 수출하고 큰 이득은 얻지 못하고 있어요. 결국 경제적으로 이익도 얻지 못하고 산업도 발달시키기 어렵게 되었답니다.

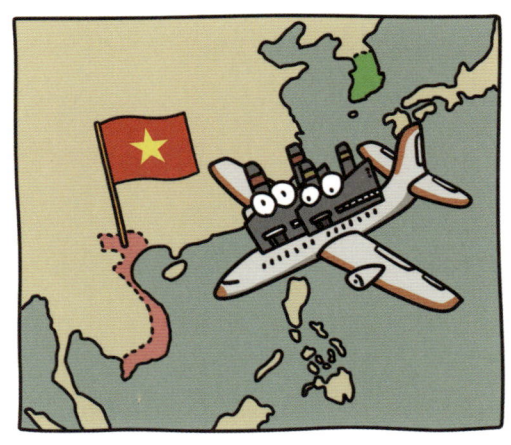

똑똑한 경제

바나나만 키우는 나라가 있어요?

20세기 한 미국 회사가 인건비를 줄이기 위해 남아메리카의 여러 나라에서 바나나 농장을 운영했어요. 인건비가 훨씬 싸기 때문이지요. 이후 에콰도르, 과테말라에서는 여전히 바나나를 많이 수출해요. 그러다 보니 다른 농산물을 재배할 수 없었고, 산업도 발달하지 못했어요. 전국에 바나나를 키우는 농장만 있을 뿐이지요.

 세계화는 강대국과 약소국의 경제 격차를 크게 키우기도 해요. 경쟁에서 이긴 다국적 기업들과 자본가들에게는 큰 이익을 주지만 약소국은 점점 더 가난해질 수밖에 없어요.

우리나라에 중국 물건이 많은 이유는?

• **주문자 상표 부착 생산** 주문자의 상표를 붙인 부품이나 완제품을 제조하여 공급하는 생산 방식

교과서 6학년 2학기 2단원 이웃 나라의 환경과 생활 모습 핵심 용어 주문자 상표 부착 생산

'Made In China'가 많은 이유

세계화 덕분에 우리는 세계 여러 나라에서 만든 물건을 만날 수 있고 구하기도 쉬워졌어요. 주변의 물건을 살펴보면 아마도 많은 물건에 'Made In China'라고 쓰여 있을 거예요. 중국에서 만들었다는 뜻이지요. 이처럼 우리가 사용하는 것 중 유독 중국에서 만든 제품이 많은 이유는 무엇일까요?

나이키 공장이 중국에 있는 이유

중국은 세계에서 네 번째로 넓은 땅을 가지고 있고 지하자원도 풍부합니다. 물건을 만들기 위해 외국에서 원료를 수입할 필요가 거의 없어요. 인구는 세계에서 가장 많기 때문에 인건비도 매우 저렴해요. 중국은 이런 점들을 적극 활용해 정교한 기술이 필요 없는 물건들을 만들어 외국에 팔아요. 또 영국이나 미국, 한국, 일본 등 여러 나라의 기업에서 주문을 받아 공장을 지어 물건을 생산해요. 이것을 주문자 상표 부착 생산(OEM)이라고 합니다. 미국 유명 신발 브랜드 나이키나 전자기기 브랜드 애플 같은 기업이 OEM 방식으로 중국에서 만들어요. 인건비가 싸기 때문에 외국의 회사들이 중국으로 몰려들어 공장을 짓고 제품 생산을 한 것이지요. 그 결과 중국은 다양한 제품을 많이 생산하는 나라가 되었고 세계 어딜 가나 중국산 제품을 쉽게 찾을 수 있답니다.

똑똑한 경제

다양한 제품을 만드는 중국

최근 중국은 스마트폰, 텔레비전, 자동차 등 첨단 제품을 개발하고 만드는 데 주력하고 있어요. 이전까지 기술 부족으로 도전조차 하지 않았던 분야였지요. 중국이 질 좋고 값싼 제품을 잇달아 만들면서 첨단 제품을 많이 만들던 우리나라와 일본은 어려움을 겪고 있어요.

 중국 경제가 빠르게 성장하자 인건비도 비싸졌어요. 그러자 세계 여러 기업들은 중국에 지은 공장들을 베트남이나 방글라데시 등 동남아 국가로 옮기고 있어요

무역 전쟁을 벌인 이유는?

- **경쟁력** 다른 것과 경쟁할 만한 힘이나 능력을 말한다.
- **무역 전쟁** 관세를 높게 매겨 다른 나라 물품의 수입을 제한하는 것.

교과서 6학년 1학기 3단원 우리나라의 경제 발전 **핵심 용어** 경쟁력, 무역 전쟁

미국은 지금?

2017년 트럼프 대통령은 취임식에서 미국의 이익을 가장 우선시하겠다고 말했지요. 그는 곧장 멕시코와 접한 국경에 장벽을 쌓고 불법 이민과 난민들의 입국을 막았어요. 또 한국에서 임무 수행을 하고 있는 미군을 위해 한국이 더 많은 방위비 분담금을 내야 한다고 했어요. 트럼프 대통령은 경제 분야에서도 미국의 산업을 보호한다며 무역 장벽을 쌓은 거예요. 무역 장벽은 자유 무역에 반하는 행위이지요. 다른 산업에 비해 경쟁력이 약한 자국의 자동차와 철강 산업을 보호하기 위해 하는 행동이었어요.

무역 전쟁을 시작한 미국

트럼프 정부는 자동차와 철강 산업을 보호하기 위해 다른 나라에서 들어오는 자동차나 철강 제품에 관세를 매겼어요. 관세는 자국으로 들어오는 외국 물품에 세금을 내게 하는 거예요. 유럽이나 중국과 같은 나라에서 오는 물품에 높은 관세를 매겨 미국인이 그 나라에서 온 제품을 사지 않도록 유도하는 거지요. 높은 관세로 피해를 본 유럽과 중국 등 다른 국가들도 미국에 대해 가만히 있진 않았어요. 미국에서 들어오는 물건들에 높은 관세를 매겼지요. 이것을 '무역 전쟁'이라고 해요. 무역을 하는 나라 사이에서 소리 없는 경제 전쟁이 벌어지고 있답니다.

똑똑한 경제

전쟁이 일어날지도 모른다고요?

무역 전쟁은 총과 폭탄 등 무력을 써서 하는 전쟁이 아니에요. 하지만 이해관계가 복잡하게 얽힌 두 나라의 대립이 곧 무력 충돌을 일으킬 수도 있어요. 그렇다고 너무 걱정할 필요는 없어요. 세계화로 나라와의 교류가 많아지고 평화를 원하는 세계인들이 비정부기구 NGO나 시민 단체 등을 만들어 평화를 위한 활동을 하고 있기 때문이에요.

 비정부기구 NGO는 정부 기관이 아닌 민간 조직을 말해요. 권력이나 이윤을 바라지 않고 인간의 가치를 지키는 시민사회 단체예요.

유럽이 하나로, EU

• **유럽연합** 유럽 여러 국가들의 정치와 경제를 통합해 발전시키기 위해 만들어진 공동체를 말한다. 2020년 기준 27개 국이 가입했다.

교과서 6학년 2학기 1단원 세계 여러 나라의 자연과 문화 **핵심 용어** 유럽연합

한마을 같은 유럽

우리는 인도나 중국, 미국, 캐나다 등 다른 나라에 가기 위해서는 여권과 비자가 필요해요. 해외로 나가려면 신분이 확실히 보장되어야 하고 해당 국가의 허가를 받아야 하지요. 다른 나라 사람들도 마찬가지예요. 다른 나라로 갈 때 여권과 비자가 필요 없는 나라들이 있어요. 바로 유럽에 있는 나라들이에요. 유럽 내의 한 나라에서 다른 나라로 갈 때 신분증 검사나 비자를 발급했는지 보지 않아요. 사용하는 언어도 비슷해 큰 어려움 없이 돌아다닐 수 있지요. 마치 유럽이 한 나라 같지 않나요? 유럽은 언제부터 한 나라처럼 되었을까요?

유럽 공동체로 함께 살아요

유럽은 오래전부터 전쟁이 끊이지 않았어요. 종교와 민족이 다르기도 했지만 서로 더 많은 땅과 자원을 차지하기 위해 전쟁을 치렀어요. 지친 유럽인들은 전쟁을 막기 위해 유럽의 모든 자원을 함께 사용해야 한다고 생각했어요. 유럽의 경제를 살리는 방법이기도 했지요. 프랑스의 철광석과 독일의 석탄을 함께 관리한다면 경쟁력도 키울 수 있고 경제 발전을 이룰 수 있을 거라 생각했지요. 프랑스와 독일을 중심으로 '유럽석탄철강공동체'가 만들어졌어요. 이후 유럽 경제 공동체와 유럽 공동체로 이어졌고 1994년 유럽연합이라는 이름으로 바뀌었어요.

 **똑똑한 경제**

유럽연합은 경제 공동체

유럽연합의 법정 화폐는 유로화예요. 이전까지 각 나라마다 자국의 화폐를 사용했었는데 2002년부터 유로화를 법정 통화로 사용하고 있어요. 이 덕분에 유럽연합 국가들 사이의 경제적 교류가 활발해졌습니다.

 제2차 세계대전이 끝나고 1962년 프랑스 대통령과 독일 수상은 렝스 성당에서 화해의 미사를 올렸어요. 그리고 1985년 도시 솅겐에서 협정을 맺었어요. 1991년 마스트리히트 조약이 체결되고, 1993년 유럽연합이 탄생했습니다.

영국이 유럽연합을 탈퇴한 이유는?

- **규제** 규칙·규정에 한도를 정하다.
- **브렉시트** 영국의 브리튼(Britain)과 탈퇴를 뜻하는 엑시트(Exit)의 합성어로 영국이 유럽연합을 탈퇴했다는 뜻.

교과서 6학년 2학기 1단원 세계 여러 나라의 자연과 문화 **핵심 용어** 규제, 브렉시트

최초로 유럽연합을 떠난 나라

유럽연합은 유럽의 정치와 경제를 하나로 하기 위해 만들어진 기구예요. 프랑스, 독일, 네덜란드, 이탈리아 등 유럽의 27개 나라가 가입되어 있어요. 2016년 이전에는 가입한 나라가 28개였지만 2016년에 영국이 유럽연합을 탈퇴하면서 27개로 줄었어요. 영국은 1973년에 유럽연합 이전의 유럽 경제공동체 ECC에 가입한 지 43년 만에 유럽연합 탈퇴를 국민 투표에 부쳤어요. 결과는 영국 국민 중 52%가 탈퇴에 찬성했답니다.

왜 유럽연합을 탈퇴했을까요?

영국이 유럽연합에서 탈퇴한 것을 '브렉시트'라고 해요. 영국을 뜻하는 브리튼(Britain)과 탈퇴를 의미하는 엑시트(Exit)를 합쳐서 만든 단어이지요. 영국이 오랜 시간 동안 함께해 온 유럽연합을 떠난 이유가 무엇일까요?

영국인들은 유럽연합의 규제가 많아서 영국의 경제가 좋지 않은 것이라고 판단했어요. 또 영국이 유럽연합에 내는 비용은 많지만 혜택은 낸 만큼 보지 못한다고 생각했지요. 당시 유럽연합에서는 중동 국가의 난민을 돕기 위해 각 나라에서 난민을 받으라는 정책을 폈어요. 이에 영국인들은 영국 국민의 일자리가 더 줄어든다며 유럽연합 탈퇴에 찬성한 거예요.

똑똑한 경제

브렉시트, 누가 찬성표를 던졌을까요?

유럽연합 탈퇴 찬반 투표는 18~24세 유권자 중 73%, 25~34세 유권자 중 62%가 브렉시트에 반대했고 65세 이상 유권자 중 60%가 브렉시트에 찬성했어요. 노년층의 찬성률이 높았던 이유는 1900년 이전 수많은 식민지를 거느렸던 영국을 그리워한 노년층들이 많았기 때문이지요. 영국이 다시 강대국으로 성장하려면 유럽연합의 규제 아래서 벗어나야 한다고 생각했지요. 반면 브렉시트 반대가 많았던 젊은 층들은 투표 결과에 만족하지 못하고 있어요.

영국의 세대 간 표심 차이

	탈퇴	유지
18~24세	27	73
25~34세	38	62
35~44세	48	52
45~54세	56	44
55~64세	57	43
65세 이상	60	40

 브렉시트 찬반 투표는 영국 국민의 72%가 참여할 만큼 관심이 뜨거웠어요. 브렉시트는 2020년 1월 31일(현지 시간 기준 오후 11시) 단행되어, 이제 영국은 유럽연합(EU) 회원국이 아니랍니다.

우리나라는 지하자원이 많은가요?

• **지하자원** 땅속의 자원으로 철, 석탄 등 사람이 살아가는 데 필요한 광산물을 말한다.

교과서 5학년 1학기 1단원 국토와 우리 생활 **핵심 용어** 지하자원

석유 자원은 수입해서 사용해요

부모님과 함께 차를 타고 주유소에서 기름을 넣은 적 있나요? 그럴 때마다 부모님은 기름 값이 조금이라도 더 싼 곳을 찾곤 해요. 공회전을 줄이고 갑자기 멈추는 급제동을 하지 않아 기름을 아끼려고 노력해요. 이처럼 사람들이 기름을 아끼는 이유는 무엇일까요? 바로 우리나라에서는 기름, 즉 석유 자원이 나지 않기 때문이에요. 다른 나라에서 수입한 석유를 사용하고 있지요. 우리나라는 주로 사우디아라비아나 쿠웨이트, 이란 등 서남아시아 국가의 석유 자원을 수입해요.(2017년 기준)

우리나라에 풍부한 천연자원은?

우리나라의 지하자원으로는 학교나 아파트 등 건물을 지을 때 사용되는 시멘트의 원료인 석회석, 철을 만드는 철광석이나 연탄의 원료인 구연탄 등이 있어요. 하지만 국내에서 생산하는 것보다 주로 수입해 사용하지요. 우리나라는 천연자원이 부족한 나라에 속해요. 일본, 싱가포르, 스위스 등도 천연자원이 부족한 나라들이에요. 반면 천연자원이 풍부한 나라로는 미국, 캐나다, 호주, 사우디아라비아 등이 있어요. 자원이 풍부하면 국가의 경제 성장에 도움이 돼요. 하지만 천연자원이 부족하다고 해서 경제가 발전하지 못하는 것은 아니에요. 우리나라처럼 기술을 발달시키고 인적 자원을 잘 활용하면 경제가 발전할 수 있어요.

똑똑한 경제

자원이 풍부한 나라와 부족한 나라

천연자원이 풍부한 나라가 있고 인적 자원이 풍부한 나라가 있어요. 나라마다 풍부한 자원을 이용해 경제를 발전시켜요. 자원이 풍부하면 경제는 어떻게 발전할까요? 다음 중 자원과 사람들의 삶을 다르게 설명한 것을 골라 보세요.

ㄱ. 자원이 부족한 국가는 경제 발전이 어려워요.
ㄴ. 자원이 풍부한 국가는 소득과 일자리가 늘어나요.
ㄷ. 자원이 부족해도 발달한 기술이나 인적 자원을 이용해 경제를 발전시킬 수 있어요.

ㄱ

 우리나라에서 석유가 언제부터 쓰였는지 명확하지는 않으나, 조선 후기의 학자 황현이 쓴 《매천야록》에 보면 석유는 경진년인 1880년에 처음으로 사용되었다고 합니다.

우리나라는 어떤 물건을 수출하고 수입할까요?

• **반도체** 온도에 따라 전기가 통하기도 안 통하기도 하는 물질을 말한다. 반도체는 각종 가전제품과 컴퓨터, 자동차 등의 핵심 부품으로 쓰인다.

교과서 6학년 1학기 3단원 우리나라의 경제 발전 핵심 용어 반도체

수출과 수입이 필요해요

우리는 한겨울에도 아보카도와 망고를 먹을 수 있고, 지구 반대편에 있는 호주에 가지 않고도 호주산 소고기를 먹을 수 있어요. 나라와 나라끼리 무역을 하기 때문에 가능한 일이에요. 집앞 식당의 메뉴판에서도 쉽게 다른 나라에서 수입한 음식을 찾아볼 수 있어요. 우리나라가 외국에서 많은 물건을 수입하는 것처럼 우리나라도 외국에 다양한 물건을 수출해요. 우리나라는 주로 어떤 물건들을 수입하고 수출할까요?

수입한 원료로 완제품을 만들어 수출해요

우리나라는 자원이 부족한 나라예요. 따라서 원료를 수입해서, 수입한 원료로 정교하게 만든 제품을 수출해요. 우리나라에서 주로 수입하는 물건으로는 철광석, 천연가스, 석탄, 고무 등 천연자원들과 석유 제품이나 반도체 제조 장비, 망고와 바나나 같은 열대 과일 등이 있어요. 주로 수출하는 제품으로는 여러 전자 제품에 쓰이는 반도체와 텔레비전, 냉장고 같은 가전제품, 핸드폰, 자동차 등이 있어요. 뛰어난 기술 덕에 많은 나라에서 우리나라에서 만든 제품을 수입합니다.

똑똑한 경제

우리나라의 주요 수출품과 수입품은?

우리나라의 주요 수출품에는 '수출'이라고 쓰고 주요 수입품에는 '수입'이라고 쓰세요.

- 자동차
- 핸드폰
- 가전제품
- 반도체
- 석탄
- 고무

답 수출: 자동차, 핸드폰, 가전제품, 반도체
수입: 석탄, 고무

 한 나라의 주요 수출품과 수입품을 살펴보면 그 나라의 자연환경과 노동, 자본, 기술 수준을 알 수 있어요.

경제 성장이 환경에 미치는 영향

• **환경 오염** 공장이나 자동차 등에서 배출하는 가스나 폐수, 자원 개발 등으로 환경이 더럽혀지는 것을 말한다.

교과서 6학년 2학기 2단원 우리 이웃 나라의 환경과 생활 모습 **핵심 용어** 환경 오염

세계의 공장, 중국

우리 주변을 둘러보면 많은 물건이 중국에서 만들어진 것이에요. 신발, 옷, 생활용품뿐 아니라 가전제품, 휴대폰 등 중국에서는 많은 물건을 만들어 해외로 수출해요. 중국에서 만든 물건은 다른 나라에서 만든 물건보다 가격도 저렴해서 전 세계 곳곳에서 많이 사용하고 있어요. 중국은 땅이 넓고 인건비가 저렴해서 공장이 다양하고 많아요. 그래서 '세계의 공장'이라고 부르기도 하지요. 그런데 시간이 흐르면서 심각한 문제가 드러났어요. 바로 환경 오염이에요.

경제 발전과 환경 오염

지난 40년간 중국의 경제는 눈부시게 발전했어요. 그런데 너무 앞만 보고 달린 나머지 환경 문제를 생각하지 않았지요. 중국의 환경 문제는 이웃 나라에도 심각한 영향을 끼치고 있어요. 우리나라는 시도 때도 없이 중국에서 날아오는 미세 먼지로 고통받아요. 중국은 미세 먼지 문제가 더 심각하지요. 수도 베이징에 가면 미세 먼지가 심한 날은 앞도 보이지 않는답니다. 중국 서부에서는 지구 온난화로 사막화 현상이 심해지고 있어요. 또 사막에서 불어온 바람에 미세 먼지가 뒤섞여 일본까지 영향을 주고 있지요. 중국은 뒤늦게 심각성을 깨닫고 환경을 지키기 위한 정책을 펴고 있어요. 하지만 한번 파괴된 환경을 되돌리기란 쉽지 않아 보여요.

똑똑한 경제

'대기 오염' 줄이기에 나선 중국

중국의 대기 오염은 산업화가 시작되던 1990년대 이후로 심각해졌어요. 대기 오염의 주범은 자동차와 석탄을 주로 사용하는 화력 발전소예요. 석탄 소비 세계 1위로 전 세계에서도 석탄 공장을 가장 많이 가지고 있어요. 중국 정부는 대기 오염을 줄이기 위해 환경과 관련한 여러 법을 개정하고 환경 규제를 확대하는 등 법을 어길 때 강력한 처벌을 하고 있어요.

 중국은 지구 온난화의 주범인 이산화탄소 배출 1위 국가예요.(연간 10,175메가톤) 그다음은 미국이지요.(연간 5,235메가톤) 우리나라는 9위입니다.(연간 611메가톤) (출처 : 글로본 카본 프로젝트, 2019년 배출량)

아무것도 사지 않는 날이 있다고요?

• **아무것도 사지 않는 날** 현대인의 무분별한 소비 습관을 반성하기 위해 만들어진 캠페인. 70여 개 나라에서 다양한 캠페인을 벌이고 있다.

교과서 6학년 1학기 3단원 우리나라의 경제 발전　**핵심 용어** 아무것도 사지 않는 날

자원을 펑펑 써 버린다면?

대형 마트를 가면 '50% 할인'이나 '2+1 행사'를 볼 수 있어요. 싼값에 살 수 있으니 한 개를 사려고 한 물건도 두세 개씩 사게 되지요. 과소비를 하게 되면 다 쓰지 않은 물건을 버리거나 물건이 만들어진 만큼 자원을 쓰기 때문에 환경을 오염시키게 됩니다. 갖고 싶은 물건을 다 갖고 싶다고 해서 자원을 마구 쓴다면 우리의 후손이 사용할 자원이 남아 있을까요? 이러한 걱정들이 '아무것도 사지 않는 날'을 만들었어요.

아무것도 사지 않는 날 캠페인

'아무것도 사지 않는 날'은 캐나다에서 광고 제작자이자 예술가로 활동한 테드 데이브가 만든 캠페인이에요. 테드 데이브는 광고를 만들면서 사람들에게 소비를 하라고 부추겼던 자신의 모습을 반성했어요. 이후 많은 사람에게 과소비의 문제점을 알리고 자원을 절약하며 환경을 생각하자는 목적으로 시작한 운동이지요. 단 하루 만이라도 아무것도 소비하지 말자는 운동이에요. '아무것도 사지 않는 날'은 1992년 추수감사절이 끝난 첫 금요일에 처음 열렸어요. 캠페인에 참가한 사람들은 마트에서 물건을 그냥 구경하거나 신용 카드를 자르는 퍼포먼스를 했답니다. 현재 70여 개 나라가 참여하고 있어요.

똑똑한 경제

과소비가 가져오는 후폭풍

우리가 과소비를 일삼는다면 지구와 우리 후손들에게 어떤 영향을 미칠까요? 그만큼 자원이 낭비되고 버려지는 쓰레기도 늘어나 환경 오염이 심해질 거예요. 우리 후손들은 우리가 누리고 있는 깨끗한 지구가 아닌 다른 지구를 만날 거예요. 자원이 부족해 나라끼리 전쟁하고 있거나 더러워진 공기를 그대로 마시지 못해 방독면을 쓰고 생활할 수도 있어요. 우리가 하는 과소비는 어떤 게 있을까요? 생각해 보아요.

 우리나라는 환경 운동 단체인 '녹색 연합'이 중심이 되어 '아무것도 사지 않는 날' 운동에 앞장서고 있어요.

미래에는 어떤 산업이 발달할까요?

• **미래 산업** 인간의 생명을 다루는 산업이나 환경을 보호하고 부족한 에너지를 대체하는 자원을 개발하는 산업 등을 말해요.

교과서 6학년 1학기 3단원 우리나라의 경제 발전　**핵심 용어** 미래 산업

산업은 꾸준히 발전해 왔어요

시대가 바뀌면서 산업도 발전해 왔습니다. 자연을 이용한 1차 산업과 1차 산업에서 생산된 수확물 등을 가공하는 2차 산업 그리고 사람들이 편리한 생활을 할 수 있게 해 주는 3차 산업까지 발전했어요. 시간이 흐를수록 발전한 산업으로 사람들의 삶의 질이 높아졌어요. 활발히 연구 중인 AI와 로봇 산업 덕분에 사람이 운전대를 잡지 않아도 차가 알아서 운전하기도 하고, 로봇이 물건을 배송하거나 음식을 가져다주는 일이 점점 현실이 되고 있지요. 이런 것들을 4차 산업 혁명이라고 하는데 미래에는 어떤 산업이 발전하게 될까요?

미래에는 더욱 다양한 산업이 발전할 거예요

미래에는 한 가지 산업만 발전하지 않고 다양한 산업이 발전할 거예요. 의료 기술 산업과 생명공학 산업이 발달하면서 사람들은 병에 걸리지 않게 되고 수명도 늘어날 거예요. 또 심각한 지구환경 오염을 해결하기 위해 환경을 다시 깨끗하게 돌려 놓는 환경 관련 산업도 발달할 거예요. 지구 온난화를 일으키는 탄소 배출을 줄이기 위해 지구에 해가 되지 않는 에너지를 개발하거나 재생 에너지를 활용한 산업이 발달할 거예요. 미래에는 우주로 여행 가는 것은 물론 몇 시간 만에 달에 도착할 수도 있을 거예요.

똑똑한 경제

다양한 미래 산업을 알아보아요

다음 내용에 맞는 산업을 바르게 연결해 보세요.

ㄱ. 불치병 등을 치료하기 위한 산업　　① 환경을 보호하는 산업

ㄴ. 환경 오염을 해결하는 산업　　② 대체 에너지를 개발하는 산업

ㄷ. 석유, 석탄 같은 부족한 자원을 대체하는 산업　　③ 생명공학 산업

답 ㄴ-①, ㄱ-③, ㄷ-②

 사람의 몸을 잠시 얼려 두는 냉동 인간 연구가 계속되고 있어요. 현재 기술로는 병을 고치지 못하는 불치병 환자들이 냉동 인간을 신청했답니다. 나중에 기술이 더욱 개발되면 냉동시켜 두었던 사람을 다시 살려 낼 계획이에요.

세계은행은 어떤 일을 하나요?

• **세계은행** 1946년 전 세계 개발도상국 국가들의 경제 발전을 위해 만들어진 국제기구. 자금을 지원하며 경제 개발을 돕고 있다.

교과서 6학년 1학기 3단원 우리나라의 경제 발전 **핵심 용어** 세계은행

세계가 이용하는 세계은행!

우리는 돈을 찾거나 세금을 내고 다른 사람에게 돈을 보내기 위해 은행에 가요. 이처럼 은행은 여러 가지 일을 하기 때문에 우리가 사는 동네 곳곳에 있어요. 언제나 편리하게 이용할 수 있지요. 하지만 우리처럼 개인이 아닌 나라가 이용하는 은행도 있어요. 우리가 이용하는 일반 은행과는 달라요. 바로 세계은행이에요. 세계은행의 주요 조직 중 하나는 '국제부흥개발은행'인데 'IBRD'라고도 해요. 세계은행은 국제 연합인 UN에 속한 은행으로 1946년에 만들어졌어요.

가난한 나라를 도와요

세계적으로 아주 큰 전쟁이었던 제2차 세계대전이 끝났을 때 많은 나라들이 강대국으로부터 독립을 했어요. 독립은 했지만 나라에 자본과 기술이 없어 경제적으로 아주 힘들었지요. 식량이 부족해 며칠씩 굶는 사람도 많았어요. 아파도 제대로 된 치료도 받지 못했고 아이들도 제대로 교육을 받지 못했어요. 또 개발도상국 같은 가난한 나라들은 신용등급이 낮아 외국에 돈을 빌릴 수 없었어요. 이러한 나라들의 경제 발전을 돕기 위해 세계은행이 만들어졌어요. 세계은행은 이들 나라에 돈을 빌려 주었지요. 지금도 세계은행은 여러 나라에 사람들을 보내 기술을 알려 주는 등 다양한 지원 사업을 하고 있어요.

 똑똑한 경제

세계은행을 이끌었던 한국계 미국인 김용 전 총재

2012년 세계은행에서 처음으로 백인이 아닌 사람이 총재를 맡게 되었어요. 바로 김용 전 총재이지요. 그는 2012년부터 2019년까지 세계은행 총재였답니다. 김용 전 총재는 5세 때 미국으로 이민을 갔어요. 그는 젊은 시절 국제의료봉사단체를 만들어 아프리카 사람들의 에이즈 치료를 도왔어요. 이후 아시아계 최초로 아이비리그 명문 다트머스 대학교의 총장 자리에 오르고 2012년 세계은행 총재가 되었답니다.

 세계은행의 주요 의사 결정은 회원국 대표 25명으로 구성된 이사회에서 내려요. 지분이 가장 많은 미국, 영국, 프랑스, 독일, 일본에서 각 1명을 선임, 20명은 나머지 회원국들이 선출한답니다.

금 자판기가 있는 시장이 있대요!

- **두바이** 서남아시아 아랍에미리트 연방을 이루는 7개국 중 한 나라이다.
- **두바이 금시장** 세계에서 두 번째로 큰 금시장.

교과서 6학년 2학기 1단원 세계 여러 나라의 자연과 문화 핵심 용어 두바이, 두바이 금시장

전 세계인이 좋아하는 '금'

사람들은 반짝이는 금을 좋아해요. 금으로 만든 목걸이, 팔찌, 귀걸이 등을 장식으로 많이 차고 다니지요. 우리나라 사람뿐 아니라 전 세계 사람들 모두 금을 좋아해요. 특히 금을 더 좋아하는 나라가 있어요. 바로 서남아시아에 있는 두바이라는 나라예요. 두바이 하면 제일 먼저 떠오른 게 아마 석유일 거예요. 두바이는 풍부한 석유 자원을 수출해 부자가 된 나라이기 때문이지요.

우와! 자판기에서 금이 나온다니….

두바이에 가면 금시장이 있어요!

두바이는 석유 말고 금시장도 유명해요. 세계에서 두 번째로 큰 금시장이 열린답니다. 금시장 안에는 약 800여 개나 되는 도매상과 소매상이 있어요. 금시장은 1930년에 만들어졌는데 인도나 이란에서 상인들이 와서 시장이 더욱 커졌어요. 이곳에 관광객의 발걸음이 끊이지 않는 이유는 금을 살 때 세금이 포함되어 있지 않기 때문이에요. 세금이 없다 보니 다른 금시장보다 저렴해 세계인들의 발걸음이 이어지고 있어요. 특히 두바이 주변에는 인도, 파키스탄 등 이슬람 국가가 많아요. 이들 문화는 결혼식 때 금을 주고받곤 해요. 이 때문에 금을 찾는 사람들이 더 많아졌지요. 금시장 안에는 화려한 장식의 금들이 진열되어 있어요. 골목 한쪽에는 금을 살 수 있는 자판기와 1분마다 금 시세를 알려주는 ATM 기계도 있답니다.

똑똑한 경제

기네스북에 오른 초대형 금반지가 있어요

두바이의 금 시장 입구에 있는 가게에는 초대형 금반지가 전시되어 있어요. 이 금반지의 무게는 약 63kg이고 가격은 약 31억 원이에요. 비록 판매하는 금반지는 아니지만 전 세계에서 이 금반지를 보기 위해 몰려든 관광객들로 홍보 효과를 톡톡히 보고 있어요.

두바이로 금 사러 가요.

어디 가니?

두바이의 금이 우리나라보다 싸다고 해서 잔뜩 사 오면 이득일 것 같지요? 하지만 우리나라로 들어올 때는 면세 한도를 넘으면 세금이 붙어 더 많은 돈을 내야 할 수도 있으니 주의해야 해요.

새로 산 제품에 문제가 생겼다면?

• **제조물 책임법** 제품에 문제가 생겨 소비자가 신체나 재산에 피해를 보았다면 제조업자가 손해배상을 하도록 한 법이다.

교과서 4학년 2학기 3단원 사회 변화와 문화의 다양성 핵심 용어 제조물 책임법

새로 산 제품이 작동이 안 된다면?

기업은 제품을 만들면서 이익, 안전, 환경 보호 등 여러 가지를 생각해야 합니다. 제품이 소비자에게 잘 팔릴지, 이익은 얼마나 남길지 등을 따져야 하지요. 또 소비자가 제품을 안전하게 사용할 수 있을지도 생각해야 해요. 실제로 제품에 문제가 있는 경우가 종종 있어요. 자동차를 생산한 회사에서 자동차를 소비자에게 팔았는데 작동이 잘 안 되거나 자동차 자체의 문제로 소비자가 다치기도 해요. 이럴 때 소비자는 어떻게 보호받을 수 있을까요?

제조물 책임법으로 보호받아요

기업이 만든 상품에 문제가 생겨 다치거나 소비자의 재산에 손해를 끼칠 수 있어요. 그럴 때는 생산자가 그 피해를 책임져야 해요. 이것은 법으로도 정해져 있어요. '제조물 책임법'이라고 합니다. 생산자는 물건에 문제가 생기면 물건을 고쳐 주거나 바꿔 주고, 소비자가 원한다면 환불까지 해 주어야 해요. 또한 생산자의 실수로 생긴 피해자의 인적, 물적, 정신적 피해까지 책임져야 해요. 예전에는 제품에 문제가 생기면 소비자가 어떤 문제가 생겼는지 일일이 증명해야 했어요. 새로 산 차에 문제가 생겨도 전문 지식이 없는 소비자는 문제가 되는 부분을 증명하기가 어려웠어요. 이런 어려움을 없애고자 만든 법이 '제조물 책임법'이에요. 소비자는 제조물 책임법으로 보호받을 수 있어요.

똑똑한 경제

물건에 문제가 있어요!

다음 사례를 보고 시윤이 엄마는 어떤 법으로 보호를 받을 수 있을지 써 보아요.

시윤이 엄마는 얼마 전 전기밥솥을 샀어요. 밥솥으로 밥을 하는 중이었는데 갑자기 뚜껑이 열렸어요. 밥솥 근처에 서 있던 시윤이 엄마는 밥솥에서 새어 나온 뜨거운 열기에 그만 손에 화상을 입었어요. 밥솥은 밥을 제대로 짓지도 못했고, 손도 다쳐 버렸어요.

답 제조물 책임법

 제조물은 만들어진 상품을 말하며 부동산이나 1차 산물 등은 제외해요.

우리나라 기업들이 해외로 진출해요

> • **해외 진출** 기업들이 전 세계를 대상으로 활동 범위나 세력을 넓혀 나가 경영 활동을 하는 것을 말한다.

교과서 6학년 1학기 3단원 우리나라의 경제 발전 **핵심 용어** 해외 진출

해외에서 경제 활동을 해요

우리가 사용하는 제품을 자세히 살펴보면 외국에서 만들어진 제품들이 많아요. 중국이나 베트남, 미국, 프랑스 등 다양한 나라의 제품들을 우리나라에서 수입한 것이지요. 반면 우리나라 기업들의 제품은 어떨까요? 우리나라 기업들도 일찌감치 해외로 진출했어요. 제품을 파는 것뿐 아니라 우리나라 기업이 직접 아프리카나 아시아 등 여러 나라로 팀을 파견해 건물이나 다리 등을 짓는 공사도 해요. 아예 해외에 공장을 지어 제품을 만들어 판매하기도 해요.

해외 진출하면 경제 발전에 도움이 돼요

우리나라 기업들이 해외에 나가 생산 활동을 하는 이유는 무엇일까요? 우선 해외의 값싼 노동력을 이용할 수 있다는 점이에요. 해외에 공장을 세우고 현지인들을 고용하면 상대적으로 저렴한 값에 돈을 주고 일을 시킬 수 있어 생산 비용을 아낄 수 있어요. 또 해외에서 직접 물건을 만들면 관세를 낼 필요가 없어요. 관세는 한 나라에 물건을 팔 때 매기는 세금이에요. 우리나라에서 만들어 파는 물건의 경우 관세가 높으면 해외 진출이 어려워지지요. 중국이나 베트남, 인도같이 인구가 많은 나라에서 물건을 팔면 제품 구매량이 늘어날 수 있어요. 이처럼 우리나라 기업들이 해외에서 벌어들인 돈은 우리 경제 발전에도 많은 도움이 돼요.

똑똑한 경제

해외 진출하면 성공할 만한 업종은?

해외로 진출했을 때 성공할 만한 업종과 그 이유를 생각해 보아요. 다음 예시를 보고 다른 업종을 적어 보세요. 또 어떤 업종이 있을까요?

• 한류 안무 학원: 한류 음악이 주목받고 있으니 한국 노래와 안무를 가르쳐 주는 학원이 성공할 것 같아요!

 우리나라 기업들이 해외로 나가서 공장을 만들어 물건을 팔면 외국의 우수한 제품들과 경쟁하게 되면서 제품의 질이 더 좋아질 수 있어요.

환율이 뭔가요?

• **국제 통화** 국가끼리 상품과 서비스를 거래할 때 지불하는 돈으로 미국 달러가 대표적이다.

교과서 6학년 2학기 2단원 우리 이웃 나라의 환경과 생활 모습 핵심 용어 국제 통화

국제 통화를 사용해요

옛날에는 나라끼리 무역을 할 때 비단이나 금, 향신료 등을 돈처럼 사용했어요. 화폐가 생기고 무역이 더 활발해지자 금이나 비단보다는 화폐를 주고받으며 물건을 거래했어요. 하지만 각자 나라에서 쓰는 돈의 가치가 달라 이용할 수 없었어요. 만약 같은 돈을 쓰면 거래가 편리해지겠죠. 그래서 사람들은 믿을 만한 화폐를 정해 거래에 썼는데, 이것을 '국제 통화'라고 합니다. 가장 많이 쓰이는 화폐는 미국 달러(USD)예요.

나라마다 화폐가 다르다면?

각 나라의 화폐가 다른데 어떻게 돈을 바꿀 수 있을까요? 그것은 환율이 있기 때문에 가능해요. 한 나라에서 사용하는 화폐와 외국 화폐의 교환 비율을 환율이라고 해요. 예를 들어 우리나라에서 쓰는 천 원이 미국 달러나 일본 엔화 등 외국 돈으로는 얼마나 되는지를 나타내는 거지요. 환율은 나라의 경제 사정 때문에 수시로 변해요. 1달러가 우리나라 돈으로 1,000원이 되었다가 1,100원이 되거나 900원이 되기도 해요. 환율이 수시로 오르거나 내리기 때문이에요. 환율이 오르면 물건을 수출하는 사람들은 돈을 더 벌 수 있어요. 반대로 외국에서 물건을 들여오는 사람은 돈을 더 내야 하지요. 환율이 갑자기 너무 오르거나 너무 내리면 경제에 안 좋은 영향을 주어요.

똑똑한 경제

환율은 누가 결정할까요?

예전에는 많은 나라가 정부에서 환율을 결정했어요. 이것을 '고정 환율 제도'라고 해요. 하지만 요즘은 외국 돈이 거래되는 외환시장에서 외국 돈을 사려는 사람과 판매하는 사람이 가격을 조정해서 결정할 수 있어요. 가격이 수요와 공급에 의해 결정되는 것과 같아요. 이것은 외환시장에서 자연스럽게 환율이 결정되는 것으로 '변동 환율 제도'라고 해요. 현재 우리나라를 포함한 대부분 나라에서는 변동 환율 제도를 이용하고 있어요.

 은행에 가면 한쪽 벽면에 환율 게시판이 있어요. 환율은 한 나라의 돈과 다른 나라의 돈을 바꾸는 교환 비율을 말해요. 환율 게시판을 통해 달러나 엔, 유로 등의 환율이 실시간으로 변동되는 것을 확인할 수 있어요.

다국적 기업이 뭔가요?

• **다국적 기업** 세계 기업이라고 하는데 세계 곳곳에 자회사, 지사 등이 있어 생산과 판매 활동을 하는 회사를 말한다.

교과서 6학년 1학기 3단원 우리나라의 경제 발전 **핵심 용어** 다국적 기업

쉽게 다국적 기업을 찾을 수 있어요

우리는 손쉽게 다른 나라를 여행할 수 있고 다른 나라 기업이 만든 제품들을 사용할 수 있지요. 기업들도 이전과는 다르게 세계 곳곳에 물건을 팔 수 있어요. 세계 여러 나라를 대상으로 활동하는 기업들을 '다국적 기업'이라고 합니다. 우리가 잘 알고 있는 코카콜라나 맥도날드, 이케아, 마이크로소프트, 삼성 등이 다국적 기업이에요. 이들은 세계 각지에 자회사나 지사, 공장 등을 세우고 제품을 생산하며 판매해요. 세계 어디를 가도 이들 회사에서 만든 제품을 살 수 있어요.

다국적 기업이 세계에 미치는 영향

다국적 기업은 세계에 어떤 영향을 미칠까요? 먼저 다국적 기업의 활동으로 세계 경제가 활발해지고 있어요. 세계 곳곳에 공장을 짓고 그 나라 사람들의 노동력을 이용해 물건을 만들어요. 아프리카나 동남아시아 등 기술이 부족한 나라에는 공장을 지어 자본이나 기술을 제공해 주기도 해요. 이러한 기업들의 활동으로 경제를 성장시킬 수 있어요. 하지만 다국적 기업 활동이 좋은 점만 있는 건 아니에요. 무분별하게 세워진 공장들로 환경이 오염될 수 있어요. 또 기업들이 그 나라에서 번 돈으로 그 나라에 투자를 안 하면 결국 자본이 다른 나라로 빠져나가요. 곧 개발도상국 나라들의 경제 발전에 나쁜 영향을 끼치기도 하지요.

똑똑한 경제

다국적 기업과 산업 공동화 현상

다국적 기업의 생산 공장이 생겼다가 없어지면 어떻게 될까요? 지역의 핵심 산업이 없어지는 산업 공동화 현상이 일어나요. 이러한 지역에는 일자리가 사라져 실업률이 올라가고, 사람들이 해당 지역을 떠나서 지역 경제에 더욱 나쁜 영향을 미쳐요.

 다국적 기업인 코카콜라는 현재 200여 개의 나라에서 코카콜라를 만들어 판매하고 있어요.

오리가 농사를 짓는다고요?

> **친환경 농산물** 농약이나 화학비료 등을 사용하지 않거나 최소한으로 사용해 재배한 농산물. 사람들의 건강도 지키고 지구환경도 보호할 수 있다.

교과서 6학년 2학기 2단원 통일 한국의 미래와 지구촌의 평화 **핵심 용어** 친환경 농산물

먹거리를 꼼꼼히 따져요

다양한 먹거리가 있는 요즘은 제품의 질뿐 아니라 재배 방법까지 꼼꼼히 따집니다. 삶의 질이 향상되면서 건강에 대한 관심이 높아졌기 때문이에요. 곧 먹거리에 대한 관심으로 이어졌고 사람들은 친환경 농산물을 많이 찾았어요. 친환경 농산물은 농약이나 화학비료 등이 안 들어가거나 적게 들어간 농산물을 말해요.

오리가 농사를 지어요

친환경 농산물은 사람의 건강에도 좋고 환경에도 좋아요. 농약이나 화학비료를 사용하지 않아 환경을 오염시키지 않고, 사람 몸에도 해를 끼칠 염려가 없지요. 친환경 농산물을 벌레 없이 건강하게 키우려면 어떻게 재배해야 할까요?

친환경 농산물은 제초제를 뿌리는 대신 벌레를 잡아먹고 잡풀을 먹는 오리나 우렁이 등을 이용해요. 오리는 먹이를 먹고 농산물은 친환경으로 키우고, 상부상조하는 거예요. 친환경 농산물은 다른 농산물보다 가격이 조금 비싸긴 하지만 건강에 좋고 환경에 피해를 덜 주기 때문에 많은 사람의 관심을 받고 있어요.

 똑똑한 경제

친환경 농산물인지 확인하는 방법

우리나라에서는 '친환경 농산물 인증제도'를 시행하고 있어요. 이 제도로 환경을 보호하고 소비자에게 안전한 농축산물을 제공해요. 마트에서 파는 물티슈나 장난감 등 제품에 친환경 인증 마크 표시가 있는지 찾아보세요.

 오리는 논에서 잡초를 먹어요. 오리가 잡초를 먹고 만든 배설물은 천연비료로 벼들을 튼튼하게 해 주어요. 이처럼 오리를 이용한 농사법을 오리 농법이라고 해요.

패스트푸드점에 비밀이 있다고요?

- **셀프서비스** 상품을 주문하고 치우는 서비스의 일부를 고객이 직접 하게 하는 경영 전략을 말한다.

교과서 4학년 2학기 2단원 필요한 것의 생산과 교환 핵심 용어 셀프서비스

편리한 패스트푸드점

여러분은 얼마나 자주 패스트푸드점을 이용하나요? 가끔 입맛이 없을 때 또는 바쁜 시간에 간단히 먹을 수 있어 패스트푸드점은 인기가 많아요. 또 저렴한 가격에 주문한 음식을 몇 분 안에 받을 수 있어 바쁜 현대인들이 자주 찾는 곳이지요. 잘 생각해 보면 패스트푸드점은 다른 식당과 다른 점이 있어요. 보통 식당들은 자리에 앉아 있으면 직원들이 와서 주문을 받고 음식을 가져다 주어요. 하지만 패스트푸드점에서는 손님이 직접 음식을 주문하고 나온 음식을 탁자로 직접 가져와 먹으며 뒷정리까지 해요. 이처럼 손님이 직접 음식을 주문하고 뒷정리까지 하는 것을 셀프서비스라고 해요.

패스트푸드점의 경영 전략은?

그렇다면 패스트푸드점은 왜 셀프서비스를 도입했을까요? 셀프서비스는 일하는 직원 수를 줄이기 때문에 인건비를 아낄 수 있어요. 만약 인건비가 올라가면 음식에 인건비를 포함해 가격을 올릴 수밖에 없어요. 사람들은 좀 더 저렴한 가격 때문에 패스트푸드점을 찾는데 만약 가격이 오른다면 이용하는 사람들이 줄어들 거예요. 저렴한 가격이기에 사람들은 직접 음식을 주문하고 뒷정리까지 하면서 패스트푸드점을 찾는 거예요. 셀프서비스는 패스트푸드점의 경영 전략입니다.

똑똑한 경제

감자튀김에 비밀이 있다고요?

노릇노릇 구워진 감자튀김, 보기만 해도 군침이 돌아요. 패스트푸드점에서 나오는 감자튀김에 비밀이 숨어 있어요. 감자튀김을 담고 있는 용기의 윗면은 아랫면보다 넓은데, 이것은 넘치게 담은 감자튀김의 양이 아주 많다는 것을 보여 주기 위해서예요.

 패스트푸드점의 의자가 딱딱한 이유는 손님들이 빨리 음식을 먹고 자리에서 일어나게 하기 위해서예요. 빈자리가 있어야 새로운 손님들이 계속 오니까요.

함께 잘사는 게 중요해요

교과서 6학년 1학기 3단원 우리나라의 경제 발전 　핵심 용어 로하스

- **로하스** 웰빙에 사회와 환경을 추가한 것으로, 친환경적이고 바른 소비를 지향하는 생활 방식이나 그것을 실천하는 사람들을 말한다.

웰빙으로 건강을 지켜요

산업이 발전하면서 현대인들은 건강보다 부를 더 중요하게 여겼어요. 일의 성과, 승진 등을 자신의 성공 기준으로 여기며 하루를 바쁘게 살다 보니 패스트푸드나 인스턴트 음식 등으로 끼니를 간단히 때우며 정신적, 신체적 건강에 소홀해졌어요. 이런 음식들은 건강을 해칠 뿐 아니라 지구환경에도 좋지 않지요. 삶이 행복하려면 건강이 중요하다는 것을 깨달은 사람들은 '웰빙'에 관심을 보였어요. 웰빙(well-being)은 건강한 삶이라는 뜻이에요. 웰빙을 추구하는 사람들은 친환경 먹거리를 이용하고 건강한 삶을 살기 위해 노력하고 있어요.

이제는 웰빙을 넘어 로하스로

웰빙은 '나와 가족들 중심으로 잘살자'는 개념이에요. 하지만 오늘날에는 나와 가족을 넘어 사회, 그리고 국가와 전 세계까지 함께 잘살자고 외치고 있어요. 이것을 '로하스(LOHAS)'라고 해요. 웰빙의 개념보다 넓은 것이지요. 개인의 건강과 더불어 지구환경을 지켜 이웃과 전 세계인들의 삶을 배려하는 삶의 방식이에요. 이러한 삶의 방식과 이를 실천하는 사람들을 모두 로하스라고 해요. 로하스는 지구를 오염시키는 농약과 화학비료의 사용, 무분별한 소비 등을 줄여 이웃과 지구환경을 지키는 일이에요.

 똑똑한 경제

로하스를 실천해요

로하스를 실천하는 방법은 다양하고 간단해요. 어떤 방법이 있는지 찾아보세요.

- 과소비하지 않고 필요한 것에만 소비하기
- 젓가락, 컵, 접시 등 일회용품 사용 줄이기
- 재활용하기
- 유기농 농축산물 이용하기
- 태양열 에너지, 수력 등 대체 에너지 사용하기

 우리나라는 한국표준협회에서 2006년 '로하스 인증' 제도를 도입했어요. 친환경을 우선으로 하는 기업과 단체 등에 로하스 인증을 해 준답니다.

탄소가 발자국을 남긴다고요?

• **탄소 발자국** 사람들이 살아가면서 직접적이거나 간접적으로 만들어 내는 온실가스의 양을 말한다.

교과서 6학년 2학기 2단원 통일 한국의 미래와 지구촌의 평화 **핵심 용어** 탄소 발자국

누구나 탄소를 만들어요

오늘 하루는 어떤 일들을 했나요? 아침에 일어나 세수를 하고 밥을 먹고 학교를 다녀왔을 거예요. 집에 와서는 어떤가요? 텔레비전을 보거나 책을 읽고 친구들과 놀기도 했을 거예요. 우리는 매일 비슷한 날들을 보내고 있어요. 그러면서 우리는 지구에 해가 되는 탄소를 계속 만들어 왔답니다. 탄소는 에너지를 쓰는 인간의 활동에 의해서 많이 만들어지기 때문이에요. 탄소는 이산화탄소 같은 온실가스의 형태로 지구 온난화를 일으켜 지구가 점점 더워지게 만드는 주범이에요.

탄소가 발자국을 남겨요

우리가 일상생활에서 무언가를 생산하고 소비하는 과정 중에 만들어 낸 온실가스의 총량을 탄소 발자국이라고 해요. 자동차나 공장 굴뚝에서만 탄소가 나오는 건 아니에요. 탄소는 눈에 보이지 않는 곳곳에서도 배출된답니다. 냉장고, 텔레비전 등 전자제품을 사용하는 데 드는 전기를 만들 때 탄소가 나와요. 세수나 양치를 할 때는 물론 쌀이나 채소를 키울 때도 탄소가 나와요. 사람이 생활하는 모든 곳에서 탄소가 만들어지지요. 이렇게 생긴 탄소 발자국이 지구 온난화를 일으키는 거예요. 우리는 전기나 물 등 에너지를 적게 사용하기 위해 노력해야 해요.

 **똑똑한 경제**

탄소 발자국을 줄여요!

일상생활에서 만들어지는 탄소 발자국을 줄이는 방법에는 어떤 것들이 있는지 생각해 보아요. 또 어떤 방법이 있을까요?

- 가까운 거리는 차를 이용하지 않고 걸어 다니거나 자전거를 이용해요.
- 낮은 층은 엘리베이터를 이용하기보다는 걸어 다녀요.
- 안 쓰는 전기기구의 플러그는 뽑아요.

 탄소 발자국이라는 개념은 2006년 영국 의회 과학기술처에서 처음으로 사용했는데, 이산화탄소의 총량을 탄소 발자국으로 표시하면서 시작되었답니다.

착한 에너지를 쓰는 세계의 마을은?

• **신재생 에너지** 햇빛, 바람, 지열, 수소, 파도 등 환경 오염을 일으키지 않고 석탄과 석유를 대체할 수 있는 깨끗한 에너지를 말한다.

교과서 6학년 2학기 2단원 통일 한국의 미래와 지구촌의 평화 **핵심 용어** 신재생 에너지

해가 되지 않는 에너지는 없을까요?

오늘 아침 뉴스는 어땠나요? 미세 먼지로 뿌연 공기를 마셔야 하는 사람들과 지구 곳곳에서 환경 오염 또는 자연재해로 피해를 보았다는 뉴스가 나오지는 않았나요? 그 원인은 무엇일까요? 바로 우리가 사용하는 화석 에너지 때문이에요. 화석 에너지는 사람들의 삶을 편리하게 해 주지만 환경을 오염시켜 결국 인간에게 해가 되지요. 그렇다고 에너지를 사용하지 않을 수는 없어요. 지구에 해가 되지 않고 안심하고 쓸 수 있는 에너지는 없을까요?

신재생 에너지로 지구를 지키는 마을

오스트리아의 무레크 마을은 신재생 에너지로 환경을 보호하고 있어요. 1985년에 기름 값과 비료 값이 올라 가축을 키우기 힘들게 되자 마을 사람들이 하나둘 떠났어요. 몇 남지 않은 농부들은 에너지를 직접 만들어 쓰자는 아이디어를 냈어요. 마을에 핀 유채꽃을 이용해 에너지를 만들자는 거예요. 꽃으로 만든 에너지로 농사를 짓고 가축을 키우게 됐어요. 화산 활동으로 땅의 온도가 높은 아이슬란드는 땅속열을 이용해 전기를 만들었어요. 땅속열로 따뜻해진 물을 온수로 사용하기도 했지요. 이처럼 땅속열은 물론 햇빛과 바람과 수소 등을 이용해 얻는 에너지를 신재생 에너지라고 해요.

똑똑한 경제

미세 먼지를 줄이기 위한 노력

서울에서 발생하는 초미세 먼지의 원인 중 39%가 난방·발전이에요. 이 중에서도 가정용 보일러가 차지하는 비중이 46%입니다. 이 때문에 서울시는 가정에서 나오는 미세 먼지를 줄이기 위해 2015년부터 친환경 콘덴싱 보일러 교체 사업을 시작했어요. 10년 이상 된 오래된 보일러를 친환경 콘덴싱 보일러로 바꾸는 가정에 보조금을 지원하는 등 여러 사업을 진행하고 있어요.

 우리나라에도 신재생 에너지를 만들어 사용하는 에너지 자립 마을이 있어요. 성대골 마을, 십자성 마을 등입니다.

빈부 격차는 왜 점점 더 심해지나요?

• **양극화 현상** 가난한 사람과 부자인 사람들의 소득과 자산의 차이가 갈수록 심화되는 현상을 말한다.

교과서 6학년 1학기 3단원 우리나라의 경제 발전　핵심 용어 양극화 현상

갈수록 빈부 격차가 커지고 있다고요?

기술 발전으로 바닷속을 탐험하고 우주도 가는 시대가 되었어요. 하지만 지구에는 여전히 식량은 물론이고 물도 제대로 먹지 못하는 사람들이 많아요. 아프리카처럼 먼 나라에 사는 사람들을 떠올렸나요? 우리나라에도 여전히 하루 세 끼를 제대로 챙겨 먹지 못하는 사람들이 많아요. 어떤 사람들은 발전한 과학 기술의 힘으로 편리한 삶을 살고 있는 반면 어떤 사람들은 가난에 허덕이는 삶을 살고 있어요. 세계화 시대인데 왜 빈부 격차가 커지는 걸까요?

양극화 현상이란?

1939년 제2차 세계대전이 일어났습니다. 이 전쟁이 끝나고 대부분 나라들은 자본주의 경제 체제를 선택했지요. 모든 것이 시장 경쟁에 의해 결정되는 것으로, 자본이 부족한 사람들은 경쟁에서 이기기 힘든 구조였어요. 이 때문에 가난한 사람들과 부자들의 격차가 크게 벌어졌어요. 그리고 세계화가 진행될수록 자본을 가진 사람이 더 많은 자본을 가지기 위해 치열하게 경쟁했어요. 그 결과 가난한 사람들은 계속해서 가난한 삶을 살게 되었지요. 이처럼 자본을 가진 사람들과 가난한 사람들의 격차가 계속 커지는 것을 '양극화 현상'이라고 합니다.

 똑똑한 경제

양극화를 줄이기 위한 방법은?

국가는 세금 제도를 이용해 어려운 사람을 도울 수 있어요. 소득에 따라 거두어들인 돈으로 다양한 복지 정책을 펼쳐요. 국가에서는 기본적인 생활을 할 수 있게 보조금을 지원하고 무상교육과 급식 등을 제공하지요. 또 임대주택을 지어 집이 없는 사람들에게 지원해 주기도 해요.

 양극화는 전 세계에서 공통적으로 일어나는 현상이에요. 이를 해결하기 위해 각 나라에서는 복지와 규제 정책을 펴고 있어요.

착한 기업들이 있다고요?

• **사회적 기업** 사회적 약자들에게 일자리와 사회 서비스를 제공해 주어 지역 주민들의 삶의 질을 높이는 기업을 말한다.

교과서 6학년 1학기 3단원 우리나라의 경제 발전 핵심 용어 사회적 기업

착한 기업? 나쁜 기업?

세계에는 많은 기업들이 있습니다. 우리나라도 세계에서 손꼽히는 기업들이 많이 있어요. 이들 기업의 목표는 물건을 팔아 이익을 남기는 것입니다. 더 많은 이익을 남기기 위해서 질 좋은 제품을 만들고 있지요. 하지만 때로는 더 많은 돈을 벌기 위해 법도 지키지 않고 환경도 오염시키는 기업들이 있어요. 국가에 세금도 내지 않고 근로자들에게 제대로 된 대우도 해 주지 않는 기업도 많지요. 이런 기업들의 행동은 사회적 책임을 지지 않는 행동이라 볼 수 있어요. 바람직하지 않지요.

기업들의 사회적 책임

물론 국가에 세금도 내고 환경도 지키는 기업들도 많이 있어요. 자신들이 번 수익을 사회에 기부하는 기업들도 있어요. 의약품을 만드는 회사 유한양행이 대표적이에요. 유한양행을 만든 유일한 박사는 자신의 재산을 자녀들에게 물려주지 않고 사회에 기부했어요. 오늘날 자녀들에게 회사를 물려주기 위해 불법 탈세(세금을 내지 않는 일)를 저지르는 사람들과는 다른 삶을 살았지요. 기업은 혼자 클 수 없어요. 근로자, 소비자, 국가의 힘으로 클 수 있어요. 이 때문에 근로자에게 알맞은 임금을 주고 일할 수 있는 환경을 만들어 주어야 해요. 또 질 좋은 제품을 만들어야 하고, 세금도 당연히 내야 하지요.

똑똑한 경제

사회적 기업이란?

돈을 버는 목적보다는 사회적 책임을 다하기 위해 생겨난 기업들이 있어요. 이 기업들을 사회적 기업이라고 해요. 사회적 기업은 발달 장애인같이 일을 구하기 힘든 사회적 약자들에게 일자리를 제공해 줍니다. 출판, 교육, 의류, 식품 등 다양한 분야에서 질 높은 사회 서비스를 제공해 주고 있어요.

 사회적 기업이 되기 위해서는 고용노동부 장관의 인증이 필요해요. 재활용품을 수거·판매하는 '아름다운 가게', 지적장애인이 우리밀 과자를 생산하는 '위캔' 등의 사회적 기업이 활동하고 있어요.

주인 없다고 마구잡이로 쓰면 어떻게 될까요?

• **공유지의 비극** 공동체에서 자신의 이익을 위해 행동할 때 결국 공동체 전체가 피해를 본다는 경제 개념.

교과서 6학년 2학기 2단원 통일 한국의 미래와 지구촌의 평화 **핵심 용어** 공유지의 비극

주인이 없는 초원이 있다면?

여러분과 이웃들을 많은 양을 키우고 있는 목동이라고 가정해 보세요. 동네 한가운데에 주인 없는 초원이 있어요. 자, 그렇다면 목동인 여러분과 이웃들은 어떻게 할까요? 자신의 양에게 더 많은 풀을 먹이기 위해 너도나도 초원에 양을 풀어 놓을 거예요. 그러면 어떤 일이 일어날까요? 아마 초원의 풀은 순식간에 없어질 것이고 땅마저 황폐해질 거예요. 잠시 동안 양들의 배가 부르고 목동인 우리에게도 이익이겠지만 잠깐일 뿐이에요. 땅이 황폐해져서 더는 초원에 풀이 자라지 않을 거거든요.

공유지의 비극?

공동으로 사용하는 자원이 낭비되는 일을 '공유지의 비극'이라고 해요. 우리가 사용하는 자원도 마찬가지예요. 너도나도 마구잡이로 사용하다 보니 석탄과 석유 같은 자원들은 고갈되기에 이르렀어요. 개인의 이익을 위해 마구잡이로 사용하다 보니 마을 공동체는 물론 자연도 파괴하고 결국 개인까지 피해를 보게 된다는 경제 이론이에요. 그럼 어떻게 해야 할까요? 초원을 나누어 개인이 소유하는 방법이 있어요. 또 초원을 무리하게 이용하는 사람에게 벌금을 물게 하는 방법도 있고, 초원을 함께 사용한다는 공동체 의식을 가지고 날짜를 나누어 사용하는 방법도 있지요. 모두가 공동체 의식을 갖는다면 자원을 아껴서 잘 사용할 수 있을 거예요.

똑똑한 경제

힘을 모으면 공유지의 비극을 해결할 수 있어요!

우리가 함께 노력한다면 공유지의 비극을 해결할 수 있어요. 다음 방법 중 좋은 해결 방법이 아닌 것을 골라 보세요.

① 함께 사용한다는 공동체 의식이 필요해요.
② 나누어 개인이 관리하게 해요.
③ 더 많은 이익을 얻기 위해 서로 경쟁해요.
④ 마구잡이로 사용하면 벌금을 물게 해요.

나누어 쓰고, 소중히 다루어요!

답 ③

공유지의 비극은 지하자원뿐 아니라 바다에서 나는 생물 등 모두 함께 사용하는 자원이 사라질 수 있다는 경고를 보내고 있어요.

공유 경제로 가치를 높여요

• **공유 경제** 이미 만들어진 제품을 여럿이 함께 사용하며 소비하는 경제 개념을 말한다.

교과서 6학년 1학기 3단원 우리나라의 경제 발전 핵심 용어 공유 경제

새로운 물건들이 넘쳐 나요

오늘날은 많은 물건이 더 쓸 수 있는데도 버려집니다. 정말 필요해서 산 물건들은 얼마나 될까요? 쓸 수는 있지만 싫증 나서 버린 물건들은 얼마나 될까요? 여러분의 집을 살펴보세요. 집에서 자주 사용하지 않는 물건들이 얼마나 많은지 세 보세요. 마트에서 할인하거나 언젠가 쓰겠다는 이유로 사는 물건들도 많을 거예요. 그래서 지구는 넘쳐 나는 물건과 쓰레기로 몸살을 앓을 수밖에 없어요. 대량 생산과 대량 소비는 환경을 오염시킬 뿐만 아니라 사람들의 건강에도 안 좋은 영향을 미칠 거예요.

함께 사용해 가치를 높여요

매번 새로운 물건을 사는 것보다 남들이 쓰지 않는 물건을 쓰면 어떨까요? 새로 물건을 사지 않아 비용이 들지 않고 버리는 쓰레기가 없어 지구환경에도 도움이 될 거예요. 내가 쓰지 않는 자전거를 필요한 사람에게 빌려 주는 것이 바로 '공유 경제'예요. 책, 자동차, 집, 차고지, 서비스 등 분야도 다양해요. 공유 경제는 무분별한 소비를 막고 환경도 지키는 개념이에요. 한정된 자원을 여러 사람과 효율적으로 활용하면서 이익을 극대화시킬 수 있다는 장점이 있어요. 공유 경제는 환경을 지키고 과도한 소비를 줄이는 사회운동으로 전 세계에 퍼지고 있답니다.

똑똑한 경제

공유 경제! 어떤 게 있을까?

다음의 공유 경제 사례 말고 또 어떤 것들이 있는지 찾아보세요.

ㄱ. 차량 공유 : 자신의 차량으로 택시 서비스를 제공하면 사용자는 택시를 이용하는 시간과 비용을 줄일 수 있고 차량을 제공해 준 사람은 금전적 이익을 얻을 수 있는 서비스
ㄴ. 주택 공유 : 세계 여러 도시의 개인 집과 공간을 다른 사람에게 제공해 주는 주택 공유 서비스
ㄷ. 공간 공유 : 회의실과 사무용품을 공유해 비용을 줄이도록 공간을 공유하는 서비스

 공유 경제는 2008년 미국 하버드 대학의 로런스 레식 교수가 처음으로 사용한 말이에요.

세계은행이 모두 모여 있는 곳은?

- **금융 허브** 다국적 기업을 비롯해 세계의 여러 금융기관이 자유롭게 활동할 수 있는 환경을 갖춘 지역.
- **유치** 사업 따위를 이끌어 들이는 일.

교과서 6학년 2학기 1단원 세계 여러 나라의 자연과 문화 **핵심 용어** 금융 허브, 유치

눈부신 경제 성장을 이룬 싱가포르

동남아시아에 있는 싱가포르는 서울 면적 크기의 아주 작은 나라입니다. 인구가 적고 땅의 면적도 작지만 아주 부유한 나라 중에 하나예요. 1인당 국민소득이 2019년 기준 약 5만 달러 정도 되거든요. 우리나라의 1인당 국민소득 약 3만 달러에 비해 싱가포르의 1인당 국민소득이 꽤 높지요. 말레이시아에 속해 있다가 1965년에 뒤늦게 독립한 싱가포르의 경제가 발달할 수 있었던 이유는 무엇일까요?

아시아의 금융 허브, 싱가포르

싱가포르에는 자원이 많지 않아요. 노동력도 적고 땅의 면적도 작아 다른 산업을 발달시키기가 쉽지 않았어요. 싱가포르는 어떻게 높은 경제 성장을 이루었을까요? 그것은 바로 싱가포르에 있는 금융기관들 때문이에요. 싱가포르에는 약 103개가 넘는 금융기관이 있어요. 이 기관들은 외국인들이 아시아에 있는 기업에 투자를 하는 데 중간 역할을 해요. 외국에서 투자를 많이 하면 기업에 많은 도움이 돼요. 싱가포르에 있는 금융기관들은 돈의 흐름을 원활하게 해 주는 역할을 하지요. 이처럼 나라 간의 금융거래를 위해 많은 금융기관이 모인 지역을 금융 허브라고 해요. 싱가포르는 외국인 투자자들이 쉽게 올 수 있도록 여러 좋은 조건을 내세워 발길을 잡은 거예요. 덕분에 싱가포르는 세계 누구와 견주어도 못지않은 경제 강국이 되었어요.

똑똑한 경제

싱가포르는 아시아 허브 공항이기도 해요!

싱가포르에는 국제공항인 창이 공항이 있어요. 항공사 80곳 이상이 모여 있고, 190개 도시를 연결하기 때문에 아시아의 허브 공항 또는 세계 허브 공항이라 불려요. 싱가포르 인구가 약 568만 명(2020년)인데 창이 공항 이용객은 1년에 약 6,500만 명(2019년)으로, 싱가포르 인구의 11배가 넘는 사람들이 공항을 이용하는 셈이지요. 신기하지요? 우리나라 인천공항 또한 아시아 허브 공항으로 유명하답니다.

 영국 런던이나 미국 뉴욕은 일찌감치 금융 허브로서 자리를 잡았어요.

세계 경제를 위해 뭉친 국제 조직들

• **국제 조직** 여러 국가가 공통된 일을 해결하기 위해 조약을 바탕으로 두고 만든 국제 조직체.

교과서 6학년 1학기 3단원 우리나라의 경제 발전 **핵심 용어** 국제 조직

전쟁을 멈추고 협력해요

예전에는 이웃 나라들과 전쟁을 자주 치렀습니다. 근대로 들어서면서 이웃 나라는 물론 아주 먼 나라들끼리도 전쟁을 일삼았어요. 서로 자원을 차지하기 위해 또는 이념과 종교가 달라 전쟁을 계속했지요. 전쟁으로 많은 사람들이 다치거나 죽고 삶의 터전도 폐허가 되었어요. 사람들은 생각했어요. 전쟁보다는 함께 잘사는 게 중요하다고 말이지요. 그래서 국제법을 만들어 서로 침략하지 않기로 약속도 했어요. 모두 함께 잘사는 세상을 위해 하나둘 국제 조직도 만들어졌어요.

다양한 경제협력 기구들이 있어요

경제협력개발기구(OECD)는 세계 무역을 촉진하려고 만들었어요. OECD의 목적은 인류의 복지를 실현하는 데 있어요. 가난한 나라의 경제 개발을 돕기도 해요. 국제통화기금(IMF)은 무역을 활성화하려고 만든 국제기구예요. 돈이 급하게 필요한 나라에 돈을 빌려 주기도 해요. 무역을 하다 보면 힘이 센 나라가 힘이 약한 나라에 피해를 주는 경우도 있어요. 이를 막기 위해 생겨난 기구가 바로 세계무역기구(WTO)예요. WTO는 시장 질서를 어지럽히는 행위를 막고, 공정한 무역을 하려고 만들었어요. 이 밖에도 유럽연합, 서아프리카경제공동체 등이 있어요.

똑똑한 경제

국제기구가 하는 일

다양한 국제기구 중 경제 관련 기구를 알아보아요. 각 국제기구에 알맞은 내용을 연결해 보세요.

ㄱ. 국제통화기금 — ① 돈이 필요한 회원국에 돈을 빌려 주어요.

ㄴ. 경제협력개발기구 — ② 시장 질서를 어지럽히는 행위를 막고 공정한 무역을 하도록 해요.

ㄷ. 세계무역기구 — ③ 세계 무역을 활성화하고 경제를 발전시켜 인류 복지를 실현해요.

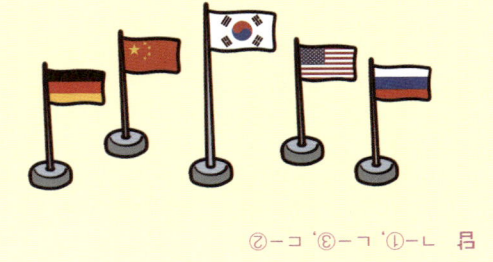

답 ㄴ-①, ㄱ-③, ㄷ-②

 OECD는 선진국 모임이에요. 우리나라는 1996년 12월 29번째 회원국으로 가입했어요. OECD 본부는 프랑스 파리에 있어요.

코로나19로 달라지는 것은?

• **코로나19** 급성 바이러스성 호흡기 질환으로 중국 우한시에서 처음 발견되어 전 세계로 확산된 새로운 유형의 호흡기 감염 질환을 말한다.

교과서 6학년 1학기 1단원 사회의 새로운 변화와 오늘날의 우리　핵심 용어 코로나19

코로나가 발생했어요

2019년 12월 중국 우한이라는 도시에서 호흡기 감염질환인 코로나바이러스감염증-19가 발생했어요. 다른 사람에게 쉽게 감염되는 질환이라서 중국에서 발생한 이후 전 세계로 빠르게 확산되었어요. 이후 세계보건기구(WHO)는 국제적 공중보건 비상사태를 선포했지만 유럽과 미국 등 전 세계에서 확진자가 늘었어요. 결국 WHO는 세계적으로 전염병이 대유행하는 상태인 팬데믹을 선언하게 되었어요.

우리 삶에 어떤 변화가 있을까요?

급속히 감염자가 늘어나자 세계 여러 나라는 코로나19가 더 퍼지는 것을 막기 위해 여러 가지 대책을 내놓았어요. 감염병 확산을 막기 위해 이동을 제한하는 등 사회적 거리두기를 시행하고 있어요. 사람과 사람 사이의 접촉을 피하려고 온라인으로 물건을 사는 일이 일상이 되었고, 재택근무나 원격교육 같은 온택트(Ontact) 문화가 확산되고 있어요.

똑똑한 경제

일상을 변화시킨 코로나19, 경제는 어떻게 달라질까?

- **친환경** : 전문가들은 무분별한 환경파괴가 인류를 위협하는 감염병을 일으켰다고 해요. 이에 환경과 사람을 생각하는 지속 가능한 발전을 위한 친환경 정책이 주목받고 있어요.
- **탈세계화** : 선진국들은 비용을 줄이기 위해 제3국가에 공장을 세워 가동시켰어요. 하지만 이번 코로나19 사태로 각 나라의 입국이 막히는 등 위기를 맞았어요. 이에 기업들은 해외 생산량을 줄이고 국내로 이전 하는 등 타국과 교류하지 않는 탈세계화가 진행되고 있어요.
- **4차 산업 혁명의 부상** : 온택트 문화로 비대면 교류가 확산되면서 VR기술, 자율주행 배송 로봇 등 4차 산업 혁명을 더욱 확산시키고 있어요.

 우리나라는 코로나19 사태와 관련해 보다 빠른 조치로 세계의 주목을 받았어요. 신속한 진단검사와 격리조치, 확진자 동선 등 투명한 정보 공개, 의료진의 봉사와 헌신, 높은 시민의식 등을 보고 K-방역이라 불렀어요.

지구촌 문제를 해결하는 사람들

• **지구촌 문제** 전쟁, 환경, 기아 등 전 세계 곳곳에서 발생하는 것들로 어느 한 지역이 아닌 모두 힘을 합쳐야 해결할 수 있는 문제들이다.

교과서 6학년 2학기 2단원 통일 한국의 미래와 지구촌의 평화 핵심 용어 지구촌 문제

경제 발전과 지구촌 문제

경제가 발전할수록 우리의 삶은 편리하고 풍족해지고 있습니다. 하지만 지구 환경은 날로 파괴되고 있어요. 곳곳에서 산사태, 폭우 등 기상 이변이 일어났어요. 이러한 피해는 고스란히 사람들이 받고 있지요. 이뿐만이 아니에요. 물은 물론이고 먹을 것이 없어 목마름과 배고픔에 시달리고 있어요. 석유, 석탄 등 부족한 자원도 인류의 삶을 위협해요.

다양한 활동으로 생명을 지키는 사람들

아시아나 아프리카 등의 나라에 병원이 없어 치료를 받지 못하는 사람들을 위해 의료구호단체인 국경없는의사회가 만들어졌어요. 이들은 전쟁으로 다친 사람들과 굶주림과 병으로 아픈 사람들을 무료로 치료해요. 서아시아나 아프리카 등에는 전쟁으로 삶의 터전을 잃은 사람들이 많은데 이들을 위해 유엔난민기구 등이 도와주고 있어요.

또 전 세계에는 하루 한 끼도 제대로 먹지 못해 굶는 어린이가 많은데 이런 어린이들을 위해 만들어진 기구도 있어요. 바로 유니세프와 월드비전이에요. 이들은 살아가는 데 꼭 필요한 기본 예방접종을 해 주며 굶주림으로부터 벗어날 수 있게 해 주어요.

 똑똑한 경제

우리가 할 수 있는 일은?

지구촌 문제를 해결하기 위해 우리는 어떤 보탬을 줄 수 있을까요? 생활에서 할 수 있는 활동은 꽤나 많답니다. 하루 한 끼도 챙겨 먹기 어려운 아이들을 위해, 깨끗한 물을 길으러 하루 네 시간을 걸어가야 하는 사람들을 위해 우리는 어떤 일을 할 수 있을까요?

- 불필요한 전등은 끄거나 가까운 곳은 걸어가는 등 에너지 절약하기
- 불필요한 물건은 사지 않고 돈이나 물건을 낭비하지 않기
- 전쟁과 굶주림에 힘들어하는 사람들을 위해 후원하기

 2015년 여러 나라 대표들이 파리에 모여 유엔 기후변화회의를 열었어요. 그리고 지구 온난화를 막기 위한 약속인 '파리기후변화협약'을 채택했어요.

찾아보기

숫자

1차 산업 80, 89, 145
2차 산업 80, 89, 145
3차 산업 80, 89, 145
4차 산업 80
4차 산업 혁명 90, 145, 163
5차 산업 80

A~Z

IT 산업 109
K-스타트업 35

ㄱ

가격 16, 19, 20, 23, 26, 27, 29, 30, 36, 57, 59, 68, 98, 106, 128, 131, 153
가상 현실 90
가치 26, 41, 49, 64, 66, 67, 120, 150, 160
간디 117
값 16, 20, 26, 27, 30, 57, 58, 87, 98, 104, 107, 115, 156
경공업 109
경쟁 19, 29, 35, 83, 87, 106, 132, 135, 157
경쟁력 78, 132, 136, 138, 139
경제 12, 13, 17, 24, 25, 27, 32, 34, 38, 41~44, 46, 50, 56, 60, 61, 63, 65, 66, 70, 71, 74~76, 78, 83~85, 87, 92, 99~101, 103, 104, 106, 110, 118, 120, 122, 124, 126, 129, 132, 133, 135, 138~141, 143, 146, 149~151, 161, 162, 164
경제 개발 5개년 계획 122
경제 불평등 61
경제 성장 44, 78, 85, 100, 122, 143, 161
경제 용어 57, 73
경제 위기 50, 101, 120, 122
경제 체제 84, 157
경제 활동 13, 56, 85, 87, 149
경제 공동체 139, 140, 162

경제 성장률 46
경제재 14
경제적인 선택 18
경제협력개발기구(OECD) 34
계좌 31, 64, 96
고령화 40, 78
고령화 사회 40
고정 환율 제도 150
공공 부조 제도 24
공공시설 22, 63
공공재 47
공급 16, 36, 57, 128
공유 경제 160
공유지의 비극 159
공정 무역 131
공정거래위원회 28, 87
과장 광고 19, 55
과점 29, 59
관세 43, 133, 138, 149
교육세 43
교환 23, 25, 28, 56, 77, 92, 107, 116, 130, 150
국가 경쟁력 78
국가 파산 129
국내총생산 66
국민총생산 66, 100
국제 조직 162
국제 통화 150
국제통화기금(IMF) 101, 162
국제기구 162
국채 보상 운동 41
규제 140
그라민 은행 134
금난전권 113, 116
금융 위기 50
금융 허브 161
기업 19, 26, 27, 29, 32, 35, 38, 45, 47~50, 52, 59, 60, 63, 65, 72, 86, 87, 94, 101, 120, 122, 129, 131, 132, 137, 149, 151, 158, 161
기회비용 18, 71

기후 변화 128
기후변화회의 164
김만덕 112
꼬레아 121

난로세 105
납세 22, 88, 108
노동 53, 131, 142
노동력 20, 46, 53, 75, 78, 107, 149, 151, 161
노동자 50, 111
노예 무역 107
녹색 연합 144

다국적 기업 151
담보 134
대기 오염 143
대동법 108
대식 121
대체 에너지 104, 145
대체재 58
데이 마케팅 39
도매 시장 23
도시화 76
독과점 29, 59
독점 29, 113
돈 12, 13, 15, 17, 18, 21, 22, 25, 26, 31, 33, 35, 37, 38, 43, 53, 54, 56, 64~67, 69, 72, 79, 82, 83, 86, 89, 94~96, 98, 101~103, 114, 129, 134, 146, 149, 150, 162
동국중보 93
동국통보 93
동인도회사 94
두바이 129, 147
디폴트 129
디플레이션 27

ㄹ

러다이트 운동 111
로하스 인증 154

ㅁ

마르크스 84
마케팅 39
만덕전 112
매몰 비용 71
명도전 125
모라토리엄 129
모바일 쇼핑 81
모방 소비 21
목민심서 124
목적세 43
무역 62, 97, 98, 103, 107, 110, 118, 119, 121, 125, 130~133, 135, 138, 150, 162
무역 전쟁 138
문화적 자원 75
물가 26, 27, 41, 60, 67, 69, 104, 134
물가 상승률 60, 67
물물 교환 56, 77, 92, 116
미래 산업 145
미래 직업 40
미세 먼지 143, 156

박제가 126
반도체 99, 142
백화점 36
법인세 43
베블런 효과 16
벽란도 121
변동 환율 제도 150
보스턴 차 사건 114
보완재 58
보이지 않는 손 106
보증인 134
보통 예금 79

보험 24, 33, 102
보호 무역 133
볼로냐 50
봉기 115
부가 가치세 32, 43
부정부패 108, 124
북학의 126
분배 13
분업 70, 72, 110, 124
브랜드 48, 49, 52
브랜드 자산 49
브렉시트 140
비단길 118
비스마르크 24
비용 13, 20, 36, 43, 71, 72
비용 인플레이션 26
비폭력 불복종 운동 117
빈부 격차 32, 44, 61, 83, 157
빚 96, 98, 101, 114, 129

사회 간접 자본 63
사회 보장 제도 24
사회 보험 24
사회적 기업 158
사회주의 84
산업 30, 80, 90, 99, 108, 133, 135, 136, 138, 145, 154, 163
산업 공동화 현상 151
산업 혁명 90, 110, 111, 163
산업화 76, 84, 143
삼한통보 93
상설 시장 23
상속세 43
상평통보 116
생산 13, 20, 21, 23, 27, 35, 45, 46, 53, 65, 66, 70, 80, 89, 110, 120, 131, 137, 148, 149, 155, 160
생산 가능 인구 46
생산 과정 13, 70
생산 요소 53
생산 활동 80, 89
생산량 45, 72
생산성 72, 84, 90, 124
생산자 20, 23, 28, 36, 50, 65, 68, 132, 148
석유 파동 104
세계 경제 대공황 42, 120
세계 무역 162
세계무역기구(WTO) 135, 162
세계보건기구(WHO) 163
세계은행 146
세계의 공장 143
세계화 120, 135~137, 157
세금 22, 32, 43, 45~47, 88, 105, 108, 113~115, 117, 125, 129, 133, 138, 146, 147, 149, 158
세율 32, 88
셀프서비스 153
소금법 117
소금세 115
소득 22, 24, 43, 44, 46, 50, 65, 66, 122, 141, 161
소득 불평등 61
소득세 43
소매 시장 23
소비 13, 16, 21, 27, 34, 38, 42, 45, 54, 55, 65, 68, 73, 78, 85, 106, 120, 122, 126, 128, 136, 144, 154, 155, 160
소비자 16, 19, 20, 23, 28, 29, 39, 48, 49, 50, 55, 59, 68, 86, 87, 106, 113, 131~133, 135, 148, 158
소비자 기본법 68
소비자의 권리 28
소비자의 권리와 책임 68
손해 30, 64, 71, 102, 148
수요 16, 36, 57~59
수요 인플레이션 26
수입(輸入) 43, 66, 97, 103, 104, 114, 118, 121, 130, 132, 133, 135, 137, 141, 142, 149
수입 13, 54, 69, 72
수입 할당저 133
수출 66, 67, 103, 104, 118, 121, 125, 130, 132, 136, 142, 143, 150
수표 96
시장 20, 23, 29, 36, 58, 59, 81, 113, 116, 126, 147
식민지 62, 107, 110, 114, 117
신라방 97

신석기 혁명 123
신용 37, 96
신용 카드 37, 56, 96, 116, 144
신재생 에너지 156
실업률 38, 60, 67
실업자 45, 120
실크로드 118
실학 124
실학자 59, 126

아라비아 상인 119, 121
아메리카 원주민 62, 107
아무것도 사지 않는 날 144
애그플레이션 128
애덤 스미스 70, 106
양극화 61, 157
양극화 현상 157
예금 33, 69, 79
오일장 23
온라인 시장 20, 81
온택트 문화 163
외환 101, 150
외환 위기 101
요금 30, 33
용돈 12, 15, 17, 38, 43, 54, 79, 82
용돈 기입장 54
원격 교육 163
원금 79
웰빙 154
위조지폐 25
위풍재 16
유럽연합(EU) 50, 139, 140, 162
유배 124
유엔난민기구 164
유치 사업 161
유통 20, 26, 36, 41, 93
유통 단계 20, 36
육의전 113
이슬람 상인 119
이윤 35, 47, 50, 72, 83

이자 13, 33, 69, 79, 134
인디언 62
인적 자원 75, 141
인터넷 뱅킹 31
인터넷 쇼핑 20, 81
인터넷 쇼핑몰 36
인플레이션 26, 27, 41
임금 34, 95, 131, 158

ㅈ

자급자족 92
자본 53, 99, 135, 142, 146, 151, 157
자본주의 83, 84, 106, 157
자원 12, 15, 17, 18, 44, 46, 68, 75, 76, 84, 104, 141, 142, 144, 159~162
자유 무역 132, 133, 138
자유재 14
잠재 성장률 46
장보고 97, 130
재택근무 163
재해 24, 102
재화 14, 35, 40, 47, 53, 56, 58, 66, 72, 85, 86
저축 21, 33, 38, 45, 65, 69, 79, 122
저출산 46, 78
적금 79
전자 산업 109
전자 상거래 31, 52
절약 12, 38, 54, 65, 76, 77, 144
절약의 역설 65
제조물 책임법 148
제품 14~16, 19, 28, 29, 36, 48, 49, 53, 55, 59, 75, 81, 86, 106, 120, 132, 133, 135~137, 142, 148, 149, 151, 158
조세 법률주의 88
주문자 상표 부착 생산(OEM) 137
주식 52, 64, 94, 120
주식 투자 64
주식회사 64, 94
주주 50, 64, 94
주화 56, 93
중산층 44

중상주의 103, 106
중앙은행 33, 69
중화학 공업 99, 109
지구 온난화 85
지구촌 문제 164
지방세 43
지방 자치 단체 22, 32, 43, 129
지속 가능한 성장 85
지식 집약적 산업 80
지식 재산권 74
지출 54
지폐 25, 56
지하자원 141

차등 요금제 30
착한 소비 131
창문세 105
창업 35
천연자원 75, 76, 104, 141, 142
청탁 124
최저 임금 95
최저 임금 제도 95
최저생계비 82
출산율 46, 78
취득세 43
친환경 농산물 152

코로나19 163
콜럼버스 41, 62, 107
콩코드 오류 71

탄소 발자국 155
토지 53, 108
통화량 26, 27, 60, 69
투기 98
투기 열풍 98

투자 60, 64, 65, 69, 71, 78, 101, 120, 151, 161
튤립 93
트레이드오프 60

평균 수명 78
포브스 52
프랜차이즈 48
프랜차이즈 체인 48

하이퍼 인플레이션 27
한강의 기적 122
한계 효용 체감의 법칙 73
한국은행 33, 69
할인 30, 160
합리적 선택 71
합리적 소비 21
합리적인 선택 18
해동원보 93
해외 진출 149
햄버거 효과 42
향신료 62, 94
허위 광고 55
현명한 선택 15
협동조합 50
홈쇼핑 81
홍익인간 125
화력 발전소 143
화폐 25~27, 41, 56, 67, 92, 93, 103, 116, 117, 150
환경 오염 143
환불 28, 31, 148
환율 42, 150
황소의 난 115
효용 73
희소성 12, 62

도움받은 자료

책

《경제 개념어 사전》, 곽수종, 원앤원북스
《경제 속에 숨은 광고이야기》, 플랑크 코쉠바, 초록개구리
《경제in시네마》, 박일한, 창해
《경제신문이 스포츠신문보다 더 재미있어지는 경제상식사전》, 김민구, 길벗
《경제학자의 문학살롱》, 박병률, 한빛비즈
《그래서 이런 경제가 생겼대요》, 우리누리, 길벗스쿨
《둥글둥글 지구촌 경제 이야기》, 석혜원, 풀빛
《사회 선생님이 들려주는 공정무역 이야기》, 전국사회교사모임, 살림
《사회적 경제는 좌우를 넘는다》, 우석훈, 문예출판사
《세계를 바꾸는 착한 마을 이야기》, 박소명, 북멘토
《세계를 바꾸는 착한 초콜릿 이야기》, 서선연, 북멘토
《세계사 속 톡톡 튀는 경제 이야기》, 이정화, 북멘토
《아기 돼지 삼 형제가 경제를 알았다면》, 박원배, 열다
《열두 살에 처음 만난 경제사 교과서》, 공병호, 주니어김영사
《우린 일회용이 아니니까》, 고금숙, 슬로비
《유시민의 경제학 카페》, 유시민, 돌베개
《이해력이 쑥쑥 교과서 사회 경제 용어 100》, 조시영, 아주좋은날
《재미있는 경제 이야기》, 이연주, 가나출판사
《재미있는 지구촌 경제 이야기》, 김용조, 가나출판사
《조선왕조실록3_세종 문종 단종》, 이덕일, 다산초당
《지구를 구하는 경제책》, 강수돌, 봄나무
《청소년을 위한 경제의 역사》, 니콜라우스 피퍼, 비룡소
《청소년을 위한 경제학 에세이》, 한진수, 해냄
《코끼리를 타면 안 돼요?》, 공주영, 낮은산
《한입에 꿀꺽! 짭짤한 세계 경제》, 김지혜, 토토북
《협동조합, 참 쉽다》, 이대중, 푸른지식
《협동조합, 참 좋다_세계99%를 위한 기업을 배우다》, 김현대, 하종란 외, 푸른지식

기사

〈라과디아 판사/브릿지경제〉
　(http://www.viva100.com/main/view.php?key=20210305010001350)
〈17명의 전문가가 말하는 '브렉시트 이후의 세계' – 민중의소리〉
　(http://www.vop.co.kr/A00001040784.html)
〈고금숙, "환경운동은 '잘 지는 것', 잘 져서 마지막에 씨앗 뿌리는 게 목표"/고발뉴스닷컴〉
　(http://www.gobalnews.com/news/articleView.html?idxno=29259)

〈포기의 역설 '콩코드 오류'/프라임경제〉
  (http://www.newsprime.co.kr/news/article/?no=402359)
〈튤립·미시시피 투기·코인 광풍…반복되는 투기의 역사/한국경제〉
  (https://www.hankyung.com/society/article/2021043047331)
〈세계 최고부자 베이조스, 순자산 239조원으로 세계 신기록/연합뉴스〉
  (https://www.yna.co.kr/view/AKR20210707020900009?input=1195m)

영상

〈글로벌 정보쇼 세계인 – 협동조합의 천국이라 불리는 이탈리아 볼로냐〉, 20150606
  (https://www.youtube.com/watch?v=hJdWlzzvavI&t=1s)
〈이탈리아 볼로냐 1편 / 협동조합이 아주 발달한 도시라는데, 어떨까??〉, 국민TV 미디어협동조합 유튜브
  (https://www.youtube.com/watch?v=WG3BgO-ku9g&t=35s)
〈EBS다큐프라임/위험성이 낮은 안정 자산 금〉
  (https://www.youtube.com/watch?v=KWdbH7x5oHk)
〈공정무역 아름다운 거래 1부 '희망을 사고 팔다'/한국공정무역연합〉
  (https://www.youtube.com/watch?v=QlEvBb4chTk)
〈KBS명견만리_착한소비의 미래〉
  (https://www.youtube.com/watch?v=YBuX76pu9aQ)
〈지속가능한발전이란?〉
  (https://www.youtube.com/watch?v=JhtOz_R7GHQ)
〈4차산업 혁명 정재승교수/광주MBC〉
  (https://www.youtube.com/watch?v=XyWJoYmyFvw)
〈[기획재정부] 사회적경제기업은 대한민국을 어떻게 바꾸고 있나〉
  (https://www.youtube.com/watch?v=oMpXiLstnwY)

누리집

네이버 지식백과
네이버 어린이백과
네이버 어학사전
국세청
국세청 블로그 [아름다운 세상]
어린이국세청(kids.nts.go.kr)
한국은행(www.bok.or.kr)
1372 소비자상담센터
공정거래위원회
나무위키
위키백과

그린이 **구연산**

대학에서 만화예술을 공부했으며, 프리랜서 일러스트 작가로 활동하고 있습니다. 그린 책으로는《한 권으로 보는 그림 한국지리 백과》,《한눈에 펼쳐보는 우리나라 지도 그림책》,《봄·여름·가을·겨울 숲속생물도감》,《처음 만나는 난중일기》,《처음 만나는 징비록》,《처음 만나는 열하일기》,《조선 시대에는 어떤 관청이 있었을까?》 등이 있습니다.

초등학생을 위한 개념경제 150

돈과 시장을 이해하는 똑똑한 사회 탐구활동 교과서

1판 1쇄 펴낸 날 2022년 2월 10일
1판 3쇄 펴낸 날 2024년 6월 10일

지은이 박효연
그　림 구연산

펴낸이 박윤태
펴낸곳 보누스
등　록 2001년 8월 17일 제313-2002-179호
주　소 서울시 마포구 동교로12안길 31 보누스 4층
전　화 02-333-3114
팩　스 02-3143-3254
이메일 viking@bonusbook.co.kr
블로그 http://blog.naver.com/vikingbook
인스타그램 @viking_kidbooks

ⓒ 박효연, 2022
• 이 책은 저작권법에 의해 보호를 받는 저작물이므로 무단전재와 무단복제를 금합니다.
　이 책에 수록된 내용의 전부 또는 일부를 재사용하려면 반드시 지은이와 보누스출판사 양측의 서면동의를 받아야 합니다.

ISBN　978-89-6494-506-3　73320

바이킹은 보누스출판사의 어린이책 브랜드입니다.

• 책값은 뒤표지에 있습니다.

교과서 잡는 바이킹 시리즈

STEAM 초등 과학 실험 캠프
조건호 지음 | 민재회 그림

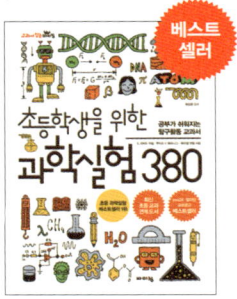
초등학생을 위한 과학실험 380
E. 리처드 처칠 외 지음 | 천성훈 감수

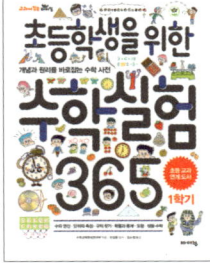
초등학생을 위한 수학실험 365 1학기
수학교육학회연구부 지음 | 천성훈 감수

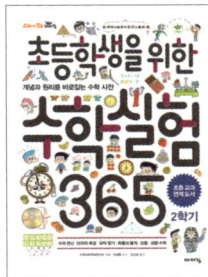
초등학생을 위한 수학실험 365 2학기
수학교육학회연구부 지음 | 천성훈 감수

초등학생을 위한 요리 과학실험 365
주부와 생활사 지음 | 천성훈 감수

초등학생을 위한 요리 과학실험실
정주현, 달달샘 김해진 감수

초등학생을 위한 개념 과학 150
정윤선 지음 | 정주현 감수

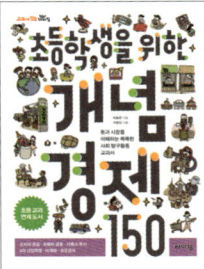
초등학생을 위한 개념 경제 150
박효연 지음 | 구연산 그림

초등학생을 위한 자연과학 365 1학기
자연사학회연합 지음 | 정주현 감수

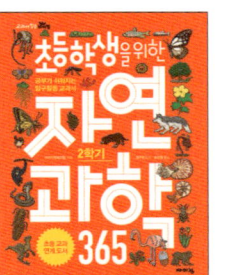
초등학생을 위한 자연과학 365 2학기
자연사학회연합 지음 | 정주현 감수

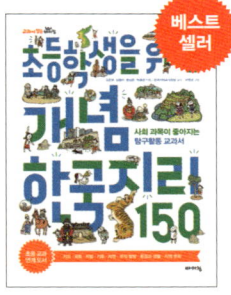
초등학생을 위한 개념 한국지리 150
고은애 외 지음 | 전국지리교사모임 감수

초등학생을 위한 개념 정치 150
박효연 지음 | 구연산 그림

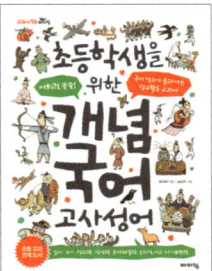
초등학생을 위한 개념 국어: 고사성어
최지희 지음 | 김도연 그림

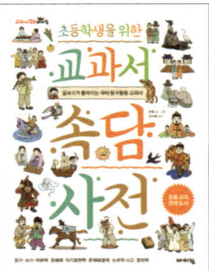
초등학생을 위한 교과서 속담 사전
은옥 글·그림 | 전기현 감수

초등학생을 위한 교과서 명작 읽기
최지희 글 | 윤상은 그림

생각이 자라는 어린이책
바이킹

블로그 blog.naver.com/vikingbook
인스타그램 @viking_kidbooks